体育教学课程实施模式研究

闫加飔　苏济海　范　立　著

西北工業大學出版社

西　安

【内容简介】 本书内容包括体育教学论认识与解析、体育课程相关问题分析、体育课程的价值认识与经验借鉴、体育课程内容资源的开发与实践、体育学习者的情况分析、有效体育教学模式、体育网络课程开发模式以及体育课外活动实施模式 8 章。

本书可作为相关专业以及从事相关职业的人员参考。

图书在版编目（CIP）数据

体育教学课程实施模式研究 / 闫加勰，苏济海，范立著. 一西安:西北工业大学出版社, 2021.4（2025.1 重印）

ISBN 978-7-5612-7705-8

Ⅰ. ①体… Ⅱ. ①闫… ②苏… ③范… Ⅲ. ①体育教学一教学研究 Ⅳ. ①G807.01

中国版本图书馆 CIP 数据核字(2021)第 071370 号

TIYU JIAOXUE KECHENG SHISHI MOSHI YANJIU

体育教学课程实施模式研究

责任编辑：隋秀娟　李　欣

责任校对：李文乾　呼延天慧

出版发行：西北工业大学出版社

通信地址：西安市友谊西路 127 号　　邮编：710072

电　　话：（029）88493844　88491757

网　　址：www.nwpup.com

印 刷 者：三河市悦鑫印务有限公司

开　　本：710 mm×1 000 mm　1/16

印　　张：13.75

字　　数：234 千字

版　　次：2022 年 1 月第 1 版　2025 年 1 月第 2 次印刷

定　　价：79.00 元

前　言

课程在学校教育中处于核心地位，教育的目标主要通过课程实施来体现。教育目标确定以后，课程改革成为教育改革的主旋律。体育课程是以身体练习为主要手段，以学习体育与健康知识、技能、方法为主要内容，以增进学生健康、培养学生终身体育意识和能力为主要目标的课程。它的课程性质特点是实践性课程。体育课程改革是一个过程，课程实施是这一过程的核心环节，它是改革过程检验和反馈的支点。学生知识获取是内构的而不是外烁的。精神要靠自己去感悟，知识要靠自己去建构，能力要靠自己去锻炼，经验要靠自己去积累。体育课程实施是体育课程改革的基础。

体育教学课程是培养学生强健的体魄，因此也必须走体育教育与健康教育相结合之路，使学生能够明确学校体育健康教育在学校教育和全民健身战略中的地位和作用，正确理解学校体育健康教育工作的目标，提高学生的综合素质。这样，才可以更好地为今后开展学校的体育教育和健康教育工作服务，真正实现学校体育课程改革的目标和要求。教学实践证明：精心创编和合理运用体育运动，可以丰富体育教学内容，激发学生学习、训练的自觉性和积极性，从而不断地增强学生身体素质、熟练掌握基本技术、提高训练水平，达到良好的教学效果，保证教学任务的完成，是一种积极有效的手段。

在体育课程实施方面，体育教学课程改革是一个艰辛的过程，尚有不少问题需要探讨、完善和发展。除此之外，如何建立新的体育教学课程实施模式？如何进行体育课堂教学？本书针对上述问题将进行全方位、系统性、深入化的分析与研究。

本书内容体系完整且语言简洁易懂，便于读者对体育教学课程模式进行全方面的了解及获得全新的认知。本书共分为 8 章，具体内容包含：体育教学论认识与解析、体育课程相关问题分析、体育课程的价值认识与经验借鉴、体育课程内容资源的开发与实践、体育学习者的情况分析、有效体育教学模式、体育网络课程开发模式以及体育课外活动实施模式。本书具有理论与实践相结合的特点，针对体育教学课程的基本认识、发展趋势、存在价值、资源开发、课程设计等多方面进行详细的分析与研究，可以使读者对体育课程的理论知识与实践经验进行深入及细致的了解。

本书在创作过程中，作者参阅了许多国内外学者的著作，在此表示衷心的感谢，由于创作过程中水平有限，书中难免有疏漏或不足之处，敬请各位读者批评指正！

作　者

目 录

第一章　体育教学论认识与解析

第一节　教学设计与教学系统

一、教学及其意义

教学设计是学习理论与教学实践之间的联系科学。因为教学设计的首要意图是规定最佳的教学方案，作为一种知识实体，旨在达到预期教学效果最优化的教学行为。因此，教学设计主要是关于提出最优教学方法处方的一门科学，是为如何更好地帮助人的学习与发展提供清晰指南的一种理论。

“教学”是教学设计研究的前提性的基本概念。教学活动是由教师的教和学生的学所构成的一种复杂的现象。现在学校教育意义上的“教学”可以理解为，教学就是以课程内容为中介，学生在教师的指导下共同开展的学习活动。在这个活动中，学生通过自己积极主动的努力，掌握一定的知识技能，并促进自己身心健康发展，同时形成良好的思想品德修养。

教学活动是学校实现其教育目的和培养目标的基本途径。因此教学活动在学校教育的各项工作中有着重要的意义。学校教学活动的重要意义是由教学在学校各项工作中所处的地位，以及它在人类社会的发展和学习者个体发展过程中所起的作用决定的。

首先，学校教学活动是实现人类总体认识和个体认识之间有效联系的重要纽带，学校在教学活动过程中通过多门课程使学生获得系统性的知识，是人类长期积累的总体认识的成果。这些成果是人类长期以来在探索世界过程中智慧的结晶，通过教育与教学的加工凝结成为我们教学中的知识；同时，学生的学习过程又是向自己的智慧挑战的过程，学生通过充分调动自己的智慧，发挥自己的个性特长和潜在的能力，理解、掌握和运用知识，在长期的学习过程中，学生个体性的认识逐渐有效地汇聚成为人类的总体认识。因此可以说，学校教学活动是有效实现人类总体认识和个体认识之间联系的重要纽带。

其次，教学活动是学生在学校教育过程中健康发展的重要保证。学生在现代学校的教学活动中学习和掌握系统性知识的过程，对学生个体发展的影响是直接而具体的，并在其个性发展的各个方面和各个阶段都有着鲜明的表现。学校教学活动作为促进学生健康全面发展的基本途径，它能够使学生的认识活动突破时间和空间以及个体直接经验的局限性，使学生可以集中精力在有限的时间内比较顺利地获得和掌握人类长期积累的大量的知识技能；同时，学校教学活动可以使学生的思想道德修养和世界观的形成建立在科学知识的获得过程之中，养成学生良好的道德情操和意志品质。

二、教学设计的基本内涵

（一）教学与设计

无论你是教师还是学生，你都经历了十多年、甚至几十年的学习；你都是一个学习者，你都是人类教学实践的受益者。

人类为了培养下一代、实现文明的传递而兴学，因办学而兴教，所以才有了教学活动。教学作为人类的一种社会实践活动，是教师指导学生学习的教育活动，是学生在教师的指导下的学习活动，是教师与学生之间的知识与技能、过程与方法、情感态度与价值观的传承与养成活动。

在教学活动中，教师是教学活动的主体，学生也是教学活动的主体，因而教师和学生是交互主体。正是教学的多主体性，使得教学需要多主体形成合力，才能实现教学目的。

作为人类有目的的活动，教学活动应该具有明确的教学目的，并自始至终指向教学目的。教学是人类培养人的活动，知识与技能、过程与方法、情感态度与价值观的传承是教学的目的。

教学是以培养人为目的的，而通过教授什么内容来培养人，则是培养什么样的人的关键，所以教学内容对人才培养至关重要。

教育是人类有目的的活动，教学是学校教育最主要的教育活动，具有明确的目的。不同学科的教学虽然具有共同的教学目的，但也有各自不同的教学目标。在不同学段、学年、学期、星期，不同的教材、单元、课文、活动中，教学目的表现为不同的教学目标。教学目标可以分为不同的领域或层次。

教学活动的这些目的需要经过精心预设的教师的教学活动和学生的学习活动，以及师生之间的互动活动的实施才能达成。教师作为有经验的学习者，了解学习特性，可设计出系列的活动引导学生进入学习状态。学生在教师预设活动的引导下，内化学习内容，达成知识与技能、过程与方法、情感态度与价值观统一的学习目标。

教学需要采用一定的教学方法，借助一定的教育技术。人类在长期的教学活动中已经形成了大量有效的方法。现代科学技术，尤其是信息技术的发展，也为教学提供了众多的教育技术。

预设的教学活动是否达到了教学目标，需要通过评价活动来确定。评价不仅可以检测教学是否通过预设的活动达到目标，而且是确定教学目标的参考性的依据。

教学是一种有计划的活动。作为有计划的活动，教学当然需要制定计划。制定教学计划，需要基于已知的教学因素。

当人们根据已经确定的行动目标，基于已知的条件，制定某一行动计划，该活动就是一种设计活动。产品设计、建筑设计、服装设计，都是如此的活动。

教学活动具有明确的、已知的教学目标，教学计划是基于教学内容、教学条件、教学对象等已知条件而制定的，显然这种制定计划的活动就是对教学活动的设计。教学设计是一种为了提高教学有效性，依据已知教育原理、教学方法和技术而制定行动计划的设计活动。

（二）教学设计的内涵

如前所述，教学是人类有计划的活动，这种计划的方案可以通过有意识的设计来完成，这种设计就是教学设计（instructional design）。

虽然人们对教学的研究已经有数千年的历史，但对教学设计理论的研究却只有 50 多年的历史。半个多世纪的快速发展使教学设计的内涵不断丰富。从教学设计实践的视角看，教学设计的内涵包括以下三点。

1．教学设计是一项技术

对于教师而言，教学设计是一项能大力提高教学有效性的技术，具有非常显著的实践操作性。

美国著名教学设计学者梅瑞尔（David Merrill）指出，教学是一门科学，而教学设计是建立在教学科学这一坚实基础上的技术，因而教学也可以被认为是科学型的技术（science-based technology）。教学的目的是使学生获得知识技能，教学设计的目的是创设和开发促进学生掌握这些知识技能的学习经验和学习环境。

作为一项设计技术，教学设计显然是以提高教学的有效性为目的的。如何基于学习经验和学习环境，设计出高效率的教学活动，是教学设计技术的重点。

教学设计作为一项技术，是建立在已知原理、方法和技术基础之上的。要掌握这一技术，显然需要掌握这些已知原理、方法和技术。

教学设计作为一项技术，包括一套技术工具，掌握这些技术工具，是实施教学设计的关键。

2．教学设计是一个过程

教学作为一种活动，本身就是一个过程。教学设计作为一种教学准备活动，也自然是由一系列可分解的活动组成的过程。

教学设计一直被界定为用系统的方法来分析教学问题、研究解决问题的方法和途径、评价教学结果、修改和确定教学规划的过程。美国教育心理学家加涅（Robert M. Gagne）指出，教学是以促进学习的方式影响学习者的一系列事件，而教学设计是一个系统化规划教学系统的过程。教学系统设计是运用系统方法分析研究教学过程中相互联系的各部分的问题和需求，确定解决它们的方法步骤，然后评价教学成果的系统计划过程。教学设计是指运用系统方法，将学习理论与教学理论的原理转换成对教学资料、教学活动、信息资源和评价的具体计划的系统化过程。

我国的教学设计学者大多认为教学设计是一个过程。乌美娜教授指出，教学系统设计是运用系统方法分析教学问题和确定教学目标，建立解决教学问题的策略方案、试行解决方案、评价试行结果和对方案进行修改的过程。何克抗教授指出，教学设计主要是运用系统方法，将学习理论与教学理论的原理转换成对教学目标、教学内容、教学方法和教学策略、教学评价等环节进行具体计划、创设教与学的系统"过程"或"程序"，而创设教与学系统的根本目的是促进学习者的学习。教育心理学家皮连生也认为教学设计是运用现代学习与教学心理学、传播学、教学媒体论等相关的理论与技术，来分析教学中的问题和需要、设计解决方法、试行解决方法、评价试行结果，并在评价基础上改进设计的一个系统过程。它不是力求发现客观存在的尚不为人知的教学规律，而是运用已知的教学规律去创造性地解决教学中的问题。

教学设计作为一个过程，我们自然应该把握其过程性。其过程性的特征说明，教学设计不是一个封闭的体系，而是一个在过程中不断开放的体系，只要学习的过程没有结束，教学设计的过程就没有结束。

3．教学设计是一种理念

"教学设计"的英文表达为"instructional design"，为什么用 instruction？美国教育心理学家加涅有明确说，为什么我们用教学（instruction）这个词而不用教授（teaching）这个词呢？原因是，我们希望描述对人们的学习有直接影响的所有事件，而不是只描述由教师个人发起的那些事件。

这说明教学设计不是传统意义上的教学研究的分支，而是以学习理论为基础的现代教学研究的产物。学习理论正是教学设计的理论基础之一，教学设计也就是一种以学习为基本对象的理念。

教学设计作为一种理念，不仅强调教对于教学的作用，更强调学对于教学的作用，甚至是关键的作用。无论是哪种教学设计的模式，学习者分析都是其关键的组成部分。

在这个意义上，教学设计是一种以学习者为中心的预设教学活动的理念。只有我们把握了这一理念，才能真正理解和实践教学设计。

从以上三方面的内涵，我们可以看出教学设计的综合形态。也就是从教师的教学实践视角看，我们可以这样界定教学设计：教学设计是一种基于现代学习理论的现代教育技术，是教师基于学习者特征等学习需求分析，设计教学目标、教学过程、教学策略、教学技术，并进行评价反馈，以进行教学准备的过程。教学设计的技术与工具也可用于对课堂教学进行过程性、质量性分析。

显然，从以上分析可知，教学设计体现一种教学理念，是一种技术，是一套工具，是一个过程，这一技术和工具主要用于教学准备，也用于教学评价。

也可知，教学设计不是一般意义的教学准备（备课）。一般的备课只是教师自己根据惯例进行教学准备的活动，没有必须使用的工具；教学设计则是一种具有自身的工具系统的技术，是一个不断修正的过程，更体现一种以学习者为中心的教学理念。

（三）教学设计的理论基础

尽管教学具有漫长的历程，教学设计却还是一个非常“年轻”的领域。教学的悠久历史形成了丰富的教学理论，不同学科都在探讨教学问题。各个学科对教学问题深入思考，为教学设计的形成和发展打下了坚实的理论基础。

对于教学设计的理论基础，存在单基础说（认知学习理论）、双基础说（传播理论、学习理论）、三基础说（学习理论、教学理论、传播理论）、四基础说（系统理论、学习理论、教学理论、传播理论）、五基础说（系统理论、学习理论、教学理论、传播理论、设计理论）、六基础说（系统理论、学习理论、教学理论、传播理论、设计理论、教育哲学）。我们认为，五基础说对于教学设计实践更有建设性意义。

教学设计的理论基础主要有三个方面：一是方法论层面的理论基础，这给教学设计以哲学的高度，使教学设计不仅仅停留在教学层面；二是教与学的理论基础，这使得教学设计的探讨可以从根本做起，学习理论、教学理论这两个领域是教学设计的教与学理论基础的主要内容；三是技术基础，包括传播理论和设计理论两个领域（见图 1-1）。

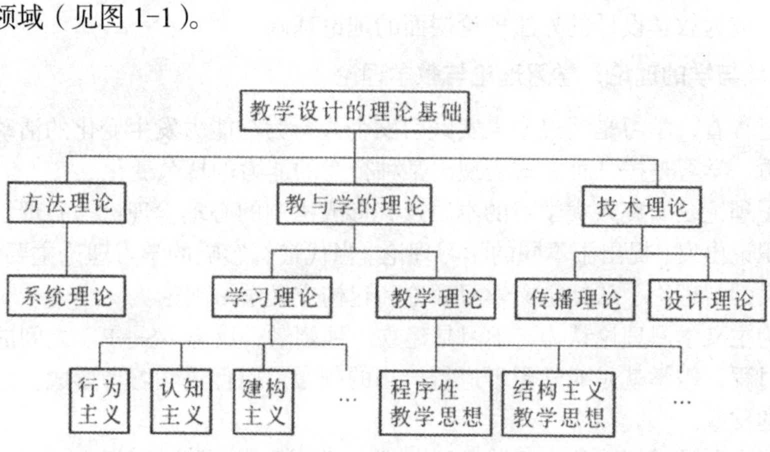

图 1-1　教学设计的理论基础

1．方法理论：系统理论

人类自古就有系统思想，不过在20世纪出现的系统论，则是系统思想的集中表达。

系统论的核心思想是系统的整体性。系统论强调，整体大于部分之和，任何系统都是一个有机的整体，它不是各个部分的机械组合或简单相加，系统的整体功能是各要素在孤立状态下所没有的新性质。

系统论把世界上任何事物都看成是一个系统，一切观察对象都是一个系统，应该从整体上分析系统的组成要素及其之间的关系、系统的结构和功能，以及系统、组成要素、环境三者的相互关系和变动的规律性，并根据分析的结果来调整系统的结构和各要素关系，使系统达到优化目标。由此可见，教学也是一个系统，包括教师、学生、教学条件等组成部分，这些构成一个完整的系统。

系统论强调系统的整体性。教学作为一个系统，其教育目标应该是一个整体，教学每一个环节都应该指向这一整体目标。教学过程更是一个整体，每一个具体教学活动构成一个完整的整体。

系统内部具有一定的时序。教学特别需要强调知识本身的逻辑顺序，如学习的时间顺序、课堂活动的顺序等等。

系统论认为系统不可缺少相应的反馈系统。教学的评价就是一个非常重要的反馈系统。在教学过程中，教师、学生和教育管理者都不断获得系统的反馈，调整教学活动。

系统论认为系统不断走向平衡，而平衡又不断被打破，走向不平衡。教学就是这样一个平衡—不平衡—再平衡—再不平衡的动态平衡过程。

既然教学是一个系统，教学设计自然需要依据教学的系统特征开展。因此，系统理论成为教学设计的方法理论层面的理论基础。

2．教与学的理论：学习理论与教学理论

从过程看，学习是通过个人实践引发个人行为与能力发生变化的活动过程；从结果看，学习是按某种方式表现出某种行为的能力的持久变化。

学习理论是研究人类学习的本质及其形成机制的心理学理论。心理学家从不同的认识论出发，提出了不同的学习理论。当代最有影响的学习理论主要有三种：行为主义学习理论、认知主义学习理论和建构主义学习理论。

行为主义学习理论认为，学习是建立一种刺激—反应（S—R）之间的联结与强化的过程，教学就是对学习者进行恰当的刺激，以促进学习者形成、维护或强化预设的反应。

认知主义学习理论认为，学习是由感知觉、记忆、提取、鉴别、比较、分析、综合等组成的复杂的信息加工过程，教学就是促进学习者进行内在的信息加工得

到预设的学习目标，教师向学习者传授知识和技能。

建构主义学习理论由认知主义学习理论发展形成，认为人类的知识是学习者在与外部环境的互动过程中自我建构获得的，因此教学应该以学生为中心，教学应该是为学习者创造自我建构的环境，学生是学习的主导者，教师只是协助者、引导者、材料提供者。

教学的目的是促进学习，这是当代教学理论的核心。当代具有影响的教学思想主要有程序教学思想、结构主义教学思想等。

程序教学（programmed instruction）思想是行为主义的教学思想，其代表人物是美国著名教育心理学家斯金纳。程序教学思想认为教学就是为学生设计合理的学习程序，建立最有效的刺激强化内容。具体是根据教学内容的难度设计从易到难的教学活动程序。

程序教学思想对于教学设计的影响很大，因为程序教学思想认为可以设计出固定程序的教学机器，帮助学生学习。这是教育的技术本质取向的典型表现，促进了教育技术学科化的发展。

结构主义教学思想是结构主义影响下的教学思想，其代表人物是美国著名心理学家布鲁纳。他认为每一门学科都由一系列的基本概念和原则等基本结构组成，如数学的交换律、分配律、结合律等。

根据结构主义教学思想，教学应该遵循动机原则（动机是学习成功的重要因素）、结构原则（教学必须促进学生掌握学科的基本结构）、程序原则（教学应设计和选择最佳的教学程序）、强化原则（教学应通过反馈使学生及时强化所学知识）。

学习理论和教学理论的其他思想都对教学设计形成这样、那样的影响，而且不断出现的新的学习理论和教学理论也会对以后的教学设计带来很多影响，原因是教学设计本质上是教学的设计，对学习和教学的理解自然会影响教学设计者对于教学活动的设计。

3. 技术理论：传播理论与设计理论

传播理论是研究自然界一切信息传播活动的共同规律的理论。传播理论强调人类的一切交往活动都是传播活动，当代社会重要的信息通道就是报纸、电视、互联网等大众传播媒体。

根据传播理论，教学是一种教师与学生之间的传播活动。因此，对教学的研究也需要传播理论的指导，而对教学的设计就自然需要研究对教学中传播的设计。教学的每个要素都具有传播要素的特性（见表 1-1）。

表 1-1　传播要素与教学要素的对应关系

传播要素		教学要素
传播者	谁	教师或其他信息源

续表

传播要素		教学要素
传播内容	说了什么	教学内容
传播媒体与传播方法	以什么方式（如何）	教学媒体、教学方法
传播对象	对谁	教学对象（学生）
传播效果	产生什么效果	教学效果
传播目的	为什么（为了什么）	教学目的
传播环境	在什么情况下	教学环境

这充分显示，教学活动本质上是一种信息传播活动。对于教学的设计显然需要传播理论作为理论基础。

教学设计也是一种设计活动。

设计首先是一种技术，然后是一种文化，是一种创造更为合理的生存方式的活动。设计具有以下基本特征：

（1）后理性。设计是基于已知原理、方法和技术进行的，这些都是理性的产物，显然设计是基于理性产物的后理性活动。

（2）可修改性。设计的方案在未实施前、在实施中都可以修改，而不是一成不变的，甚至在教学设计时就应设计出实施的修改计划过程的预案。

教学设计作为一种设计活动，都表现出这些特性。教学设计是教学之前的预设，是在已有教学思想、教学方法、教学技术的基础上的后理性活动，教学实施过程中可以修改教学设计。

当然，教学设计理论本身也在不断发展。在发展中，可能会形成新的理论，这些理论会带动教学设计的理论视野不断拓宽和加深。

现在我们清楚了教学设计的定义，而且不只是从研究视角出发的定义，更是清楚了其从教学实践视角出发得出的定义。显然，教学设计不是传统意义上的备课那么简单。以下是一个教学设计的设计说明，通过这个说明我们可以看到教学设计的科学性和系统性。

三、教学系统的科学认识

我们这里所说的“系统”是指由若干个相互作用、相互依存、相互影响和相互制约的成分或因素，为达到一定的目的或目标而组成的有机整体。教学系统简单说就是为了实现教学目标而组成的一个教学活动的运行系统。教学系统是学校教育系统中的一个子系统。学校教学系统中最基本的构成要素包括教师、学生、教材、教学媒体四方面。教学系统各个要素相互作用与相互影响的复杂的运行活动，构成了我们所说的教学过程。教师和学生均为教学活动中的人员要素，他们也是教学活动的主体性要素。教师是教学活动中教的活动的主体，学生是教学活动中学的活动的主体，因此他们也是教学活动中最为活跃的因素。教学过程中影响教师和学生主体性发挥的主要因素有教与学等。

教材是教师和学生共同开展教学活动的依据性材料，是教学过程的最主要的媒介。它包括文字教材（如教科书、图表、教学参考书等）和视听教材。

教学媒体是教学活动的物质和条件性要素，它包括教学所需要的物质设备、技术与手段等有关的物质和条件性教学资源。

上述教师、学生、教材、教学媒体 4 个方面的要素所构成的教学系统是由教师和学生共同参与的人工系统，是一个动态的运行系统。教学系统在其运行过程中，有着比较明确的目的性（即教学系统的运行应该始终围绕着比较明确具体的目的来展开和运行）；可控性（即课堂教学活动具有相对闭合的特点，可以通过反馈调节等手段对系统加以控制）；适应性（即教学系统活动的设计与运行不是一成不变的固化过程，而是因人、因地、因时体现出可变性与灵活性）特点。

第二节　体育教学论及其发展

体育教育思想是体育教学论的理论奠基，我国的古代体育思想理论可以追溯到孔子所推崇的“六艺”，老子的《道德经》等。受近代西方体育思想的影响，清末及民国时期开启了近代中国体育教学论的理论探索与实践，初步建立了我国体育教学论体系。改革开放初期，学校体育教学论的研究才呈现“百花齐放，百家争鸣”的良好学术氛围，20 世纪 80 年代末期至 90 年代历经了一个快速发展时期，体育教学论逐渐成为一门独立学科。然而，由于体育学科研究的相对薄弱，体育教学论的学科定位、研究对象及研究基本范畴还将在一定的时间内成为研究的重点。加之，我国当代学校体育的飞速发展，学校体育面临新困境、新问题，必然促使我们对先前的研究方法、研究范式等进行新反思。

一、我国体育教学思想的溯源

根据历史学家与考古学家的研究，人类最少有 200 万年以上的历史。体育作为获取生存所必需的物质财富活动之外的一个社会活动特殊范畴，产生于原始社会的晚期，其训练的内容是多方面的，其中包括许多身体运动能力方面的训练。例如，从事畜牧业的民族骑马和骑马围猎是人们主要的谋生本领，因此青年们必须接受这方面的训练；在农业村庄，人们感兴趣的是摔跤、举重、舞蹈和养生术等，青少年则以学习这些内容为主。当时体育教育的最初内容就是通过成人接纳仪式而进行学习和训练。当然，不同的地域、不同的历史时代，体育教学的内容、形式均有差异。

在我国体育教学思想形成、发展的过程中，首先要回溯到孔子的思想。孔子思想是中国教育思想之源，他的教育思想对体育教学产生了深刻的影响。例如，孔子所推崇的“六艺”非常重视人的身体的全面发展，他认为体育活动的情调应该是轻松愉快的，“君子之音，温柔居中，以养生育之气，万忧愁之感，不加于心也；暴厉之动，不在于体也”(《孔子家语・辨乐解》)。孔子的教育思想对我国当时的体育教学做出了应有的贡献。

除了孔子的教育思想之外，其他思想流派也对我国体育教学理论的发展做出了一定贡献。如：老子为代表的道家思想，老子《道德经》中的关于“无为而无不为”“刚则折，柔恒存兮”“柔弱胜刚强”“长生久视”之理，成为中国传统武术的方法论，并被广泛应用到古代武术教学传承之中。在中国历史的发展中还产生了以淮南王刘安为代表的黄老学派的自然主义教学思想，以董仲舒为代表的经学教学论思想，以王充为代表的儒学异端教学论思想，以嵇康为代表的玄学教学论思想，以道安、慧远、葛洪为代表的宗教教学论思想，以颜之推为代表的儒道佛初步融合的教学论思想，以王通、韩愈、柳宗元为代表的重振儒道教学论思想。[①]这些教学思想中都有中国传统体育思想的萌芽。

二、教学论相关概念的界定

(一) 教学论

教学论指的是研究教学现象、揭示教学规律，帮助教师形成现代教学思想，以及运用最优化的教学途径和方法实现教学目标的一门学科，教学论既是理论学科，也是应用学科。上它是研究教学一般规律的科学，是教育学的一个重要分支。它由教学在整个教育活动中的地位与作用、教学目的、任务、教学过程的本质与规律、教学原则、教学内容、教学方法、教学组织形式、教学手段、教学评价等内容组成的。除此之外，教学论是作为对教学现实的一种学术反思，其本身就应该像教学现实一样，是多层次、多领域、多维度并存的。而且需要注意的是教学论不应是超然于教学世界之外的玄思和遐想，而应努力捕捉和把握时代精神，即在教学思想中体现和反映教学现实。因此，能够反映最新的教学实践的一般规律是教学论的核心。

(二) 体育教学论

体育教学论是研究体育教学相关问题的科学，是指导体育教学实践的知识与方法论，理论和实践紧密结合是其学科属性，是建立在体育教学实践和发展需要基础上的体育教学规律的理论概括。要通过建立具体而系统的体育教学范畴和理论体系，说明和解决体育教学活动的关系和课题，并运用到体育教学实践中去。体育教学论的产生离不开体育理论的发展，它是作为教学论的分支学科，在学校

[①] 张传隧．论 21 世纪中国教学论发展趋向[J]．广西师范大学学报，2002，38（7）：32．

体育学中孕育成长，逐渐成为一门独立的学科。正因为体育教学论与母学科教学论以及学校体育学、体育教材教法有着非常密切的关系。

（三）学科与教材关系

“学科”从不同角度来看有着多种解释。汉典解释为：知识或学习的一门分科，尤指在学习制度中，为了教学将之作为一个完整的部分进行安排。这显然是从学科的功能角度上进行了解释。

还有的解释认为学科是一个“知识体系”，是一种“知识类别”。这种观点主要从知识增长、知识传播和知识分类的视角认识学科。将学科定义为“人类关于世界认识成果的一种分类，是人们在长期发展过程中产生的知识碎片混合物经过分化、整合、重组建构起来的具有一定知识范畴的逻辑体系。对不同客体的认识构成了不同的相对独立的知识体系，学科即是这些分门别类知识的静态表现。

另一种则认为学科是知识劳动的组织，学科自身也是一种组织结构。认为“学科是由一群学者以及学者们依赖于一定物质基础围绕知识进行的创造、传递、融合与应用的活动所组成的组织系统，是一个实在存在的具有组织形态的学术组织系统。”

综上而言，都是从不同角度对于“学科”的界定，但是正是因为角度的不同造成了对于“学科”概念的单一和局限。因此我们认为学科应该是个多维度概念，既是一个知识体系，又是知识劳动的组织系统，它是知识和学习的一门分科和集合，在学习制度中是为教学所服务。

“教材”的概念同样有着多种不同认识。教材其一是信息（用以表达规范化和符号化的语言和思想）；其二是信息赖以存在和显现的物质载体（如语言、甲骨、木竹、石、皮、帛、纸、胶片、磁带、录像、软盘等）。因此教材包括教学的内容和教学的教材两大部分，可以将教材的概念界定为：教材是教学过程中教师用来协助学生学习达到教学目标的各种知识信息材料。

教材具有两个层面含义，第一个层面的教材是表现为语言和思想的信息，它承载着教学内容，是教学内容的选择反映形式和集中表现。教学内容是各学科中教学的目标或内容，是指学生应该掌握的知识和技能，为了习得这种学科内容而在教学过程中运用的教学活动的直接对象，就是教材。对于教材的解释中可以认为教材是为了在教学活动中传达教学内容，让学生能够在实践中运用知识的工具载体，里面承载了整合的知识体系。

通过对学科和教材的定义来看，两者都是通过把人类长期发展过程中的知识碎片进行整合和重组建构起来的知识体系，都是教学中的重要部分。但是两者功能的侧重点有着较为明显的不同。

学科属于一个学术的组织系统，是为了方便教学活动的安排，教学通过不同学科进行针对性区别。而教材则是不同教学活动中传递知识的工具载体，因此可以说没有学科就没有针对性的不同类别的教学活动，也就没有进行相关教学活动的教材。所以教材的发展是以学科的发展为根本，体育教学论教材同样也是以体育学科的不断发展为大背景，目的也是为了让体育教学论教材更好地适应体育学科的发展。

三、教学论与学科教学论发展综述

我国教学论的发展起步相对较晚，在 30 多年间通过不断引进和吸收国外现代教学论，经过不断实践扬弃的环节，结合中国实际取得了一定的成就。裴娣娜教授认为中国教学论学科的发展主要经历了 1978—1984 年反思与重建、1985—1992 年引进借鉴、1993—2000 年构建体系和 2001 年至今综合创建 4 个阶段。她认为教学论的发展就是对教学过程本质的再认识，要重视知识观与现代教学认识问题，清楚教学事实与教学价值的关系，把握住教学主体与教学客体的关系。提出教学论的发展思路应该是在研究中国教学实践重大问题中形成和完善有独特体系的学说，通过多种学说的孕育、建立和支撑，促进中国教学论学科的建设与发展。

王嘉毅教授总结我国教学论学科发展的基础上认为我国教学论学科虽然取得了一些成就，但是存在对教学改革中的重大问题关注不够、研究不深；对信息技术对教学的影响关注不够、研究不多；教学论的转化、应用和普及不够以及教学论的中国化不够等问题。

有学者指出我国的教学论学科在发展过程中其实陷入了一个越发尴尬的境地。认为现在的教学论实践功用乏力、本土特质缺失、观点歧异分化、行为抵牾趋离。

综上所述，虽然我国教学论在发展过程中取得的成就不能否定，但确实也存在很多问题。比如本土化程度不够，“拿来主义”明显，没有能够紧紧抓住最新的改革要求，特别是对于实践的指导意义缺乏等都是制约教学论进一步发展，使之驶入尴尬境地的原因。

同样随着教学论的发展，学科教学论的建设也越来越受到重视。也有学者认为随着主体性教育的提出，教学论作为一门指导性极强的理论性学科，它的实践指向性特征也开始表现出来。学科教学论是研究学科教学规律及其应用的一门学科，学科教学论是植根于学科与教学之中发生、发展的，是学科建构与教学发展及其理论研究和实践检验、完善的结果。不过需要把握的是学科体系的一致性及差异的含糊性以及方法研究的滞后性及学科方法的差异性。

从学科教学论的学科定位、与相关学科的关系、课程体系的构建、师资队伍的建设等多方面论证学科教育学的发展路径。只有抓住学科教学论的应用学科属性，不仅要求对于实践规律的概括还要求必须能够指导实践。其设置目的是在师资培养上发挥作用，有着自身重要的特点和价值。还不能离开本专业的属性，但也要求要打破专业壁垒克服单一的知识性，突显其教育性价值，构建一个较为完善的学科教学论体系。

从以上观点可以看出学科教学论与教学论的发展密不可分，但是既然是学科教学论，那么最重要的便是要突出其“学科”属性，应该根据各学科自身的教学规律和特点去总结。学科教学论的最大目标还是要能够培养出掌握该学科教学特点的师资，强调实践性克服单一性是其发展的方向。体育教学论作为学科教学论的一部分，只有真正突出体育教学论的“体育”学科特色，才能够真正发挥它的最大功用。

四、体育教学论与学校体育学

（一）学校体育学的发展

我国的“学校体育学”作为一门课程，是于 1992 年被正式确定为普通高校体育教育专业学生学习的主干课程之一。在当时国家教委印发的《普通高校本科体育教育专业十一门课程基本要求》中正式确认“学校体育学”是一门重要课程。

我国学校体育学的发展大体上分成了四个阶段。

1．初创阶段（1978-1985）

我国在20世纪50年代引进了《体育教育和竞技运动理论》(简称《体育理论》)，作为体育专业的必修课程。在这个时候还分不清是体育教育还是竞技体育，而凯里舍夫《体育理论》将体育教育过程和运动训练过程明确区分开，为体育教育理论研究奠定了基础。

1979 年的扬州会议，在吸取了世界各国理论和经验的基础上，为实现学科分化。一些学者把体育理论一门学科，分为四门课程，即体育概论、学校体育学、运动训练学和群众体育学。从此学校体育学作为一门新学科正式走上舞台。

2．探索阶段（1985-1992）

这一阶段以 1985 年颁发《关于教育体制改革的决定》提出素质教育为起点，从此开始我国教育领域进入了素质教育的新阶段。而对于学校体育来说，增强学生体质不再是学校体育唯一的主要任务。学校体育的目标和内涵开始进一步延伸，除了增强体质以外还包含了知识、技能、体适能和情意、价值观等多维度的内涵。这些也为“学校体育学”这门学科的进一步的发展，提供了新的教育理念层面上的支撑。同时，这一时期体育课程改革开始启动，更加注重灵活性，一些新思路、新模式开始出现，比如快乐体育、健康第一等思想融入进来再次拓宽了“学校体育学”的思考领域。

3. 创立阶段（1992-2000）

1992 年由国家教委印发的《普通高校本科体育教育专业十一门课程基本要求》中，包括了在 20 世纪 20 年代中期，由曲宗湖主编的《学校体育学》(人民体育出版社)；随后，1994 年，相继由金钦昌、李祥等主编出版了多个版本的《学校体育学》。教材和专著的出版标志着“学校体育学”作为一门课程被正式确立，使用多年的《体育理论》教材也随之退出历史舞台。在此期间，大量“教学论”“课程论”的译著，加之国内学者所著的“体育教学论”“体育课程理论”的出版，人们开始认识到教学理论和课程理论的区别和联系，而且对新世纪的一些课程的理念、目标以及体育教学的教学和评价方法等都有了一些新的认识，从而在学校体育学这门课程中分化出了体育教学论等课程。

4. 发展阶段（2001 至今）

进入新世纪以后，基础教育课程改革开始不断推进再加上北京奥运会都对学校体育的发展产生了巨大的影响。由于学校体育的核心是体育课程的改革，所以体育课程与体育教学的改革是影响“学校体育学”课程建设的重要因素。由周登篙、潘绍伟主编的《学校体育学》相继出版，这两个版本的教材较好地适应了我国课程改革的需求，而且较为客观地反映了体育课程改革的过程。与之前版本相比，在内容上有较大变化。此时的“学校体育学”课程建设进入了发展阶段。

（二）体育教学论与学校体育学发展的联系

体育教学论是从学校体育学中分化而来，有学者通过对体育教学论发展的总结与反思也表达出了类似的观点。他们把体育教材论的发展轨迹分为了 1978 年到 1984 年的恢复孕育、1985 到 2000 年的探索创立和 2001 年至今的相对独立 3 个阶段。认为体育教学论的发展是从 1978 年召开的全国体育工作会议开始孕育，其内容分散在《体育概论》《体育教材教法》《学校体育学》等学科课程之中，直到 2001 年 6 月国务院颁发了《国务院关于基础教育改革与发展的决定》,进一步明确了“加快构建符合素质教育的要求的基础教育课程体系”的任务。这个时候，体育教学论学科在学校体育学中孕育发展才基本有了自己的框架。

在经过学校体育学 1992 年到 2000 年的创立阶段后，人们开始意识到教学理论和课程理论的联系与区别，集中对体育教学论进行了研究。等到体育教学论在学校体育学逐渐成熟进入到 2001 年至今的发展阶段同时，自身也成熟起来到了一个集中发展的井喷期。

因此，体育教学论的发展是随着学校体育学的发展而发展的，而对学校体育学学科认识的深入在一定程度上促进了体育教学论的发展。学校体育学应该是关于学校体育工作基本原理与方法的一门学科，是有关学校体育工作的一门综合性理论学科，是体育教育专业的基础理论课程，是对中学体育教学的宏观指导理论。这与体育教学论的研究对象是有所区别的。正是对学校体育学内容和学科定位逐渐清晰和准确，体育教学论的学科定位也开始逐渐清晰起来。

五、体育教学论与体育教材教法

（一）体育教材教法的发展

相关学者普遍认为我国对体育教材教法的研究起步较晚，大体上可分为 1982 年前的起步阶段、1982—1998 年着重于体育教学方法研究的阶段和 1998 年之后着重于体育教材教法的研究阶段。在第一阶段中如其他体育理论一样主要侧重于直接引入和借鉴苏联的一些著作资料，在此基础上才开始探索适合本国国情的研究。而第二阶段的体育教材教法内容上主要包括对体育课、体育教学的任务、规律、内容以及教学计划的研究，在具体课程的编制上主要体现了“教师中心论”的倾向。第三阶段开始重视学生在教学中的主体地位，着重介绍不同项目不同特点的教学实践方法，探究教材的教法设计等。而且除了各教材的基本方法相似以外，不同教材编者都从不同视角融入了一些个人看法，有了一定的特色。

（二）体育教学论与体育教材教法发展的联系

相比于体育教学论，对于体育教材教法的研究起步更早，体育教材教法是我国新中国成立后最早的体育理论教材之一，但是它的出现时间要晚于学校体育学。且从其早期的内容来看，体育教材教法中的体育课、体育教学方法、体育教学计划、体育教学原则等内容都与学校体育学中的内容相同，而后来的体育教学论中也有重复内容的论述。因此，可以认为体育教材教法和体育教学论都是从学校体育学中分化出来。不过，1985 年 6 月中国教育学会教学论专业委员会成立，相关教学论工作者进行了系统深入的学科建设研究，开始促进教学论学科地位确立。这时，随着学科教学论开始起步和发展，体育学者也逐渐认识到体育教材教法的片面性。

有学者认为教学论学科直到 90 年代还没有完全建立，还停留在教材教法水平上。认为学科教学论既要研究学科教学的规律，又要研究教育规律。要把两者有机地结合起来，从这个意义上来讲，教材教法的名称显得落后了，因此把它改为学科教学论或学科教育学是适宜的。也有学者认为体育教材教法存在着一定局限性，认为 20 世纪 70 年代，随着教育科学的发展和对体育教学规律认识的深入，人们逐渐认识到，仅仅依据运动学原理，不从整体上来把握体育技能形成的规律性和学生体育认知的规律性，研究体育教学理论是远远不够的。因此《体育教材教法》尚不能称为完整的体育教学理论。在 2004 年颁布的《普通高等学校体育教育本科专业各类主干课程教学指导纲要》把学校体育学分为学校体育学和体育教学论，体育教材教法则没有被列为主干课程，这个时候有人把《体育教学论》等同于《体育教材教法》。体育教学论似乎有取代体育教材教法的趋势。从课程性质、内容和目标来看，两门课程是不能等同的，体育教学论主要是研究体育教学的现象、基本因素、本质及其内在规律，而体育教材教法主要是研究教材的学理，分析教材内容，探讨教材的教法设计。

由此可见，体育教材教法和体育教学论虽然相互联系，但都应该有自己的侧重点和学科特色，所以我们不应该单纯地把体育教材教法和体育教学论等同，如何能够更好地突出两者各自的特点才是值得我们思考和研究的。

六、关于《体育教学论》教材的研究

我国的《体育教学论》教材经过了多年的发展，陆续出版了近 20 个版本的教材，但是如今对于《体育教学论》教材的专门研究仍然比较缺乏，几乎都是对“体育教学论”学科发展的相关研究，不过还是有学者对《体育教学论》教材进行了研究。

有学者以体育教学论学科发展历史为出发点，通过对我国体育教学论学科发展规律的总结及学科属性的定位，认为我国体育教学论的理论体系不够清楚，在理论的构建上显得比较单薄，在理论的讲述上又显得抽象和空洞，这种现象在《体育教学论》教材中体现得尤为明显。学者把 6 个版本的《体育教学论》教材结构和内容分别进行比较，认为我国《体育教学论》教材的结构是对一般教学论结构体系的套用，但是这种理论体系与体育教学实践会形成鲜明的反差。另外现有的理论体系没有能够有效地吸纳最新的研究成果，这也使得我国《体育教学论》教材在内容上显得创造性不够高。

还有学者则是通过收集十多个版本的《体育教学论》教材内容进行比较，认为目前的《体育教学论》教材内容存在其体系移植一般教学论的内容体系、与学校体育学的内容体系相重叠、与体育实践教学相脱节、内容重复化以及课程内容体系不合理等问题。再通过对《体育教学论》教材内容体系的构成进行分析，认为《体育教学论》的内容体系应该以“外部制约性原理”和“内部构成性原理”为依据进行内容的选择，此外还要以现代的教学思想为主要指导思想进行内容的审视。在《体育教学论》内容结构体系上，学者认为应该按照“目标假定—对象假定—内容和方法假定”进行设置，而且还应该注重课程的“实质结构”和“形式结构”。

综上来看，虽然学者们都从不同角度对《体育教学论》教材进行了分析和研究，但是有的学者的研究重点还是在于对体育教学论学科历史的梳理，对《体育教学论》教材的分析不够深入。而有的学者虽然把《体育教学论》教材的内容体系拆分开来较为详细的进行分析，但缺乏对不同时期不同版本《体育教学论》教材的内容体系变化趋势的把握，另外与相关学科的联系也没有能够体现出来。因此，学者的研究视角都有一定的局限性，并不能够全面的探寻《体育教学论》教材内容的发展规律。

七、近代我国学制建立以后体育教学理论的沿革

（一）清朝末年我国的体育教学理论

1．初步引进

在第一次鸦片战争之后，西方列强接踵而至，列强的豪夺给中国人带来了血的教训。不甘屈辱的中国人开始寻求强国之路，社会开始出现一系列变革。在教育领域，清政府确立了“中学为体，西学为用”的指导方针。1862 年，开始兴建洋务学堂。在体育方面，1903 年清政府颁布了《奏定学堂章程》，规定了癸卯学制，并确立了体育课程的必修地位，体育课程在各级各类学堂里得到了快速的发展。新式学堂的发展，导致各科教师极缺，技术性很强的体操教学更足突出。1906 年，清朝学部通令全国扩大师范学堂名额，并命令各省在师范学堂设立五个月毕业的体操专修科，并开办培养师资的体操专修科或体育学堂。于是，我国开始专门培养体育师资。①

从 1862 年开始兴建洋务学堂到 1906 年开办的专门体操专修科或体育学堂，虽然存在体操的教学，但关于体操教学理论的课程与教材在学校教育中还未出现，其他学科的教学论亦然。期间已出现了有关教学论方面的引进介绍，其中影响最大的教育专业刊物是《教育世界》。它 1901 年 6 月创刊于上海，创刊伊始开始系统地介绍日本学者汤本武比占所著的《教授法》，主要反映的是赫尔巴特的教学理论。除此之外，《教育世界》还介绍了西方教育家夸美纽斯、裴斯泰洛齐、第斯多惠、赫尔巴特等的教学思想。虽然有了教学理论的介绍，但教育界对教学理论仅处在接触和理解阶段，在实践教学中，教学方法还比较混乱。教学方法因人而异，无一定程式。不过，在各种差异之中，有两种共通之点：第一，在竭力接受班级教授之分班组织、团体讲演等新方法外，仍保持中国传统讲学方法，不拘年限，各科须做笔记等；第二，中国的旧学问尚未视为完全无用，故旧法尚于无形中有所保存。此期的教育方法，实是中西杂糅。

2．初建体系

本阶段从 1903 年颁布《奏定学堂章程》到民国初期，由于在之前的洋务学堂得到一定的发展，并且西方的教育理论通过派遣留学生、翻译西方的教育著作、创建教育学刊等方式在中国奠定了一定的基础，由此，我国的教授法著作开始出现，学校教育中也出现了教学理论课程。1903 年的《奏定初级师范学堂章程》规

---

① 苏竞存．中国近代学校体育史[M]．北京：人民教育出版社，1994：67.

定了“教育学”学科，分五年教学，第三学年是“教授法”。此外，我国学者还翻译了不少日本的教授法著作，如：沈统翻译东基吉的《小学教授法》，董瑞椿译通口勒次郎的《统合新教授法》，山西大学堂译书院 1905 年译印神保小虎的《应用教授学》等。

通过对日本教学理论的学习，中国学者应当时教学计划的要求开始编写教授法著作。其中有朱孔文编的《教授法通论》(时中学社 1903 年版),《初级师范学校教科书各科教授法》(商务印书馆编译所 1906 年编纂),《小学教授法要义》(木村中治郎、于沈编纂，蒋维乔校定)等。由于受日本的影响比较深，而日本的教学理论又倾向于赫尔巴特的五段教学法，我国的教学论教材所体现的多是赫尔巴特的教学方法。

由于现代意义的教学理论正处于刚刚接受和引进阶段，中国的分科教学论还未出现，这个时期的教学理论是各个学科通用的一般教授法。我们可从教育家的言论中分析。教育家陈宝泉在为康绍言、薛鸿志编辑的《设计教学法辑要》作序时说道：前清末造，初兴学校的时候，真不知教授法为何事。曾忆初到日本，一听老师讲五段教学法时，以为用科学的方法发展儿童的本能，实为新教育之最大特色。所以，当时管私所编辑的小学教授用书，以及各小学实用的教授方法，殆无一不是适用五段教授法原理的。而据林砺儒等说：中国自有学校教育，其教授法即通用演讲式之注入主义，非惟中学然也。大抵文学、历史、地理等科，专赖教师之取材兴说明；即理科之实验，亦由教师行之，作为说明一种，学生旁观而已。学生之作业，除作文、演算外，惟图画、手工、体操，则非诉诸学生之动作不可，然亦不过模拟的作业而已，其教授之良否，则纯视教师准备教材之是否丰富，说明之是否透辟为断。总之，学生所得，殆出自教授之授予。由此，可以看出，我国的体育教学论还依附于教学论之中，没有分化出来。

(二) 民国时期我国的体育教学理论

1. 继承清末体育教学理论

1911 年 10 月，爆发了资产阶级领导的辛亥革命，不仅推翻了清王朝的统治，而且也结束了我国两千多年的封建专制制度。1912 年 1 月，资产阶级革命党人在南京成立了以孙中山为大总统的中华民国临时政府，临时政府一成立就设立了教育部，由蔡元培担任教育总长。成立伊始就颁布了《普通教育暂行办法》《普通教育暂行课程标准》等法令，之后在 1912 年 9 月颁布了《小学令》和《中学令》，建立了民国学制系统的结构框架，史称“壬子学制”。由此，一套相对完整的教育制度建立起来。新学制在体操课方面根据不同学段的学生制定了不同的教育宗旨，并且设置了相应的课程内容。此外，国民政府继续沿用“军国民教育”思想，并对士兵体操的重视达到了高峰。

在这一时期，我国体操课的教学，从教学思想到教学方法，都没有太大的进步，基本上是清朝末年教学理论的延续。如在体育课的教学方法上，1913 年 4 月 17 日教育部曾通令颁布《中等师范学校教员教学方法》：凡中等师范学校，以后至第三学年始，任择何种科目，每周以二时或三时就教员所讲，令学生笔记。逐渐加强加速，仍由教员随时视察指正讹误。由此可见，这时的体操教学仍以引进日本的赫尔巴特教学方法为主。

同时，我国学者也编著了一些教学理论的著作。在 1912 年教育部颁布《师范学校规程》和 1913 年的《高等师范学校规程》都规定教育学科中包含教授法。在这一时期，我国学者编写的教授法教材有：1909 年白作霖编著、蒋维乔校订、商务印书馆出版的《各科教授法精义》；1913 年商务印书馆出版的《教授法原理》；1916 年蒋维乔编写、商务印书馆出版的《教授法讲义》；1917 年钱体纯编写、商务印书馆出版的《教授法》；1915 年钱体纯、杨保恒编写，仇采、蒋维乔校订，商务印书馆出版的《师范学校新教科书教授法》。

在这一阶段关于体育教授法的教材开始出现，只是还包含在普通教授法之中。如蒋维乔编写的《教授法讲义》就分为两个部分：总论与分论。总论讲述的是教授之意义、教授之目的、教授之材料、教授之方法等；分论为修身、国文、算术、历史、地理、理科、手工、图画、唱歌、体操、农业及商业、英语等各科教学。同时，蒋维乔编写的《师范类学校教科书各科教授法》、李步青编著的《新制各科教授法》已出现在师范类学校的教授法教材中。这些教材都是在对普通教学理论论述的基础上，就各个学科进行论述，体育教授法包含其中。可见，体育教授法教材已经出现，但是还没有完全独立出来。

2．全面引进吸收期

1919 年五四运动之后，中国进入了西方教学方法的系统引进期。五四新文化运动所倡导的“提倡民主，反对专制，反对旧礼教、旧道德；提倡新科学，反对迷信；提倡新文学，反对旧文学，开展文学革命”推动了中国教育的全方位改革，欧美教育家的教学思想得到快速传播，西方盛行的各种教学方法在中国得到快速发展。随着美国实用主义教育家杜威，美国学者孟录、推士、迈克尔等人先后来中国讲学，实用主义教育思想在中国得以广泛传播。

1919 年 2 月，陶行知发表的《教学合一》系统阐述了“教授法”到“教学法”的理论思想，引起了当时中国教育界对教学理论的深刻探讨。之后，部分学校逐步把教授法改为教学法。与此同时，教学理论课程建设也得到了发展。1925 年全国教育联合会《新学制师范科课程纲要》规定必修科目中有普通教学法、各科教学法、小学各科教材研究等。之后，民国教育部也颁布了不同的规程，来确立普通教学法和各科教学法的地位。

随着西方教学理论在中国的传播，中国学者的教学理论观点也随之发生改变。在教学方法上，由原来的赫尔巴特以教师为主导的教学理论，转变为注重学生的主体地位，教学方法由原来单一的灌输式转向启发式教学为主、其他教学方法兼顾。随着教育科学研究的发展，这一时期还出现了“教材及教学法”教材，这类教材一般分为通论和各论。通论对教材和教学方法进行总述，各论包含体育课。

随着体育教学科研的发展，中国的“体育教学法”逐渐从“各科教学法”中独立出来，成为教学论学科的一个分支。1933 年 7 月，吴蕴端著的《体育教学法》一书出版，该书分通论、各论两编，是迄今为止所知中国最早的体育教学法专著，为之后的体育教学法从“各科教学法”中独立出来奠定了基础。

1937 年抗日战争爆发以后，中国社会陷入动荡，中国的教育事业艰难开展，体育教学理论的研究进入停滞期，在这一时期体育教学理论教材基本是以前教材的延续。

（三）新中国建立以后我国体育教学理论的发展

新中国成立之后，我国体育教学理论经历了曲折发展历程，这个发展过程大致可划分成三个阶段。

1．全面学习苏联体育教学理论阶段

新中国成立以后，我国政府非常重视体育事业和人民的身体素质。毛泽东同志提出“健康第一”和“发展体育运动，增强人民体质”的方针。由于受苏联的影响，这一时期的体育教学理论、体育教学理论的教材与著作反映的都是原苏联教育家凯洛夫的苏式教学理论。相比新中国成立前，此时的体育教学理论更加科学、系统。但是，这种苏式体育教学论也存在很多缺点。如，它过于强调教师在教学过程中的主导作用，而忽略了学生的主体地位；过于注重在体育课堂教学中基础知识和基本技能的传授，教学模式过于呆板，限制了教师的创造性。

2．独立探索和遭受挫折阶段

在 1960 年自然灾害之后，前国家体委对体育课提出了要求：要切实上好体育课，应按照教学计划的规定，尽快恢复每周两节体育课，加强体育基本知识技能教学，认真提高教学质量。我国体育教学研究尝试着结合各地的教学实际进入了一段独立探索时期。

在这样的背景下，我国体育教学研究者试图用苏联的教育理论来构建立足于中国实际的体育教学理论。1961 年和 1963 年先后编写了体育学院本科和中等体育学校通用体育理论教材，体育教学理论是其中的主要部分。在这一时期，虽然体育教学理论研究内容得到丰富，但在体系上仍未取得实质性的突破。

1966 年之后，我国社会环境发生变化。大多数地区和学校的体育课被取消，

教学科研停顿下来，体育理论研究变成了政策解说或学习革命导师的语录，我国的体育教学论与相应的体育事业也停滞不前，就连新中国成立后已取得的研究成果也遭到严重破坏。

3. 改革开放，重新探索阶段

1976年之后，我国进入新的历史时期。1978年中共中央召开十一届三中全会，转移工作重心，开始建设具有中国特色的社会主义的改革开放道路。在改革开放的浪潮中，我国体育教学理论研究出现了“百花齐放，百家争鸣”的大好局面。我国体育教学理论研究由封闭转向开放，体育教学研究界对国外教学研究信息，从内容到方法，从理论到技术，进行了广泛的介绍。并且，在回顾体育教学理论发展的历史基础上，对体育教学论的一系列重大问题展开了深入的研究和探讨。如：关于体育教学过程的本质、掌握运动技能与提高身体素质的关系、教学过程中的师生关系与地位。在原有的苏式体育教学理论的基础上，重新探讨和界定了体育教学论的一些基本范畴。对教学规律、教学原则、教学方法、教学内容、教学评价等，展开了认真讨论。其中，许多理论探讨取得的成果很快转化为教学实践，并孕育出许多新的与体育教学相关的分支学科。体育教学论也正从体育理论中分化独立出来。

（四）体育教学论建构独立体系

1. 体育教学论飞速发展期（1989年至21世纪初）

这一时期，借助国内教育教学理论研究成果，部分学者开始探讨我国体育教学理论自身体系，许多学者、专家对一些体育教学的基本理论问题进行了较为深入的思辨研究。

在体育教学指导思想上，综合分析各种体育教学指导思想，确定体育教学要为“终身体育”服务。在体育教学内容研究中，发展体育教学过程理论，全面分析体育教学过程中相互联系的各个因素，强调体育教学中的“双主体”作用，丰富了教学原则和方法。在体育教学评价方面，重视教学评价理论，强调过程性评价对学生获得体育成就的作用，注重学生在体育教学过程中的心理水平监测，但在实际操作方面还存在一定困难。随着体育教学理论研究和体育教学改革的不断深入及1988年第一本《体育教学论》专著的出版，不同版本的《体育教学论》应运而生，关于体育教学理论的论文越来越多，研究范畴取得了新的突破，体育教学论得到了飞速的发展。

2. 体育教学论作为一门独立学科（21世纪初至今）

21世纪以来，体育教学论已经初步成型，基本上有了自己的内容与框架，形成了自己的独立体系，得到了广大体育教育工作者的认同。教育部体卫艺司《普通高等学校体育教育本科专业主干课程教学指导纲要》中正式确定《体育教学论》为“普通高等学校体育教育专业主干课程”，将“体育教学论”从其他教学理论中独立出来，从此，体育教学论作为一门独立的学科，担负起了传授体育原理、理论，培养体育教学人才的重任。

第三节　体育教学论的发展趋势

本节从体育学科研究的方法论体系到教学实践的逻辑思路与从体育论研究的方法论到体育教学论学科自身两个层面来分析体育教学论的发展趋势。

一、重建体育教学论的研究范式

（一）体育教学论研究的方法论的客观化

新中国成立后很长一段时间，我国体育教学论都是以马克思主义体育教学论的形式存在。马克思主义体育教学论的主要特点，就是以辩证唯物主义和历史唯物主义特别是辩证唯物主义认识论作为自己的方法论基础。改革开放后，由于其他思想的引进，出现了批判以马克思主义认识论为基础的教学论体系的现象，他们认为其已失去先进性，与时代脱节，应该引进系统论、控制论、信息论的方法论。这是对马克思主义认识论的一种错误的认识。一方面马克思主义指导下的教学论是一个开放的体系，可以吸纳其他理论的研究成果。另一方面，我国一些学者认为，马克思主义的认识论是教学论的唯一理论基础，并就教学论许多问题争论不休，这都说明他们对马克思主义认识论理解不够深入。如：“控制论、信息论、系统论是马克思主义辩证法、认识论的具体运用，在马克思主义的认识论里已经包含着丰富的三论思想。”[①]因此，我们首先要对体育教学论的方法论基础进行再认识，树立正确的辩证唯物主义和历史唯物主义世界观。我们认为我国体育教学论的研究方法论应该以马克思主义哲学基础为中心，以开放的体系批判地吸收其他方法论的精华，来拓宽体育教学论体系构建的理论基础。

（二）体育教学论研究方法的多元化

所谓多元化指，体育教学论的研究大量引进其他学科的新方法，对教学现象进行整体综合研究。体育教学研究方法将出现多元化趋势。因为任何单一的研究方法都难以探求日益复杂的体育教学活动规律。每一种研究方法都有各自的适用范围，同时也有局限性。体育教学论只有博采各种研究方法的长处，克服现有研

---

① 山西省教育学研究会．当前全国关于教学论研究的发展和现状综述[J]．教育理论与实践，1986，6（1）：7．

究方法的缺陷，逐步建立起一个适合本学科特点的、由多种多样研究方法构成的体育教学论研究方法群，才能真正适应教学论未来发展的需要。

首先，对体育教学论认识现象的研究将出现宏观体系的构建与微观机制的分析同时进行。因为体育教学论作为一门新兴学科，自身的学科体系需要进一步完善，而体育教学论的根本就是处理在教学中出现的问题，对微观的教学现象进行分析。其次，注重定量研究与定性研究的互补与融合。再次，体育教学论的研究方法将会继续借鉴和移植其他学科的研究方法。最后，体育教学论的研究将由重视演绎推理转为归纳概括。体育教学论在建立之初，多用演绎推理研究方法，但是体育教学论要想独立健康发展，不能过分依赖演绎推理，因为上位学科的一般原理，无法解决体育教学的特殊实践。

（三）体育教学论研究模式趋于多样化

由演绎构建学科体系转为关注实践问题的解决。我国体育教学论独立之初就带有学科教学论所共有的特点，就是演绎教学论的学科体系，这是体育教学论建立之初必须走的一个过程，但是作为正在走向成熟的学科，首先，要摆脱这种研究模式，建立问题研究模式。因此体育教学论的发展应该立足这些问题，注重理论研究与实践研究的结合。其次，体育教学论研究出现以学为中心的研究转换。通过对体育教学的反思，我们发现在教学过程中体育教师忽视了学生的“学”，过分重视教师的“教”。因此，最近一次的基础教育课程改革中明确提出了“我们的教学要以学生的学习为主体”的观点。这就要求我们转变原来只注重“教”的理论的研究，进而转向以“学”为中心，构建“教”“学”并重的研究模式。

（四）体育教学论研究方式趋于合作化

首先，体育教学论的研究手段出现合作化。体育教学论和其他学科相融合，正利用其他学科的研究方法和手段。如：与心理学的融合，使体育教学论能运用心理学的实验方法进行教学研究；与运动生理学紧密联系，使体育教学论可运用生理测量的方法进行教学效果的研究。其次，体育教学论研究者之间出现合作化趋势。高校体育院系之间，形成体育教学论研究中心，并定期召开交流会。再次，中小学教师的定期评课与交流。最后，高校教学论专家与一线中小学教师的纵向交流也是体育教学论研究合作化的标志。

二、体育教学论学科体系更加科学化

（一）体育教学论学科的逻辑结构趋于科学化

“学科”必须在一定程度上反映“科学”的结构。“学科”的内容不是片断的、枝节的知识集合体。“学科”不能没有逻辑，而且，“学科”的逻辑应依存于“科学”的逻辑。就是说，科学的逻辑框架在相当长时期内是相对稳定的，“学科”的内容应当依据这一框架加以厘定。英国教育学家穆尔（Moore，T. W.）在《教育理论的结构》一书中指出：“一种教育理论是一种逻辑上复杂的结构，可以用大量不同的方法加以评价。就它包含经验判断而言，它要受有关的经验事实的检查；就它包含价值判断而言，它易受到各种哲学论点的责难；就它是一种论点而言，它要受内部的一致性的检验。假如某种教育理论经不起其中任何一方面的检验，人们就不会用它来指导教育实践。”①由此可以看出，理解一种教育理论如体育教学论的逻辑结构是十分重要的。

要研究体育教学论的学科逻辑结构，我们还要关注其学科性质，因为不同学科性质的体育教学论就有不同的逻辑结构。我们知道学科可分为理论学科和应用学科，而前面我们把体育教学论学科定位到融理论与应用为一体的综合学科。作为综合学科，那么它既要包含“描述—解释”的理论又要包含“构想—规范”的理论。根据穆尔的观点，教育理论是一种实践性理论，它与描述性理论、解释性理论（后两种又称“科学理论”）在结构上有很大不同。实践性理论开始于另一种假定，“事情的某种可能状态应该是这样的，而且要达到某种所希望的目的”，“一种实践性理论必须始于目的或目标。然后人们必须确定，在既定的环境中，什么是实现这个所希望的目的的最佳手段……”，“一种实践性的理论主要由一套有各种理由支持的建议组成”。它的结构可以用简化的方式表示如下：

（1）P 作为一种目的是希望达到的。

（2）既然这样，Q 是达到 P 的最有效方式。

（3）因此，从事有关 Q 的任何事情。②

接下来，根据穆尔的理论我们引入体育教学论详细讨论各种假定，它们是：

（1）关于体育教学目标的假定。这些假定都涉及“要培养特定类型的个体和要实现特定的社会”这些价值的假定，且进一步假定这些目标都是有可能实现的。

（2）关于受教育的人（一般是指儿童或学生）的本性的假定。其基本假定是，人的行为有一定的可塑性，在教育儿童时所做的一切，对儿童将有一定的持续的影响。

（3）关于知识的性质以及教授这些知识的合适的方法的假定。这里的一个假定是，知识是可以接受的。

如果说“（1）”是关于体育教育过程终点的假定，“（2）”是关于体育教育过程起点的假定，那么“（3）”就是关于如何把起点上的人引导到终点的假定。我们从以上的论述中可以得出体育教学论的学科实践性理论的逻辑结构应该是：目标假

① 瞿葆奎．教育学文集[M]．北京：人民教育出版社，1993：500．

② 杨小微．现代教学论[M]．大同：山西教育出版社，2004：17．

定、对象假定、内容和方法假定。

因此，体育教学论的学科逻辑结构应该趋向于：在对体育教学论“描述—解释”的基础上，即对体育教学论相关概念、发展历程等的描述解释的基础上，对体育教学实践理论遵循目标假定、对象假定、内容和方法假定的逻辑顺序进行阐述，这就构成了体育教学论的逻辑体系。

（二）体育教学论教材趋于理性化

作为体育教学论学科体系直接的反映，体育教学论的教材体系发展呈现出理性化发展趋势。教材体系不仅从严格的逻辑出发组织教材内容，构建教材结构，强调教材的逻辑性，注重理性分析，力求把教学论知识囊括在严密的逻辑框架之内，而且兼顾到了教材编写的规范。

1．体育教学论教材内容的逻辑结构趋于科学化

“体育教学论”知识大致包括三方面：一是静态的“形而上学”知识，二是体育教学进程的动态知识，三是体育教学（理论）发展过程的动态知识。可以设想把这三者有机结合起来形成立体动态逻辑结构线索。可以用“教学问题”作为“体育教学论”的内容选择和组织的基本线索，因为体育教学问题既是作为科学问题提出来的，又是由我们在掌握已有的体育教学论知识时整理总结出来的，实质上它们内在地统一了体育教学研究者的思维逻辑和学习者的认知逻辑。

对于体育教学实践，我们首先要面对：

（1）什么是体育教学？体育教学作为一种教学现象和其他的教学现象是否一样，是否有自己独特的特点？它的回答是肯定的。

（2）为什么进行体育教学？这是体育教学目的和目标问题。没有教学目标的教学就不能称之为有目的、有计划的教学活动，体育教学目标是教师掌握教学的依据，没有目标也就没有了体育教学。

（3）体育教学为谁组织、是谁组织的？这个问题是教学论中出现很早的问题，学生和老师的矛盾，组成了学与教的主要矛盾。他们的关系与地位问题一直是教学论者热衷于讨论的问题。

（4）体育教学教些什么？这是关于教学内容的问题，我们组织起来的教学活动不是海市蜃楼，而是有实体教学内容的。这是所有教学现象的一个共性。

（5）怎么实现最好的体育教学？这是体育教学方法问题。教学方法是教师根据教学目标和学生的学习情况所选择的有效的教学手段，教学方法选择的好坏关乎教学的“质量”和“效率”。

（6）体育教学教得怎么样？这是体育教学评价的问题，不仅考查教师教学的情况，同时也考查学生学习的情况。这 6 个问题是体育教学论领域一贯关注的问

题。随着学科的发展虽然也有其他的一些新问题出现，但是这6个是主要问题。

根据体育教学论学科的逻辑，目标假定、对象假定、内容和方法假定的逻辑思路，结合“教学问题”作为内在的逻辑线索，并考虑到，科学研究一般遵循从特殊到一般、从具体到抽象的归纳逻辑，具有长期性，而学生学习过程则普遍遵循从一般到个别、从抽象到具体的演绎逻辑，教材应当遵循学生学习过程的规律。所以，“体育教学论”的基本内容及其结构应该是四个部分的顺序排列：第一部分，绪论；第二部分，体育教学论原理，包括“体育教学主体与主导”“体育教学系统”和“体育教学内容”等；第三部分，教学方法论，由“体育教学目标”“体育教学原则”“体育教学媒体”“体育教学方法”“体育教学模式”“体育教学组织形式”和“体育教学评价”等7方面内容构成；第四部分，体育教学研究。

2．与教材编撰原则紧密联系来编写教材

传统教材观下编写的教材版本，既限制了学生的学习，又限制了教师的教授，已受到很多学者的质疑。同时，我国从事出版工作的一些学者在与国外教材编写方法对比研究的基础上也看到了我国教材编写原则的不足，并提出了教材编写的一些改革措施。教材编写改革已经是一种趋势。因此，我国体育教学论教材的编写工作应适应教材编写的改革趋势，除遵守教材编写的一般规范，还应该把教材编撰原则的发展趋势纳入其中。

（1）在编撰原则方面。在编撰原则上应遵循多元化视角——教材应有清晰的逻辑结构，以不同的视角来解析教材的逻辑；国际化视角——在编写教材时，应参考借鉴国外相关学科的经验；密切联系实际——引导学生掌握解决实际问题的途径和方法；遵循学习和认知规律——教材的编写应重视学生自学能力和理解能力的培养，教材应多采用大量的例证。

（2）在教材设计与编排方面。在教材设计与编排方面，前言或序言——不仅要介绍该书的特点、特色、再版时增补的具体内容和原因等，还要向读者交代该书的使用方法，有哪些教学和学习资料等；目录——除正常的目录外，还可提供详细目录、图表目录或专题目录；参考文献——可以设计成引导学生进一步阅读的导读书目，且书目的编排也应注重方式。

（三）体育教学论学科内容整合化

现阶段，体育教学论学科内容的整合主要表现在体育教学理论研究成果的整合、体育教学论与课程论的整合、体育教学论与学习论的整合这三个方面。

1．体育教学理论研究成果的整合

它包含两层意思：第一，已有内容的整合。从前文的研究中我们知道，当代，体育教学论出现了飞速发展，特别是在成为独立学科之后，其学科内容迅速得到

充实。但从教材对比中，我们可以看出，体育教学论的学科内容反映在教材中，出现了总结、综合前人或他人研究成果时，概括层次不高，未能有机地纳入自己的体系。有的甚至给人以拼凑之感，材料堆积现象严重。这种现象已经得到学者的重视，近年来的体育教学论教材都在努力对原有的内容进行整合。第二，对新出现的体育教学理论的整合。随着学校体育的快速发展，体育教学理论日新月异。体育教学论作为一个开放的学科，学科的内容在不断地吸收、改造这些研究成果的同时，也在进一步提高抽象、概括水平，努力追求学科内容的整合。

2．体育教学论与课程论的整合

我国基础教育正进行着新一轮课程改革，新课程要求教学的“动态化”“人性化”“探究性”，同时从课程目标、课程内容、学习方式、课程资源等方面提出了全新的理念，使得体育教学论在处理教学实践时遇到很多新问题。如，《全日制普通高级中学体育与健康课程标准》中把课程目标分为 5 个领域，那么我们在进行体育教学时，就需要思考采用什么样的教学方法、手段，运用什么教学内容来完成目标。此外，随着课程论研究的深入，课程结构已突破了以往单一的学科课程的格局，课程形态日益多样化，潜在课程、综合课程、活动课程进入人们的视野。体育教学论作为培养体育教师、研究教学理论的学科，只有整合课程论的研究内容，才能满足自身体系发展的需要。

3．体育教学论与学习理论的整合

随着体育教育研究的发展，体育学习理论逐步引起了体育教育研究者的重视。就传统的体育教学论而言（乃至教学论），都是注重教师“教”的理论，而学生“学”的理论要么只字未提，要么一笔带过。在诸多的教学论著作和刊物中都能看到对这种现象的批评，但批评多于行动。然而，学习理论不管对指导普通文化教学还是体育教学都起着至关重要的作用。特别是新课程改革，它要求我们的教学要以学生的学习为主体，要求教师不仅要知道怎么教，而且还要了解学生的“学”到底是一个什么过程。换句话说，就是不仅要知道教学理论的知识还要知道学习理论的知识，更要能够把教学理论与学习理论密切联系起来应用于实践。因为我们只有了解了学生的学习到底是一个什么过程，才能更好地对他们实施教学，所以把体育教学理论与学习理论整合是很有必要的。

此外，各流派的学习理论家都纷纷提出了对体育教学具有指导价值的教学方法和学习方法，比如，美国心理学家斯金纳的程序教学、美国心理学家班杜拉的观察学习、美国教育心理学家、认知心理学家布鲁纳的发现学习、美国认知教育心理学家奥苏贝尔的认知—接受学习以及体育中的特殊动作学习等。虽然这些教学方法和学习方法很多体育教师在运用，也有些体育教学论教材对这些方法有所解释，但是大多数都只局限于方法的诠释，很少会对其真正的原理进行讲解。而本研究认为要想对某种教学方法或学习方法运用得恰到好处，了解其发生和工作的原理是很必要的，而学习理论正好可以解决这一问题。所以，从体育教学的自身发展来讲，与学习理论整合不仅可以使理论更严谨，也能使其理论更完善。

三、体育教学论的形式转变

（一）促进学生个性全面和谐发展为主转变

教学论的研究任务，从以接受知识与技能为主向以促进学生个性全面和谐发展为主转变。在教学论发展史上，自夸美纽斯提出教学论是一种把一切事物授给一切人类的全部艺术以来，在教学论的研究领域中，虽然出现过不同的主张和探索，但就其主要的倾向来说，教学论的基本任务仍局限于探讨如何教会学生认识事物、认识世界，其中主要的是掌握前人的认识成果—书本知识，从而适应现成的环境和现成的生活，这在科学技术和社会生活发展处于平衡的时代，是无可非议的。但是到了当代，由于科学技术和社会生活的发展出现了一日千里之势，教学论仍停留在知识与技能授受的研究上，显然是不够的。教学论必须扩大其研究任务，不仅要研究知识、技能的授受规律，而且要研究教学促进学生个性发展的规律，其中特别是如何有效地发展智力、创造能力和处理人际关系的能力。由此可以看出，当代教学论的研究任务已产生重大变化。

（二）促进教师与学生相互合作的教学转变

教学论的研究重心，从教师的教到学生的学向合作教学转变。在教学论领域中，对于如何处理教师的教和学生的学这两者的关系问题，一直是教学论探讨的重点或重心。以赫尔巴特为代表的传统教育派，着眼于教师的教，教学论是着重研究教师教的理论和方法，形成了被称之为“没有儿童”的教学论，实际上教学论成了“教论”。杜威学派为了推行其实用主义教育主张，提出以儿童为中心，强调教学论着重研究学生学的理论和方法，形成了欧美盛行的一种“学习论”。到了当代，一些教育者认为，这两派是各走向一个极端，都有片面性，进而探讨取两者之所长，并使之结合起来。但是，这个问题在今天，无论是在理论上还是在实践中都还没有完全解决，常常以新的形式复演上述两种倾向。因此，如何使这两者融合为一体，仍是今后教学论探讨的重心，苏联一些教育革新家提出按照人道主义原则建立“合作教育学”，是值得我们注意的一个动向。

（三）促进教学体系从单一变为多样的转变

教学论的理论体系，由单一模式向多样化模式发展。教学论的理论体系，基本上是两种模式。一种是着眼于系统知识、技能授受的教学论模式；一种是着眼于生活能力培养的教学论模式。传统教学论和实用主义教学论是这种教学模式的代表。自 50 年代以来，这两种教学理论体系被冲破，出现了教学理论体系的多样化，如着眼于信息处理的教学模式论、着眼于人际关系的教学模式论、着眼于人格发展的教学模式论、着眼于行为控制的教学模式论等等，这是与当代科学技术的发展和对人才的多方面需要相适应的，因而教学论发展的这种趋势还会继续下去。作为体育教学论的理论体系不再只着眼于某一种教学模式论的探讨，而着眼于各种教学模式论的更高一层的构建，培养未来复合型体育人才看来是其必然趋势。

（四）促进教学论向多种关联学科进行转变

教学论与其他科学的联系，由哲学、心理学向多种科学转变。教学论发展的初期，主要与哲学联系得比较紧密，特别是认识论直到今天仍是教学论的重要方法论原理，心理学也一直是教学论利用的一门科学。当代，由于科学的综合化发展，教学论也日益与多种科学相互渗透，教学论发展到今天，几乎与一切科学都发生联系。因为它既要研究各门科学知识的授受规律，又要研究和促进人的智力、体力、人格等等的规律。

总之，体育教学论应按照“面向现代化、面向世界、面向未来”的方向，培养复合性体育人才为目标，按照素质教育的要求进行探讨和研究，探索体育教育改革的新思路。

第二章　体育课程相关问题分析

第一节　体育课程体系研究理论

任何研究都是建立在一定的理论基础之上的，课程研究的理论基础是课程在产生和发展过程中赖以存在的基础性学科。这些基础性学科为课程研究提供了方法论指导，同时提供了许多重要的概念和基本原理。目前，学界较为公认的课程研究的理论基础主要包括哲学、心理学和社会学这三大学科。体育课程研究属于课程研究的一部分，体育课程研究同样离不开哲学、心理学和社会学理论的支撑。同时体育课程的研究还依赖于体育的学科基础以及不同社会背景下的相关理论体系。

一、学校体育课程研究的哲学基础

哲学是任何学科研究的根本理论基础。阐明了人们关于整个世界的各个基本问题的认识，指明了人类社会生活的前途和方向，为人们思考和探索各种问题提供了基本的思想前提和方法论，为人们分析和解决各种问题提供了基本的价值、信念和态度。

(一) 哲学在课程研究中的作用

1. 哲学是课程研究的知识母体

课程研究根植于人类的知识体系之中，哲学是人类知识的母体，人类知识来源于哲学，存在于哲学，并在哲学范畴中得以发展。

（1）哲学是课程研究最早的知识来源。人类知识的发展过程是一个不断丰富和扩展的过程。在古代，人类知识没有产生分科时，几乎都包揽在哲学当中。例如，孔子关于课程的许多论述，尤其是关于教育目标、学习内容、学习方式的论述，都散见于他的哲学思想之中。古希腊哲学家柏拉图的关于教育目标、学习内容、课程等的论述，大都存在于他的哲学论著《理想国》中。近代，人类知识进入分化阶段，各个知识领域逐渐独立于哲学之外，形成独立的学科，教育学也在此种情况下形成。捷克教育家夸美纽斯的《大教学论》，德国教育家赫尔巴特的《普通教育学》代表着教育学独立的开端与确立，其中都有关于课程问题的阐述。而20世纪早期，杜威的《儿童与课程》、博比特的《课程》，则标志着课程作为独立的专门领域的诞生。因此，课程研究最早是以哲学为知识来源的。

（2）当今的课程研究仍然处于哲学之中，受到哲学的指导。哲学是关于整个世界最具概括性、最一般、最抽象的知识，为其他各门学科的研究提供思想框架和指导。课程研究中的许多思想、价值观念、信念、方法论等，都来源于哲学。

2．哲学是课程实践的基础

课程研究以课程实践为现实基础，课程实践的三个基本方面：开发课程、理解课程和实施课程都是以哲学为基础的。课程开发要符合社会对人的需求，要选择最有价值的知识，要指导和评价学生的学习；人们要理解课程的价值观念、思想基础、形成原因等，都建立在哲学基础之上。课程理解最有效的途径是哲学，教师要积极有效地实施课程，就必须深刻、全面地理解课程的各个方面，并理解课程实施与课程决策、课程设计的关系，理解课程实施者的角色和地位，理解课程的文化属性，这些都必须建立在一定的哲学思想基础之上。

3．哲学为课程研究提供方法论

课程研究要借助于一定的方法论才能进行，哲学作为一种方法论指导人们如何看待课程中的种种问题，如何去对各种问题采取适当的具体的研究方法，选择恰当的研究取向和研究范式，如何选择恰当的思维方法等等。18 世纪到 19 世纪早期的德国流行思辨哲学，德国哲学家、心理学家赫尔巴特的课程研究受此影响而带有思辨性；19 世纪末 20 世纪初博比特、查特斯、泰勒等人的课程理论受西方哲学界科学主义思潮影响，强调客观性、普遍性、价值中立性和程序化等；后来的人文主义思潮突破了科学主义的观念，强调自然性、具体性、情境性和整体性，因而课程研究的许多领域产生了人文主义倾向。

哲学中的思维方式也深刻影响着课程研究的思维方式。近代西方占重要地位的二元对立思维方式深刻地影响着课程的研究，课程的主体与客体的划分、教师与学生的主客体地位之争、知识与能力之争等，都是这种思维方式的具体反映。这种思维方式在当前的体育课程研究中也具有广泛的影响。另外，系统论从思维方式上看属于一种整体的思维方式，在当前的体育课程研究中也得到了较广泛的运用。

4．哲学为课程研究提供思想基础

任何学科领域的研究都有其思想基础，其中最主要的是哲学。以一定的哲学观为基础，往往会形成一定的课程理论体系。哲学中人性观、社会观等是确定教育目标的最根本依据；哲学中关于知识的性质、知识的价值、知识的分类观点等是学习内容的重要理论基础；哲学中关于认识的来源等观点问题，是确定学习内容与学习方式的重要理论依据。一种重要的哲学流派诞生，往往都会导致一种相应的课程理论体系产生。

（二）哲学基础在课程研究中的运用

1．课程研究要融合多种哲学思想

哲学思想对课程研究具有重要的支撑作用，课程研究一般都以一定的哲学思想为基础，根据一种哲学思想建立一种课程体系，这种情况持续了漫长的岁月。然而，坚持一种哲学思想会带有一定的理论偏见和信念偏见，会导致理论与实践上的偏颇。例如，20世纪初期到中期的美国，人们分别以进步主义教育哲学、改造主义教育哲学、要素主义教育哲学、永恒主义教育哲学和存在主义教育哲学为基础，建立了彼此不同甚至彼此孤立或对立的课程研究体系，造成了课程理论与实践的混乱。由此可以看出，一种哲学思想仅仅是反映事物的某一侧面并加以强调，具有片面性，只有将多种哲学思想融合在一起，才能完整地反映事实和文化的价值，给人以完整的指导。

2．要将哲学思想融入课程的各个组成部分

课程研究接受哲学的指导，哲学思想也必将融汇在课程的各个构成要素中。课程各构成要素的研究都要以哲学为基础，无论是课程目标、课程内容、课程实施以及课程管理和课程评价都要以哲学思想为指导，才能充分发挥哲学在课程研究中的作用。

3．要理性地看待哲学本身的问题

课程研究以哲学为基础，但是并不是对哲学毫无判断的照搬，毫无加工的利用，在坚持课程研究的哲学基础的同时，要认识到哲学的局限性，要历史地、发展地看待哲学思想，做到在继承的基础上进行哲学上的改进和创造。

（三）哲学基础在体育课程研究中的运用

哲学是课程研究的起点，为课程研究提供方法论和思想基础，学校体育课程研究同样建立在哲学基础之上，学校体育课程研究要整合各种哲学思想，以马克思主义哲学思想为基本指导，整合中西方历代各流派哲学思想之精华，把握各流派哲学思想之间的共同点和差异性，结合我国体育课程改革背景与实践，充分发挥哲学理论基础的重要作用。体育哲学是体育课程研究的起点，是体育课程构建的基础，为体育课程思想的确定、体育价值观形成、课程的理念和目标的制定、课程的价值判断、课程决策和实施指导等提供重要的理论支撑。进入21世纪，体育课程应当增加更多的人文关怀，体育课程的理念和目标更要增加人文关怀，科学人文主义成为体育课程理论的重要哲学根据。

二、学校体育课程研究的心理学基础

古希腊时期的亚里士多德的课程研究的一个具体表现就是教育理想建立在他

的灵魂学说基础之上，其灵魂学说将灵魂划分为营养的灵魂、感觉的灵魂和理性的灵魂，以此为基础，提出了德、智、体和谐发展，重视理性能力发展的教育思想。可见，心理学是教育学研究的基础，同样也是课程研究的基础。

（一）心理学在课程研究中的作用

心理学为研究课程主体（学生）的心理提供了依据课程最终要作用于学生的学习，因此，课程一定要适应学生的心理水平。

1．课程符合学生的心理活动

课程要符合学生学习活动的一般心理学规律。只有掌握了学生心理学的规律，如记忆规律、思维规律等，才能科学地、合理地理解和编制课程，确定课程的难度、抽象的难度等。

2．课程符合学生的心理年龄

课程要符合学生的心理发展的年龄特征。一种课程是提供给一定年龄阶段的个体学习的，课程研究必须把握个体心理发展的年龄特征，以提供适合于该年龄阶段的课程。

3．课程符合学生的个性差异

课程要符合特定学生的个性特征。美国弗雷斯特·W·帕克（F. W. Parkay）等人在其《课程规划——当代之取向》提出，从人的发展角度规划课程要考虑如下问题：课程是否反映了个体内在的差异以及每个学习者的独特性？课程能否使不同的学习者得到不同的发展？课程是否反映了学习中的连续性？课程规划者在规划课程时是否考虑了学生的发展任务，是否考虑到走向成熟的个性发展以及道德发展阶段？课程能否提供那些早期没有很好完成的任务？当这些任务顺利完成时是否还要继续努力？在人的发展的每一阶段，课程能否及时反映出社会和文化的最新变化？就不同的年龄特征需要做出相应的具体课程规划。

（二）心理学是课程组成及课程运作各环节研究的基础

无论是教育目标研究，还是课程目标研究，都是建立在心理学基础上的。无论是美国教育家、心理学家布卢姆的教育目标分类学，还是美国心理学家加涅的学习结果分类，都以心理学为依据。美国教育家泰勒在1949年出版的《课程与教学的基本原理》一书中明确指出：教育目标的来源之一是学习者本身的研究，对学习者的研究最主要的是心理学研究。美国教育心理学家加德纳（Howard Gardner）提出的多元智力理论也属于心理学研究范畴。

课程内容的研究要以心理学为基础。如何组织学习内容，选择哪些知识和技能、进行什么样的智力训练可以完成对学习者的教育与培养，等等，这些既需要进行逻辑组织，也需要进行心理组织。

课程学习方式研究的最主要基础也是心理学。美国心理学家加涅的累积学习方式、英国的探究学习方式的诸多成果都是在心理学领域获得的。

课程实施、决策以及课程评价等方面也涉及诸多心理学问题。

（三）心理学流派为课程研究提供了直接的思想和理论基础

课程研究需要具备多方面的思想和理论基础，心理学是必不可少的方面。历史上很多的心理学流派都导致了不同课程论思想流派的产生。近代西方形势教育论的一些教育者以官能心理学为基础，认为选择学习内容的基本原则就是看学习内容对官能训练的价值大小；现代西方的行为主义心理学、认知主义心理学和人本主义心理学都被作为课程研究的理论基础，从而形成了与之对应的课程理论。心理学基础在课程研究中的运用具体如下：

1．不同心理学流派之间存在着互补关系

课程研究的心理学基础应注重多种心理学思想的融合。事实上，很多学者已经注意到了这样的问题，例如，美国心理学家加涅就是在吸收了行为主义、格式塔心理学、人本主义以及控制论等观点基础上，提出了自己的理论。随着课程研究与心理学研究的多样化、复杂化，更应该融合各种不同的心理学思想作为课程研究的基础。这种融合可以体现在不同的方面：不同的心理学思想可以用于不同的具体领域，如课程行为目标的表述更多采用行为主义心理学思想，而学习风格的研究则多采用认知心理学思想；在同一领域、同一问题上也可以运用多种心理学思想，如关于学习者心理特征的研究；分别依据不同的心理学思想构建不同的课程领域或课程类型，并将其整合在一个和谐的体系中，如以动作技能和简单知识为主要内容的课程构建，可以以行为主义心理学为依据；以理论知识、智慧技能、认知策略思维训练为主要内容的课程构建，则依据认知心理学；以情感体验、人生意义、独创性发挥等为主要内容的课程构建则依据人本主义心理学思想，学校体育课程的研究则是融合了这三种情况的课程构建方式。

2．注意心理学在不同课程研究领域的运用

当前，课程研究已经发展成一种涉及面广、极端复杂的活动，课程各个基本组成部分和具体问题的研究、课程运作的各个环节、课程研究活动的各个环节等都具有各自的特点和需求，需要不同的心理学理论、心理学知识、心理学方法作为研究的基础和依据。

3．辩证地看待心理学自身的问题

心理学不是万能的，它的作用不是无限的，要看到心理学的局限性，要历史地、发展地、深入地看待各种心理学思想。心理学在方法上注重实证、经验方法而忽视思辨方法，在内容上注重具体细节而缺乏哲学的广阔视野，许多心理学思想都是历史的产物，其科学性和真理性会随时间变化发生变迁，课程研究对心理学的运用要深入地看到其作为基础的哲学和文化根源，才能更合理地发挥其学科基础的作用。

三、学校体育课程研究的社会学基础

课程是一种社会现象，有着重要的社会职能和社会基础，同时，课程与社会、社会现象之间存在着密切的联系，课程的产生和发展与社会自身发展存在着相互促进、相互制约的关系。

（一）社会学在课程研究中的作用

社会学是课程产生与发展的基础。人们在现代社会中所创造的历史、社会差异和各种对抗的利益与价值体系，如同它们在现代社会的政府系统或职业结构中被表示出来的一样，也非常充分地反映在学校课程中。同样，课程的争论，无论是暗示的还是明晰的，总是关于社会及其未来社会各种各样可供选择观点的争论。由此可以体现出社会对课程的重要影响。可以说，一部课程史就是一个社会的发展史，要解读课程、理解课程、发展课程就必须以社会学为基础。

1．社会学是研究课程的产生的基础

课程是随着学校的产生与规范化、制度化而产生的，它是整个社会文明发展的产物，也是整个社会文明发展的一个主要方面，课程的产生以整个社会的发展为背景和基础，包括生产力的发展、社会结构的发展与制度化、社会分工的发展与制度化、文字和精神文化的丰富等诸多方面。

2．社会学是课程历史发展研究的基础

课程的根源与动力在于整个人类社会，影响课程发展变迁的社会因素是多方面的，主要有社会经济基础的发展、社会结构的变迁、社会生活方式的变化、文化及文化精神的变迁等，其中每一个要素都包含着极其丰富的具体内涵。要研究不同时期的课程，就必须研究相应时期的整个社会甚至社会在不同历史时期的延续性和继承性。

3．社会学是当前课程改革的基础

课程改革的自觉而有序进行是建立在课程研究基础上的，其重要的基础之一就是社会学。课程改革是以当前中国社会的发展和整个人类社会为基础和前提的，并要满足当代中国社会发展和国际社会发展的需要。因此，课程改革的研究必须结合中国的社会背景和国际背景，同时还要结合中国传统，既考虑全球化的环境

问题、人口问题、道德问题等的影响，也考虑中国传统的优劣势特点。

（二）社会学是课程构成要素和课程运作研究的基础

课程系统内部诸要素包括课程类型、课程知识、课程实施、课程评价等，都打上了社会学的烙印。就课程类型看，潜课程的社会功能在于社会控制；社会如何选择、分配、分类、传递、评价公共教育知识，既反映了社会权利的分配状况，也反映了社会控制的一些原则。课程实施过程中的知识传授进行着社会控制，维系着社会结构；而课程评价是维系社会现状、强化社会制度、准则、价值体系的强有力的机制。

（三）现代教育社会学流派为课程研究提供直接的思想与理论

在西方，教育社会学自 20 世纪初发展为一门独立学科，并在 20 世纪 50 年代后得到迅猛发展，形成了各种流派，最主要的有功能理论、冲突理论和解释理论。

（四）社会学基础在课程研究中的运用

课程研究的社会学基础是多种社会学理论的融合。与哲学和心理学基础一样，多种多样的社会学理论的产生（其中包括多种教育社会学理论）在不同方面影响着课程研究的进展，不同流派的教育学社会理论是基于不同的教育和社会现象，或者是同一教育和社会现象在不同时代背景或不同情境中的表现的角度的观点，但其总体上是互相补充和渗透的。比较公认的三大教育社会学流派中，功能理论强调个人对社会适应，是以社会本身的稳定性与合理性为前提的；冲突理论注重社会本身存在的问题和社会变迁；解释理论有助于深刻、全面地连接社会现象及其背后的本质，提供了解释和研究社会现象的有效方法，并提出了深层的社会理念。由此看来，三种理论是从不同的角度来阐释社会的本质与问题，立足点不同，但并不矛盾。

完整课程体系研究的诸要素和课程运作环节离不开社会学的知识与方法。课程目标的制定依赖于社会学中关于社会结构、社会理想、价值观念等方面的知识，课程内容研究需要社会学中文化及文化学、社会生活知识等，学习方式的研究需要社会生活方式、行为模式、科技文化等支撑，评价则需要社会理想、价值观念、社会生活方式等方面提供依据。除此之外，社会结构、社会运行机制、社会秩序、社会权利等都对课程研究的各个领域产生影响。

要以整体社会的视野来进行课程研究。课程的产生与发展演变不能脱离社会而独立存在，课程是社会的一部分，它源于社会，并以社会为基础。进行课程研究时，要始终以整体社会的视野思考课程的社会基础是什么、课程的社会来源是什么、课程体现了什么样的社会条件、课程研究需要什么样的社会背景、课程的形成会对社会产生什么样的效果等问题。

与哲学、心理学一样，社会学不是万能的，它具有基础理论支撑作用，但也具有局限性。社会学的研究受研究者社会立场和价值倾向影响较大，因而社会学的理论知识往往缺乏普遍性，各流派也存在着偏执；社会学的方法存在一定的局限性，它注重调查研究法，但缺乏较高的可靠性，即通过调查的数据有时候是不真实的；一定的社会学知识是对特定社会现实的反映，随着社会不断变迁，容易变得过时、陈旧。

1．社会学基础在体育课程研究的运用

体育课程作为社会文化的重要组成部分，既受到社会政治、经济等方面的影响，同时对社会发展产生一定的影响，即保存、传递和重建体育文化。

随着教育社会学的功能理论、冲突理论从不同的视角对学校课程进行了解析。强调在社会稳定的前提下，学校通过课程设置使得学生社会化、理解并接受自己在社会中的位置，而社会就是通过学校课程来筛选学生，完成学生的社会角色定位，最终实现学校课程和宏观社会在结构与功能上的一致；冲突理论把价值体系、思想观念和道德标准都看作是为权力集团服务的，学校活动是为了传递特殊的文化。在冲突理论观点下，体育课程也只不过是一种手段和工具，达到服务权力集团的目的。

体育运动能促进人们健康地生活、身心愉悦地工作：通过体育的法规和规则，体育又约束人们的行为，促使个体产生遵守社会规章制度、道德规范的意识。体育运动本身就是一个团体性很强的社会角色演练场所，个体在运动中感受到角色的各种变化，为以后更加顺利地投入到社会提供了平台。因此，体育通过各种运动项目促进了个体的社会化。

2．学校体育课程研究的体育科学基础

与其他学科相比，体育具有"人体直接参与运动、知识与技能融为一体"的身体运动性特性，使得体育学科成为具有"技艺性"属性的综合性学科，技能的形成直接来源于身体活动。人体首先是一个生物体，是一种具有独立思维能力和创造能力的生物体，因此，人类的活动（包括体育活动）都是建立在以生命系统固有规律为研究对象的生物科学之上，人类的活动要符合生物的特性和发展规律。所以，生物学就成了体育学科天然的理论基础。生物学基础对体育课程研究的作用主要表现在：体育课程研究者必须从生物系统的固有规律角度出发对课程进行研究和设计，彰显体育课程的技艺性属性，突出体育课程的学科特性。例如：人体适应性规律、人体生理机能活动能力变化规律、人的身体发展规律等等。

人体的发展具有规律性，在人体发展的不同阶段，人体的各器官、组织、系统均表现为不同的特征；在人体发展的不同阶段，人体的各组织、器官功能的发展水平和发育速度也是不同的；这种不同主要通过不同年龄阶段的人体的身体形态、机能、素质等方面表现出来，使之具有普遍的规律性。体育运动通过人体参与体育活动来完善人的机体，达到健身锻炼的目的，人的身体发展规律无疑为人们为什么参与体育活动、选择何种体育活动、如何进行体育活动、如何应对活动中的变化等提供了有力的支持，同时，为体育课程目标设置、体育课程内容选择、体育课程实施与评价等提供理论依据。

人体适应性规律是根据生理学的新陈代谢规律提出的。人体在参与体育运动过程中承受一定的运动负荷，导致体内异化作用加强，能量储备下降；经过适当的休息和调整后，体内的同化作用加强，能量储备上升；再进一步合理的调整和休息之后，人体内的能量超过原来水平。这三个阶段可称为“工作阶段”“相对恢复阶段”“超量恢复阶段”，是人体对运动适应的表现之一，也叫作“超量恢复”，这种适应特征为体育课程如何安排练习，有效地提高身体机能水平提供了理论依据。人体适应性规律是一般性的原理，在不同的领域有不同的含义。“超量恢复”的原理，用于运动训练领域，超量是指极限负荷的量；用于普通学生，超量是指已经适应了的量，是指学生的身体机能对某一运动负荷达到适应状态。可以适当地提高运动负荷，从而逐步地提高身体运动能力，提高学生身体机能的适应性。

3．体育课程的教育学基础

体育是全面发展教育的重要组成部分之一。马克思曾科学地预见：未来教育对所有已满一定年龄的儿童来说，就是生产劳动同智育和体育相结合，它不仅是提高社会生产力的一种方法，而且是造就全面发展的人的唯一方法。明确指出了体育在全面发展教育中的重要地位。毛泽东早年在《体育之研究》一文中曾指出：体育一道，配德育与智育，而德智皆寄于体，无体是无德智也。体者，载知识之车而寓道德之舍也。这说明体育是学校教育的重要组成部分，也是国民教育的构成要素，它与德育、智育紧密结合，肩负着为社会培养全面发展人才的历史使命，对促进社会的精神文明具有积极作用。通过体育既可以使学生接受身体的教育，同时也使学生在德育、美育等方面得到发展，为智育和劳动教育提供健康、强壮的载体。体育的功能及社会对体育的要求决定了体育在国民教育中的地位。体育运动在人的社会化过程中起着极其重要的作用：体育运动中的角色变化帮助学生适应生活，同时承载着体育文化传递和重建的作用。通过体育的规范、规则等来约束人们的行为，强化人们遵守社会公德、遵守生活行为；引导人们形成合理的健康生活方式。从宏观上看，体育对整个社会都具有重要的教育功能，体育运动是一种富于感染、易于传播的精神力量。体育赛场上运动员与国歌、国旗一起代表着国家的形象，体育能激人们国民的爱国热忱，振奋民族精神，凝聚民族力量，教育人们与国家和社会保持一致性，总之，体育在国民教育中占有十分重要的地位。

体育教育的过程是教育者根据教育目的，向学生传授体育运动知识、技能，促进身体正常生长发育，全面发展身体素质和基本活动能力，不断增强学生体质的过程。

首先，体育教育过程是体育与德育、智育相结合的过程。促进学生体质的增强，使学生掌握相应的体育运动知识技能是学校体育教育必须完成的特殊任务，同时，体育作为教育的组成部分，必须服从教育的总目的。体育与德育、智育的结合建立在体育的内容和学生的实际的基础上，体育既是对学生进行德育、智育教育的手段之一，也是对学生进行身体运动教育的必备方式。

其次，体育教育的过程是使学生掌握体育理论与参加体育实践活动相结合的过程。学生对体育运动技能、技巧的掌握，体育行为习惯的形成等都必须建立在体育知识传授的基础上，而体育知识的传授则必须通过体育实践活动来实现。

最后，体育教育的过程是促进身体生长发育与指导运动锻炼相结合的过程，也是加强身体锻炼与利用、创造外部环境相结合的过程。由此可以看出，学校体育教育包括身体与精神、理论与实践、身体发育与运动锻炼、运动锻炼与外部环境等多方面的联系，而这种联系都要通过体育课程的实施成为现实，只有全面理解体育教育的过程，充分认识体育课程的功能与价值，才能使学校的体育课程达到预期的结果，并最终实现教育的目标。

第二节　体育课程模式的相关概念界定

一、课程的本质含义

（一）见仁见智的课程定义

课程是一个使用广泛而含义多重的教育学术语。在不同的时代、不同的情境中，不同的人，所使用的课程概念的内涵和外延往往是不同的。从某种程度上讲，每个人都有着自身对课程的认识和理解。因此，要得出一个较为一致的课程定义是十分困难的。事实上，由于人们对客观世界认识水平的差异，导致人们在认识课程并对课程做出界定时，形成了各种类型和各种取向的课程概念。

课程含义的多重性早在课程（curriculum）一词出现时就埋下了种子。在西方学者中，最早使用课程一词的是英国教育家斯宾塞（Herbert Spencer），他在 1859 年发表的《什么知识最有价值》一文中首先使用了课程一词。Curriculum 源自于拉丁语“currere”，意为“跑道”（race-course）。根据这一词源，最常见的课程定义是“学习的进程”（course of study），简称学程。斯宾塞将“课程”术语引入教育领域，并很快被西方教育学者所普遍采用。然而，在当代课程文献中，这种界说受到了越来越多的批评，甚至对课程一词的拉丁文词源也有不同的看法。因为

“currere”的名词形式意为“跑道”，重点是在“道”上，这样，为不同类型的学生设计不同的轨道就成了顺理成章的事情，从而引出了一种传统的课程体系；而“currere”的动词形式是指“奔跑”，重点是在“跑”上，这样，着眼点就应该放在个体对自己经验的重新认识上。[①]由此可见，甚至连选择课程的哪一个词根都反映了两种不同的课程思想，从而导致不同的课程实践。

已有的课程定义各式各样，国内外教育与课程理论工作者从不同的侧面与角度建构着对课程的不同认识和理解。我国课程论专家施良方把各种课程定义进行了归类，分为 6 种类型：课程即教学科目；课程即有计划的教学活动；课程即预期的学习结果；课程即学习经验；课程即社会文化再生产；课程即社会改造。而美国学者蔡斯也把课程定义分为 6 大类型：课程是学习方案；课程是学程内容；课程是有计划的学习经验；课程是在学校领导下“已经获得的”经验；课程是预期的学习结果的构造系列；课程是（书面的）活动计划。

面对纷繁复杂的课程定义，我国现代课程论奠基者之一钟启泉教授在其新近出版的《课程与教学概论》一书中，归纳并分析了 4 种比较典型的课程定义。[②]

1．课程即教学科目

课程即“学科或教材”。把课程等同于教学科目，在历史上由来已久。我国古代的课程有礼、乐、射、御、书、数“六艺”，欧洲中世纪初的课程有文法、修辞、辩证法、算术、几何、音乐、天文学“七艺”。事实上，西方学校是在“七艺”的基础上增加其他学科，而逐渐形成现代学校课程体系的。斯宾塞最初把知识的系统组织定义为课程的内涵，实质上是确立了课程即知识或系统化知识的观点，强调把有价值的知识系统化，形成一定的科目或学科，将这些学科的知识传授给学生，以实现教育目标。

这种课程观，强调学科知识的系统化及教育进程安排，课程内容的来源主要是人类长期积累的知识，教育的任务就是把经过选择并系统化的知识传递给学生。其实质是从知识本身出发，强调学校教育中向学生传授学科的知识体系，突出体现了掌握在学生手中“教程”的规定内容。然而，这种课程观只关注教学科目，却忽视了学生心智发展、情感陶冶、思维创造、个性发展等有重要影响的其他课程资源。

2．课程即学习结果或目标

课程即预期的学习结果或目标。一些学者认为，课程应该直接关注预期的学习结果或目标，即要把重点从手段转向目标，因而教育、教学目标的选择和制定

[①] 施良方．课程理论：课程的基础、原理与问题[M]．北京：教育科学出版社，1996：3．

[②] 钟启泉．课程与教学概论[M]．上海：华东师范大学出版社，2004：3-5．

成为核心任务。这就要求课程应事先制定一套有结构、有序列的学习目标，然后，围绕预定的教育、教学目标选择、组织学习经验，实施教育、教学活动，并进行教育、教学评价。持这种观点的主要有博比特（F. Bobbitt）、泰勒（R. W. Tyler）、加涅（R. M. Gagne）等人。

这种课程观强调教育的目的性和可操作性，对课程理论具有较大的影响。然而，该课程观过分强调教育的预期计划性而缺乏灵活性，不易照顾到变化了的教育环境及客观要求，同时也容易忽视非预期的学习结果。

3. 课程即“计划”

课程即“教育计划”或“学习计划”。这一计划包含教育、教学的目标、内容、活动和评价等，甚至把教学方法和教学设计等都组合到一起去了。这种观点是20世纪50年代以来比较流行的观点。其主要代表人物有麦克唐纳（J. B. Macdonald）、比彻姆（G.A.Beachamp）、斯坦豪斯（L.Stenhouse）等。

这种“课程”定义强调了课程的计划性和目的性，而且把所有有计划的教学活动组合到一起，力图对课程本身有一个全面的说明。但是，在对课程的计划性与目的性的理解上，往往容易产生歧义与偏差。

4. 课程即“经验”

持这种课程观的人把课程看作学生在教育环境中与教师、材料等相互作用的所有经验。这种“经验”实质上包含“活动”“学习经验”“学习活动”等内涵。而“经验”又分为两种情况：一是强调教育者有意识（有目的、有计划）提供的经验；二是泛指学习者习得的教育性经验。

这种观点强调了学习者的兴趣、爱好、需求和个性，重视学习者与环境的相互作用，重视教育环境的设计与组织，兼顾课程过程与结果、预期的与未预期的经验。但这种课程观在实际活动中却带来教育过程的随意性、内容的不系统性和评价标准的不确定性等问题。要想对学习者所得的经验进行评价，很难有一个统一的标准。所以，这种课程观虽然照顾到了学生的积极主动体验，把教学的出发点放在了学生身上，实现了课程本质从“物”到“人”的转变，但也使得课程变得过于宽泛而很难把握。

总之，既有的课程定义，要么把课程内容与课程过程割裂开来，片面强调课程内容，忽视学习者的经验或体验；要么把课程视为教学过程之前或教育情境之外的东西，把课程目标、计划与课程过程、手段割裂开来，片面强调课程目标与计划；要么把课程的出发点放在学生身上，片面强调学习者的兴趣、爱好、需求和主观体验。总之，课程概念的理解正呈现出走向整合的趋势，这种整合在21世纪中国基础教育课程改革的理念中得到了充分的体现：倡导全面、和谐发展的教育。改变课程过于注重知识传授的倾向，强调形成积极主动的学习态度，使获得知识与基本技能的过程同时成为学会学习和形成正确价值观的过程。

（二）对课程本质含义的理解

要探明课程的本质内涵，就必须跳出复杂的樊篱，建构一种整合化的内涵界定。我国课程论学者郝德永认为，课程的本质内涵应反映出对以下几个问题的回答：第一，课程从本质上讲是静态的，还是动态的？第二，课程是系统的知识、经验体系的计划，还是一种目标体系计划？第三，课程是预设的，还是结论性的？第四，课程是有意的、客观的，还是无意的、主观理解的？课程作为一种具有多方面来源的客观现象，作为一种学校借以实现其目标、完成其任务的主要手段和媒介，其本质内涵是指在学校教育环境中，旨在使学生获得的、促进其迁移的、进而促使学生全面发展的、具有教育性的经验的计划。与其他课程定义相比，这一定义具有如下特点：课程是静态的客体，而不是动态的活动；是一种预设的、有意的安排，而不是教育活动的结果，更不是学习者的主观性自我意识或见解和观念。

事物是发展变化的，课程的定义同样如此。随着社会的发展和人们对课程认识的深入，课程的定义将不断地得以丰富、完善和发展。伴随着 21 世纪基础教育课程改革的脚步，在新世纪课程研究的热潮中，又有不少课程论研究者提出了自己的观点。例如，教授钟启泉等认为，课程是按照一定的教育目的，在教育者有计划、有组织地指导下，受教育者与教育情境相互作用而获得有益于身心发展的全部教育内容。[①]

20 世纪 70 年代以来，课程的内涵发生了重要变化，呈现出以下趋势：从强调学科内容到强调学习者的经验和体验，从强调目标、计划到强调过程本身的价值，从强调教材的单因素到强调教师、学生、教材、环境 4 因素的整合，从只强调显性课程到强调显性课程与隐性课程并重，从强调“实际课程”到强调“实际课程”与“空无课程”并重，从只强调学校课程到强调学校课程与校外课程的整合。事实上，要准确地给课程下一个放之四海皆准的定义难度非常大，但至少应该从以下三个方面去理解课程的本质含义：

首先，无论是将课程定义为“计划”，还是将课程定义为“教育内容”，课程的本质含义都应超越以往课程只限于课堂上的学科课程的概念及教学是课程实施唯一途径的观念，而要把课程放在整个学校教育环境中加以限定，使课程成为学校环境及多种多样教育活动发挥教育作用的媒体。

其次，课程要突破以往课程观中只注重知识、经验本身的积累，要求学生尽

---

① 钟启泉，汪霞，王文静．课程与教学论[M]．上海：华东师范大学出版社，2008：4.

可能多地掌握课程载负的知识经验的旧观念，把积累、迁移、促进学生发展等多方面因素作为编选指标，掌握知识和积累经验不是终极目标，注重内容本身的迁移和升华价值则是课程内容选择的又一重要原则。

再次，突破以往课程类型单一化的局限，课程定义既要涵盖显性课程，又要关注隐性课程。在课程定义中，既要突出显性课程的地位，强调通过各种课程实践活动，如教学活动、课外活动等实施的、旨在使学生获得间接经验或直接经验，并在此基础上促使学生认知、情感、个性等多方面充分而健康发展；又要发挥隐性课程的作用，有目的、有计划地创设各种有利于学生主动发展的教育环境。

二、体育课程的定义与内涵

（一）与时俱进的体育课程定义

要给体育课程下一个普遍公认的定义，是一件非常困难的事情。改革开放以来，我国学校体育的研究呈现出日渐繁荣的景象，相比之下，体育课程研究的复苏显得有些迟缓。这也给当前体育课程实施带来了一些负面影响，广大学校体育工作者普遍缺乏课程意识，片面地认为体育课程改革就是体育教学改革，简单地认为体育教学是体育与健康课程实施的唯一途径。近年来，虽然也有一些学者对体育课程的定义进行了有益的探讨，但还缺乏系统深入的研究，也没有形成比较一致的看法。如果以时间先后为序来梳理不同时期国内体育课程的定义，可以清晰地发现似乎存在着一种与时俱进的现象，以下是国内 6 种比较有代表性的观点：

第一，体育课程是以发展学生体能，增进学生身心健康为主的一种特殊的教育性课程，它与德育课程、智育课程、美育课程、劳动教育课程相配合，共同促进学生身心全面发展，是整个学校教育的一个方面的课程。

第二，体育课程是指为实现学校体育目标而规定的体育内容及其结构、程度和进程。它包括体育课程目标、体育课程内容、体育课时分配、课外体育锻炼等。体育课程不是一门学科的课程，而是全面发展教育的一个方面的课程。

第三，体育是全面发展素质教育中必不可少的一门学科，体育课程是具有综合性的文化科学基础课程。

第四，体育课程是指在学校指导下，为了使学生能在身体、运动认知、运动技能、情感与社会方面和谐发展的有计划、有组织的活动。

第五，体育课程概念的理解可以概括为以下 4 点：体育课程不仅应包括系统的运动知识和规范的运动技术要求，还应包括学生在体育活动中获得的经验；体育课程设计应是有计划、有目的的，而不是僵化的，体育课程计划应通过体育实践活动不断得到丰富和发展；体育课程应强调在活动中产生体验，积累经验，组织学生参与体育活动，使学生产生运动体验，是体育课程设计的关键；为了让学生掌握现有的体育文化，学校体育应把体育文化转变成适应学生水平和发展的内容。

第六，《义务教育体育与健康课程标准（2011 年版）》（以下简称《课程标准（2011 年版）》）的表述如下：体育与健康课程是学校课程的重要组成部分，是以身体练习为主要手段，以学习体育与健康知识、技能和方法为主要内容，以增进学生健康，培养学生终身体育意识和能力为主要目标的课程。[①]

上述 6 种体育课程定义分别有着各自的课程理论基础，有的把体育课程归属于“学科”，有的把体育课程归属于“活动”，有的把体育课程归属于“体育内容”，有的则试图把课程含义限定的 4 个维度（目标维度、经验维度、计划维度和活动维度），有的则直接把体育课程归属于“课程”。

事实上，无论是把体育课程归属到“学科”，还是归属到“活动”“计划”“内容”“经验”“目标”，都不可避免地存在着较强的片面性和局限性。新中国成立以来，体育课程在我国被定位于“学科”，这在体现当时社会发展的特征和提高体育课程社会地位的同时，却抹杀了学生的主观能动性。在经历了半个世纪的摸索之后，有学者提出，要改变传统体育课程见“物”不见“人”的现象，要凸显学生的主体地位，要把体育课程的出发点放在学生身上，实现体育课程从“物”到“人”的转变。毋庸置疑，这一观点彰显了课程改革的时代特征。然而，如果据此简单地把体育课程归属于“经验”或“活动”，姑且不说美国哲学家、教育家、心理学家杜威的“经验课程论”是否已经过时，是否适合我国国情，只需正视这种课程观在实际活动中所带来的教育过程的随意性、内容的不系统性和评价标准的不确定性，就可认定片面地把体育课程归属于“经验”或“活动”的做法是不可取的。

走向各种课程含义限定维度的整合，是给体育与健康课程下定义的发展方向。《课程标准（2011 年版）》对体育与健康课程的定义，既考虑到了学生的主体需求，也体现了体育与健康课程发展的时代特征；既体现了体育与健康课程的学科特征，也尝试构建了体育与健康课程的“目标”体系。体育与健康课程是学校课程的重要组成部分，是以身体练习为主要手段，以学习体育与健康知识、技能和方法为主要内容，以增进学生健康，培养学生终身体育意识和能力为主要目标的课程。

（二）体育课程的内在含义

将体育课程的属概念定位于课程，既符合逻辑学属概念就近的要求，也符合概念简洁的要求。不过，以课程为属概念会引出一个歧义颇多的问题，那就是课

[①] 教育部. 义务教育体育与健康课程标准（2011 年版）[M]. 北京：北京师范大学出版社，2011: 2.

程究竟是指“学科”“目标”“计划”“活动”“经验或体验”“进程或内容”，还是其他？为此，有必要进一步明确这一定义的内在含义。

1．体育课程是体育内容体系，具有明显的计划性

提出体育课程是体育内容体系，很可能使人把体育内容体系误解为体育教学内容体系，而体育教学内容的陈旧与滞后正是争议颇多的一个话题。有学者认为，我国体育教学大纲的历次修改，都力求突破竞技运动的教学体系，各自也从不同的角度尝试如何更好地突破。可是，终究还是没有突破，依然是田径、球类、体操、武术，等等。确实，“繁、难、偏、旧”的体育教学内容不能激发学生的学习兴趣，也无助于培养学生的体育能力和促进学生的健康成长。然而，这里所指的体育内容远非体育教学内容所能涵盖的，而是指根据社会发展的需要，按照一定的教育目的，在教育者有计划、有组织的指导下，受教育者获得有益于身心发展的全部教育内容。需要强调的是，这里所指的教育者绝不仅仅是指体育教师，还包括各级教育行政职能部门的管理者和各种层次的体育课程专家学者。

体育内容体系的确定具有明显的计划性，并不是随遇而安的，这是由教育本身的质的规定性所决定的。教育是根据一定社会的现实和未来的需要，遵循年轻一代身心发展的规律，有目的、有计划、有组织地引导受教育者获得知识技能，陶冶思想品德、发展智力和体力的一种活动，以便把受教育者培养成适应一定社会（或一定阶级）的需要和促进社会发展的人。

2．体育课程是一种目标体系计划，又要兼顾学生的主体经验

博比特、泰勒、加涅等人认为，课程应事先制定一套有结构、有序列的学习目标，然后，围绕预定的教育、教学目标而选择、组织学习经验，实施教育、教学活动，并进行教育、教学评价。虽然这一理论由于具有明显的缺陷而受到了质疑和批判，但经过改良和内化后的体育课程目标体系，仍然具有较强的生命力。

把体育课程理解为一种目标体系计划，容易因过分强调预期的目标性和计划性而缺乏灵活性，不易照顾到不同的体育课程情境和学生的个体需求，同时也容易忽视非预期的学习结果。因此，无论是体育课程目标的制定，还是体育课程实施的过程，都应充分考虑到各地各校在经济、文化、体育、生活方式等方面的具体情境以及学生在身体条件、兴趣爱好和运动技能等方面的个体差异，以保证绝大多数学生能实现课程目标。

3．体育课程既具有学科课程的特征，又具有活动课程的特性

从课程分类的角度看，体育课程既可归类于学科课程，又可归类于活动课程。事实上，体育课程在我国长期以来被当作学科课程来编制，这样的课程体系曾经提高了体育课程在我国学校教育中的地位。经过多年的实践和摸索，体育学科课程在课程目标、教材分类、内容排列、考核评价等方面得到了不断的改进，也对我国学校体育的发展起着十分重要的作用。不过，这种课程编制方法也存在着由于过于注重体育知识和运动技能的系统性和完整性而忽视了学生的主体需求等弊端，不利于激发学生的兴趣和培养学生的体育能力。

活动课程也称经验课程，是以学生的主体性活动经验为中心的课程。活动课程着眼于学生的兴趣和动机，教学内容的选择与教学方式的选用都以学生的动机为中心。从体育本身的特性看，体育课程具有活动课程的基本属性。因此，把体育课程理解为单一的学科课程或单一的活动课程都具有强烈的片面性（体育学科课程与活动课程的比较（见表 2-1）。

表 2-1　体育学科课程与活动课程的比较

	学科类体育课程	活动类体育课程
目的	服从于学校教育总体目标	服从于学校教育总体目标
目标	传授人类积累的体育基本知识、基本技术和基本技能，促进身心健康发展	获得体育的最新信息和个体的体育经验，培养兴趣，获得才干，习得特长，提高能力
编排	体育文化知识、技术的系统性、基础性	有教育意义的学生活动的系统性，当前实际需要的、感兴趣的、与生活活动相联系的内容
评价	侧重考察学习结果	侧重考察学习过程

4．体育与健康课程具有四大特性

体育与健康课程作为学校课程体系的重要组成部分，是实施素质教育和培养德、智、体全面发展人才的重要途径，是一门突出健康目标的课程，它具有以下特性：

（1）基础性。体育与健康课程强调培养学生掌握必要的体育与健康知识、技能和方法，养成体育锻炼习惯和健康的生活习惯，为学生终身体育学习和健康生活奠定良好的基础。作为一种教育手段，体育与健康课程有别于一般性的闲暇活动或健身活动，更多体现的是学生接受教育的过程。在义务教育阶段，体育与健康课程更应重视运动知识和技能的基础性和全面性，旨在通过体育教师的指导，帮助学生形成运动的广泛兴趣和基本的锻炼习惯，为终身体育奠定良好的基础。

（2）实践性。体育与健康课程强调以身体练习为主要手段，通过体育与健康学习、体育锻炼以及行为养成，提高学生的体育与健康实践能力。体育与健康课程与其他文化课程具有本质的不同。其他文化课程主要是在室内对学生进行知识教育，重视的是学生的知识积累和认知发展；体育与健康课程则主要是在室外对学生进行身体和运动教育的活动性课程，强调学生体能的增强、技能的掌握和行为态度的形成等。因此，学生在体育与健康课程的学习过程中，如果没有身体力行，就不可能增强体能和掌握运动技能，强身健体便无从谈起。当然，在整个学习过程中，也有知识的学习、心理健康的教育和道德品质的培养等，但这主要是贯穿于身体练习过程中，并通过身体练习来达成的。

（3）健身性。体育与健康课程强调在学习体育与健康知识、技能和方法的过程中，通过适宜负荷的身体练习，提高体能和运动技能水平，促进学生健康成长。在体育与健康的课程学习过程中，具有一定负荷的身体练习是课程的基本特征。只有具备了一定的运动负荷，才能激发学生身心的潜在能量，激活其内部潜力。一定的运动负荷是学生提高体能和运动技能水平的基础，是促进其健康成长的基本前提。体育与健康课程要突出课程本身的健身功能，即在满足基本运动负荷的情况下发展学生的体能，提高其运动技能的水平，培养其科学健身的能力，最终促进学生全面、健康的成长。

（4）综合性。体育与健康课程强调充分发挥体育的育人功能，强调以体育与健康学习为主，渗透德育教育，同时融合部分健康行为与生活方式、生长发育与青春期保健、心理健康与社会适应、疾病预防、安全应急与避险等方面的知识和技能，整合并体现课程目标、课程内容、过程与方法等多种价值。从实施体育与健康课程的角度来看，学生的全面发展不仅是指身体健康水平的提高，同时也包括通过体育与健康学习促进心理健康水平和社会适应能力等方面的提高。从这个意义来讲，体育与健康课程的目标不是一维的，而是多维的，是综合性的。

三、体育课程实施的本质含义

（一）课程实施概念的新近理解

国内外关于课程实施本质的认识主要有两种观点。一种观点认为，课程实施是指把新的课程计划付诸实践的过程。课程实施研究所关注的焦点是课程计划在实际中所发生的情况以及影响课程实施的种种因素。[①]这也是20世纪80年代美国学者富兰（M. Fullan）等课程理论专家的观点。另一种观点认为，课程实施即教学，课程实施内在地包含教学，教学是课程实施的唯一途径。这是持“大课程论”学者的观点。第一种观点将课程实施的本质归属为一个动态的过程，在我国这也是被普遍接受的一种观点。教学是课程实施的主要途径，尽管教学在课程实施中占有核心地位，但还有学生通过自学、社会考察等其他方式来达到实施课程的目的，简单地把课程实施等同于教学的观点是值得商榷的。[②]关于课程实施本质的看法，在进入21世纪后渐趋一致。课程论研究者普遍认为，课程实施是将课程计划

---

① 施良方．课程理论：课程的基础、原理与问题[M]．北京：教育科学出版社，1996：128．

② 崔允漷．课程与教学[J]．华东师范大学学报（教育科学版），1997（3）：60．

付诸实践的动态过程，是达到预期课程目标的基本途径。从课程改革的流程与顺序看，这一过程是课程改革三个环节（课程设计、课程实施、课程评价）中的实质性环节。从课程实施内部看，又可分为课程采用、课程调适、课程应用三个环节。

从本质上看，体育课程实施是指把体育与健康课程标准和课程方案等“文本”课程付诸实践的动态过程，是提高学生健康素质和体育文化素养，养成体育生活方式的基本途径。这一过程既是体育与健康课程标准和计划的编制者与体育课程实施者之间相互影响、相互作用的过程，也是体育教师和学生主动发展的过程，同时也是调和各种体育课程因素，创新体育课程文化的过程。研制好的体育与健康课程标准和课程方案，必须经由课程实施这一环节才具有现实意义，才能发挥体育课程促进学生身心健康发展的作用，才能为体育课程评价提供反馈信息。

从内在含义来看，体育与健康课程实施是一个动态的、复杂的过程，并不是一个简单的按部就班和按图索骥的过程，而是一个理解的过程、一个对话的过程、一个意义生成的过程。

（二）体育课程实施是一个理解的过程

教师与课程设计者之间的理解是体育课程能否有效实施的前提条件。一般认为，教师与课程设计者之间的理解主要指教师能在多大程度上领会课程设计者的思想、把握课程设计者的主旨，并能在课程实施中加以具体运用。在通常情况下，好的课程实施就是教师准确无误地领会课程专家（设计者）的意图，并忠实地履行体育与健康课程标准和既定的课程方案。这是一种“单向度”的理解观，即只是强调教师对课程设计者的理解，而忽视课程设计者与教师之间的互相理解。

在这种观念指导下，传统的体育课程开发主要是以“政府型”“专家型”为主，这是一种“自上而下”的开发模式。在这种“精英决策”模式下，课程决策主体是高层行政部门和少数课程专家，运行方式主要借助教育法规、教育文件、专家意见或行政力量来传达课程变革的决定，推行课程变革的思想及既定的课程实施方案。这种“自上而下”的课程改革很容易将课程设计者与教师割裂开来，将课程设计者视为真理的持有者，而将教师视为新课程的执行者，一味地要求教师必须无条件地服从课程设计者的意图，按照课程设计者的要求与希望实施课程计划，极易忽视教师在课程开发中的能动作用。这种实施过程，客观上将新课程视为一种“权威”，将教师能否不折不扣地执行体育与健康课程标准和课程方案作为衡量新课程实施成功与否的重要标准。

教师与课程设计者之间是一种理解关系，课程的实施过程也是教师与课程设计者之间互相理解的过程。实质上，教师对课程的理解正是通过其与课程设计者的分享、合作、交流、沟通而获得的。当前正在进行的“自下而上”的校本课程开发模式不仅反映了这一趋势，而且与哲学解释学的理解观是一致的。在“自下而上”的课程实施中，教师与课程设计者能够直接对话、交流，能就某一问题进行深入探讨，双方都是体育课程开发的主人，都能相互理解并分享彼此的经验和智慧。在相互理解的过程中，双方不断达成新的共识，并最终在新的理解的基础上，不断修改、充实、形成新的课程文本。

（三）体育课程实施是一个对话的过程

传统体育与健康课程的实施，往往是以课程设计者为中心，单方面地要求教师通过自身的努力，“准确”“客观”地理解课程设计者的意图，并“忠实”地实施课程计划,从而使得课程实施过程成了不折不扣地理解和贯彻课程计划的过程。当代课程理论认为，教师实施课程的过程不应是被动地接受课程思想的过程，而是教师与课程设计者在各自领域的基础上，通过积极的对话不断生成意义，最终达到共同的体认和理解的过程。

体育课程实施过程是教师与课程设计者进行对话的过程。新课程的设计与开发，应通过教师与课程设计者双方的共同参与，探讨课程计划，并提出各自关于体育课程的不同意见，最终以对话的方式不断取得双方的沟通和理解。这意味着教师与课程设计者不应是单独的、分工的、相互分离的课程工作者，而应是共同参与到课程研制、开发与实施过程中的合作者。加拿大课程研究者怀特雷（Thomas Whiteley）指出，课程研究人员与从事教学的教师之间的“功能性分离”是课程设计的缺陷。为了弥补这一缺陷，他主张进行“课程实施前的共同研究”，即教师与课程设计者之间通过对话、交流而实现理解。由此看来，教师理解课程的过程也是教师与课程设计者进行对话的过程。

体育课程实施过程同时也是师生对话的过程，师生对话是教学中课程实施的重要途径。在课堂教学中，师生通过对话，共同探讨课程文本，并建构其自身不同的理解，最终形成新的共识。师生对话是一种特殊的对话形式，它有其独特的内涵。师生对话是指师生双方在互相尊重、信任和平等的基础上，通过语言而进行的双向交流和沟通活动。师生对话的核心，是师生之间的坦诚相见，是师生双方共同在场、互相关照、互相包容、共同成长，它不仅仅是师生之间交往的一种方式，更是弥漫、充盈于师生之间的一种教育情境和精神氛围。

（四）体育课程实施是一个意义生成的过程

从体育课程价值和意义的生成来看，关键在于课程实施。体育课程的价值主要体现在增进学生身心健康和提高学生的体育文化素养两个方面。

体育课程对于学生健康成长的作用在我国已经达成了共识，“健康第一”已经成为我国体育与健康课程的指导思想，增进学生的身心健康也已成为我国体育课程的重要目标。现阶段的问题是如何确保体育课程的健康促进价值真正落到实处。一方面，体育课程实施的根本目的在于达成体育课程目标，在于促进学生身心健康的协调发展，离开了这一目标，体育课程实施将误入歧途或舍本逐末。另一方面，体育课程实施在致力于提高学生健康水平的同时，也要注重提高学生的体育文化素养，关注学生体育与健康知识、技能、方法的学习和掌握，重视学生终身体育意识和能力的习得。

要确保体育课程健康促进价值的生成，体育课程能否得到有效实施是关键。如果体育课程改革的重点仅仅停留在课程设计阶段，仅仅沉醉于描绘体育课程改革的美好蓝图，而对体育课程实施过程视而不见，体育课程的健康促进价值和体育文化素养的养成价值便会成为空中楼阁。

四、体育课程实施模式的含义

（一）体育课程实施模式的定义

一般认识，课程实施模式是指在某一思想的指导下，根据教育对象的主体需求和客观的课程情境而设计的相对稳定的实践程序。体育课程作为学校课程的重要组成部分，在具有课程实施模式共同特点的同时，又必须遵循体育课程自身独特的规律。体育课程实施模式是指在“健康第一”思想的指导下，为实现体育课程目标，根据学生的年龄特征和体育需求及客观的体育课程情境，遵循体育活动的基本规律而设计的相对稳定的体育课程实施的运作程序。

（二）体育课程实施模式的特点

体育课程实施模式具有较强的理念引领性，即体育课程实施模式总是在一定的指导思想引领下构建的，是为实现体育课程目标服务的。指导思想和目标体系不同，体育课程实施模式必然也不同。

体育课程实施模式具有鲜明的实践操作性，即体育课程实施模式并不止步于理论阐释，其更为重要的使命是构建一种较为稳定的实践操作程序，供一线教师参考运用，以确保体育课程的指导思想和目标体系能在学校体育的实践工作中得以有效落实。

体育课程实施模式具有达成路径的多样性，即体育课程实施模式的具体达成路径并不是唯一的，而是多元的，主要包括体育教学、课外体育活动、校本体育课程等，这些路径相辅相成，共同构成了体育课程实施模式的整体。

（三）体育课程实施模式的构建

体育课程实施模式的构建包括如下主要步骤（见图 2-1）：确立指导思想；明晰目标体系；分析课程情境；设计实践路径；编选课程内容；创设操作程式。体育课程实施模式具有一定的稳定性，即体育课程实施模式一经形成，便在相对较长的时间内成为一种较为稳定的实践操作程式。不过，这并不是说体育课程实施模式一成不变，它需要在实践过程中不断地改进和完善。

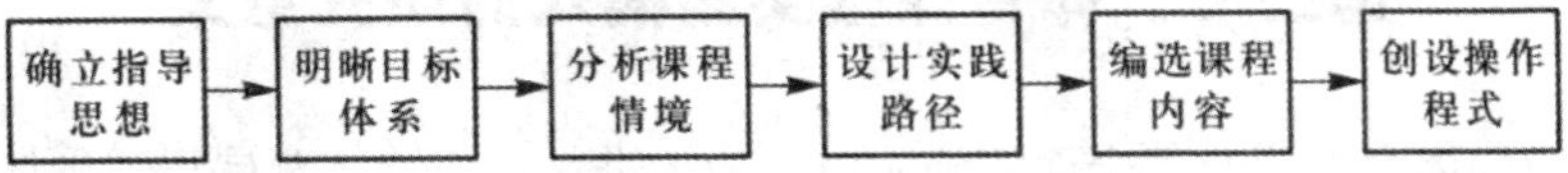

图 2-1　构建体育课程实施模式的主要步骤

1．确立指导思想

自 1999 年《中共中央国务院关于深化教育改革全面推进素质教育的决定》指出：学校教育要树立“健康第一”的指导思想以来，“健康第一”一直就是我国基础教育体育课程的指导思想，体育课程实施模式的构建理所当然应确立“健康第一”的指导思想。

2．明晰目标体系

新课程根据学生全面发展的需求确定了课程总目标—学习方面目标—水平目标的三级目标体系。需要特别强调的是，新课程目标体系的编制是基于以学生作为行为主体的，即学生通过体育课程学习预期达到的结果，在体育课程实施模式中应该称之为学习目标。

3．分析课程情境

体育课程情境主要包括学生的年龄特征、体育需求等主体条件，以及体育场地、器材、设施、师资、社区文化等客观条件，准确地分析体育课程情境是构建体育课程实施模式的前提条件。

4．设计实践路径

体育课程实施的实践路径主要包括体育教学、课外体育活动、体育校本课程三个方面。体育课程实施模式实践路径的设计要在准确分析体育课程情境的基础上，扬长避短，充分发挥各种体育课程资源的作用，最大限度地促进学生的身心发展。

5．编选课程内容

体育课程内容具有多样性和可替代性的特点，且“课程标准”给体育课程实施留下了很大的空间，体育教师可以根据学校和学生的情况选择课程内容。在编选体育课程内容时，要特别注重体育课程内容的实效性、健身性和趣味性。

6．创设操作程式

体育课程实施模式的操作程式是指在体育课程实践工作中相对固定的运作程

序和方式，它是构建体育课程实施模式的最后环节。体育教学、课外体育活动和体育校本课程具有不同的特点，因此，也应分别创设不同的运作程序和方式。

第三节　体育课程实施模式的研究意义

在我国体育课程改革全面实施阶段，为了进一步完善体育课程理论体系，有效地指导体育课程实践工作，必须将关注的焦点转向体育课程实施的研究，探索切实可行且行之有效的实施模式，解析体育课程实施中存在的具体问题，寻求破解障碍的良策。

一、有助于丰富体育课程的理论体系

专门的体育课程研究起始于 20 世纪 80 年代，并于 20 世纪 90 年代起逐渐成为我国学校体育理论研究的热点问题。迄今为止，我国学者对体育课程的理论基础、课程目标、课程内容、课程类型、课程组织、课程评价等领域进行了积极的探索，积累了较为丰富的研究成果。相比之下，对于将体育课程方案付诸实践的动态过程却关注较少。

进入 21 世纪，随着我国体育课程理论的日益深入和基础教育体育课程改革的不断推进，体育课程实施研究越来越受到我国学者的关注。在陆续出版的著作中，如顾渊彦教授主编的《基础教育体育课程改革》，周登嵩教授主编的《学校体育学》，潘绍伟教授和于可红教授主编的《学校体育学》，邹玉玲、史曙生、顾渊彦合著的《体育课程导论》等都把研究触角敏锐地伸向了体育课程实施问题。不过，由于大家对体育与健康课程实施本质与含义理解的不同，导致研究的范畴和重点存在很大的差异。因此，对体育课程实施展开系统而深入的研究，无疑有助于丰富体育课程的理论体系。

二、有助于学理与学用相结合，构建体育课程实施的新模式

“学理”即学科的理论，“学用”即学科的应用，只有把“学理”研究和“学用”研究结合起来，才能更好地发挥科学研究对课程实施的牵引作用。从当前教育科学研究的发展趋势和体育课程实施的实践需要来看，应当特别关注行动研究和校本研究。行动研究的研究主体本身就是课程实践活动的实施者，由于身居实践第一线，其研究活动必然更加贴近具体的课程情境。学校是体育课程实施的基本单位，因此，校本研究不仅是实施和研究新课程的重要途径，也是提高体育教师专业发展水平的重要手段。

一方面，研究将致力于探索有效体育课堂教学的新模式。教学观念的变革是课程改革的一个重要特征，这要求我们重新探索有效体育课堂教学的模式。有效

体育课堂教学模式的研究，将有助于改变“教师教得投入，学生学得认真，却收效甚微”的现象，提高课堂教学的实效性。另一方面，将改变“重形式轻实效”的现象，致力于探索课外体育实施的实施模式。课外体育是贯彻落实《中共中央国务院关于加强青少年体育增强青少年体质的意见》中提出的“确保学生每天锻炼 1 小时”的重要途径。大课间体育活动、学校体育俱乐部、体育节等实施模式的探索，将有助于改变“重形式轻实效”的现象，为课外体育活动的实施提供指导。

三、有助于发现体育课程实施中的问题，为课程实践提供有效指引

虽然基础教育体育课程改革已历时十余年，但“既破未立”的尴尬现象仍然普遍存在。当前，体育课程改革实际上还处于一种旧的模式，而新的实施体系又未确立，致使一线教师无所适从，只能“穿新鞋走老路”，甚至“穿旧鞋走老路”。为了改变这一现状，必须要加强体育课程实践环节的指引。

为了体现学生的主体地位，满足社会发展对体育课程的新需求，新课程提出了全新的课程理念，构建了新型的课程结构，建立了新的课程目标体系，提出了要变革传统的教学方式，提高课程的民主化和适应性，倡导新型师生关系，构建新的评价体系，等等。凡此种种变革，要求我们要及时发现并解析体育课程实施过程中存在的具体问题，为一线教师的课程实践提供必要的指导。

四、有助于体育课程实施方案的推广

体育课程实施过程中一个不容忽视的因素是课程环境。我国地域辽阔，各地经济、教育、文化等差异巨大，致使体育课程实施环境极为复杂多样。我国体育课程实施常常容易出现不加辨别和盲目的“借鉴”的现象，如甲地或甲校成功实施体育课程的经验，很快可以在乙地或乙校找到类似和相同的方案，很容易发现类似的课程“复制”或“克隆”现象，然而，只有从学生和社会发展的需要出发，从具体的课程情境出发，科学地处理好影响课程实施的诸因素，才能推动体育课程的有效实施。只有加强具体的课程实施的研究，才能以课程实施的实际环境为基础，促进体育教师与体育课程设计者的相互理解和相互对话，最终达到共同体认和理解，进而促进新课程实施方案的推广。

第三章 体育课程的价值认识与经验借鉴

第一节 社会转型与体育课程的价值变迁

与社会转型相伴而行，价值体系的重建是当代中国重要的时代特征之一。如果说改革开放的提出和实践意味着从革命到发展的价值转换，那么，科学发展观的倡导和践行，不仅使当代中国的发展从以经济建设为中心转向了以人为本，而且带动了价值观念上的突破与更新。以人为本的科学发展观揭示了中国走向现代化、走向世界、走向伟大复兴的意义与价值，与以往的历史转型相衔接，实现了中国特色社会主义价值观的历史性升华。在迈向体育强国的征程中，体育价值体系的构建和完善有着至关重要的意义，因为“人类认识，是个极其复杂的主体与客体的相互作用的过程。在这一过程中，始终存在着价值观的参与。正是人们的价值观念，才成为人们积极地认识世界和改造世界的能动的调节因素。体育强国的建设关键是要实现竞技体育与群体体育（特别是学校体育）的协调发展，近现代中国三次重大的社会转型导致体育课程价值的三次重要变迁。近现代中国体育课程的价值变迁总体上可以归纳为三种类型，即社会本位、学科本位和学生本位。体育课程的价值变迁对体育课程的编制和实施有着至关重要的作用，因为它决定着体育课程目标的设定、课程内容的编选及实施模式的创设。

一、遵从以社会需要为出发点的社会本位

无论是以“兵式体操”为基本特征的“体操科”，还是毛泽东在新中国成立初期所倡导的“健康第一，学习第二”及“身体好，学习好，工作好”，体育课程在近现代中国的起步与发展都承载着强烈的社会使命。这种遵从以社会需要为出发点的社会本位价值观念下的体育课程，认识到了体育课程对国家、民族和社会发展所具有的重要作用，具有浓厚的“工具理性”色彩，但过于强调体育课程的社会服务功能，必然导致把青少年学生作为工具来训练。

体育在中国的课程化大抵可以追溯到20世纪初，其内在驱动力来源于鸦片战争以后亘古未有的民族危机，在“师夷长技以制夷”及“强兵强种”“救亡图存”等思想的引领下，体育课程开始得以全面实施。晚清朝廷于1904年1月13日颁布了《奏定学堂章程》（时称“癸卯学制”），这是中国教育史上第一个正式颁布且普遍实行的学制，由此结束了中国几千年来教育无章程、教学无体系的状态，确立了中国现代学制的基本框架。“癸卯学制”倡导的“以兵式体操为主”的学校体育，虽然未能、也不可能取得良好的效果，但它确立了体育在学校教育中的地位，

具有非常重要的历史意义；在当时中国处于“群盗入室，白刃环门”（梁启超语）的危险局势中，对于培养国民的尚武精神和军事素养，去除文弱娇惰的传统习性，具有特殊的意义。无论是体育救国还是张扬国粹，无论是尊奉西方体育还是埋头传统武术等，无不表现出体育所承载的过重的社会职责和过多的情感。

1950 年 7 月，毛泽东给当时全国第一份体育杂志题写刊名时，送来了“新体育”三个大字。这标志着中国几千年的体育发展步入了新的阶段，也表明了新生的人民政府对国民体育的重视。新体育思想是指导新中国成立初期我国体育发展的重要理论依据，它为我国社会主义体育方针的确立打下了基础。学校体育是国民体育的基础，而体育课程又是实现学校体育目标的重要途径。新中国诞生后，党和国家领导人对青少年学生体质健康给予了高度关注，毛泽东同志先后多次做出重要指示，“要各校注意健康第一，学习第二”，“要使青年身体好，学习好，工作好”，“我们的教育方针，应该使受教育者在德育、智力、体育几方面都得到发展，成为有社会主义觉悟、有文化的劳动者”。在党和国家的重视下，建立了学校体育工作的组织领导机构，颁布了相关的规章制度，组织编写了中小学和师范学校《体育教学大纲》，成立了培养体育专门人才的体育院校，从而使新中国的体育课程建设得到了较快的发展。

自 20 世纪初到改革开放前的几十年间，体育课程伴随着中国社会的剧烈变迁，经历了从无到有，从不规范到逐渐规范的发展过程，在这一历史进程中，社会本位的价值观念始终主导着中国体育课程的发展进程，体育课程承载着挽救民族危机、推动社会进步、促进国家兴盛的历史使命，对改变中国几千年来“重文轻武”的思想，增强民族体质，践行马克思列宁主义毛泽东思想的全面发展教育思想，发挥了重要的作用。

二、注重系统性和完整性的学科本位

新中国成立后，体育课程的改革与发展可以划分为三个时期，一是实施义务教育前的体育课程，二是实施义务教育阶段的体育课程，三是新世纪基础教育的学校体育课程改革。自新中国成立后至 21 世纪基础教育课程改革之间的 50 多年，先后颁发了 7 套体育教学大纲，这些大纲的研制与颁发具有两个重要特征，一是每次体育教学大纲的制订与颁发都与当时我国社会进步的需要和教育发展的要求紧密相关，二是把体育课程当作学科课程来进行开发和研制，体育教学大纲的编制注重体育学科的系统性和完整性。上述体育课程的第一个特征展示了体育课程的社会本位取向，而第二个特征则体现了体育课程的学科本位取向。学科本位价值观念下的体育课程，强调体育知识与运动技能的系统性和完整性，具有鲜明的“知识理性”色彩，课程内容主要是人类长期积累下来的体育文化知识和运动项目。但由于过于强调学科本位，可能造成学生简单模仿和机械训练，与学生的现实生活和社会生活相去甚远。

在学校课程发展史上，课程有多种分类形式，每一种类型的课程都受一定的教育思想的影响，反映了课程编订者对课程设置、教材选择、教材组织排列的指导思想。有学者根据学科和儿童两个维度提出了课程分类的方法（见表 3-1）。

表 3-1　几种常用的课程分类表

			学科本位			儿童本位
二分法			学科课程			活动课程
四分法	分科课程		综合课程		轮形课程	活动课程
六分法	分科课程	相关课程	融合课程	广域课程	轮形课程	活动课程

新中国成立以来，体育课程在我国学校教育中所占的分量非常重，从小学一年级到大学二年级都是必修课，其开设时间跨度之长，课堂教学时数之多，在我国课程体系中是名列前茅的。在长达半个多世纪的体育课程设计中，体育课程主要是遵循学科课程的规律来编制的。从学科课程的角度来看，体育课程必须具备知识与技能的系统性和完整性，这就是过去我们强调“学习和掌握体育基本知识、基本技术和基本技能”的主要原因。在课程编制时，以体育知识和各种运动项目（如体操、田径、球类、武术、游泳或冰雪类项目等）为主线，根据不同年龄阶段学生身心发展的特点，选择和排列适宜的教学内容，组织起体育学科体系，从而实现学校教育的目标。这种课程设计经过长期的教学实践，在课程目标、教材分类、内容排列、考核评价等方面不断地改进、完善，已经形成了较为系统的课程体系，对我国体育课程的改革和发展发挥过十分重要的作用。不过，由于过分强调体育知识和运动技术的系统性和完整性，容易进入见物不见人的误区，造成教学内容“大而全”，课程设计考虑学生的实际需要与兴趣及学校的实际情况不够，不利于从学生生活的具体情境出发，不利于充分调动学生体育学习的积极性，从而使学生终身体育兴趣的激发和运动技能的培养受到了较大的限制。

把体育课程作为学科课程来看待和设计，对于确立体育在学校教育中的地位，形成体育学科体系，保证全体学生掌握体育基础知识、基本技术和基本技能等方面起到了重要的作用，同时也为体育课程的进一步改革奠定了可供发展的基础。不过，单一的体育学科课程模式在课程内容的容量方面，在照顾学生的兴趣、爱好方面，在培养体育能力方面，在与社会生活活动的联系等方面，存在着难以克服的弊端，这就使得世纪之交的基础教育体育课程改革成为一种必然。

有学者认为，我国体育课程的改革，既要主动适应社会发展，也要考虑国情；既要保证全体学生有共同的、必要的体育基础，也要为学生的自主、自立、适应未来工作和生活做好准备；既要考虑体育课程的规定性，也要增强课程的弹性，在保持体育学科的科学性、系统性的基础上，使课程内容更加适应不同年龄段学生的身心发展特点，照顾学生的兴趣、爱好，加强内容的选择性。具体来说，在体育课程改革的价值取向上，应有如下一些转化（见表3-2）。

表3-2　体育课程价值观的转化

单一学科课程结构	综合学科课程结构
学校时代	终身教育
封闭式	开放式
较少与社会联系	紧密与社会相连
单一功能	多元功能
生物观	生物、心理、社会观
竞技项目为主	竞技、文化与生活结合
单一分类	综合分类
多种内容模式	选择性内容模式
考虑技术学习	提高学科能力
考虑竞争	考虑竞争与合作
单纯考虑个体满足	考虑个体满足与集体荣誉
服从规范	鼓励不同意见
集中学习	参与意识
计划性	计划性与选择性结合
外部动力	教学的“双部性”动力
现实满足	冒险、探索

三、强调以学生发展为中心的学生本位

如果说在社会本位视角下的体育课程主要着眼于体育课程的社会价值，在学科本位视角下的体育课程主要着眼于体育知识与运动技能的系统性和完整性，那么，在学生本位视角下的体育课程则着眼于学生现实生活和未来发展的需要。在学生本位价值观念下的体育课程，强调要从学生的兴趣和需要出发来编制和实施体育课程，并把体育课程作为发展人的个性的基本手段，具有“价值理性”的色彩，但在关注学生个性的同时，容易忽视体育知识与运动技能的学习和掌握及体育能力的培养。与从“教学大纲”到“课程标准”的变革相呼应的是体育课程价值主体的重塑，即由过去关注体育课程的社会服务功能及体育知识与运动技能的系统性和完整性，过渡到新课程强调的“以学生发展为中心”；从过去的“以课堂为中心，以教材为中心，以教师为中心”转向“以学生发展为中心”，这是21世纪体育课程改革价值追求的重大变革。

在历经了半个世纪“教学大纲”体系下的运作之后，我国基础教育体育课程

迎来了“课程标准”模式的运作方式。2001 年，我国颁布了《体育（1 ~ 6 年级）、体育与健康（7 ~ 12 年级）课程标准》，这套崭新的课程标准具有如下 6 个主要特点：第一，贯彻了“健康第一”的指导思想；第二，构建了新的课程目标体系；第三，倡导新的课程理念；第四，根据学生身心发展的特征划分学习水平；第五，根据课程发展性要求建立新的评价体系；第六，增加了体育与健康课程的时数。2003 年颁布的《全日制普通高级中学体育与健康课程标准（实验）》也具有 6 大新的特点：第一，进一步明确了普通高中体育与健康课程的性质；第二，根据高中学生的身心特点和体育基础提出了新的课程理念；第三，课程内容的多样性与选择性；第四，体育与健康教育相结合；第五，实行学分制；第六，体育教学组织形式的选择。自 2001 年基础教育《课程标准（实验稿）》进入 38 个国家级实验区开展实验，到 2005 年全国义务教育阶段全面实施，再到 2011 年颁布实施经历了整整 10 个年头。10 年的课程改革是体育课程不断产生新变化，发现新问题并解决新问题的过程；是一个从理论到实践，再从实践到理论的循环往复的过程；是一个《课程标准（实验稿）》边实验、边修订的过程；也是一个民主与集中相结合的课程改革推进和《课程标准（实验稿）》的修订过程。

新世纪的体育课程改革认为，在学校教育中，体育是教育的重要组成部分，体育与健康课程也是学校课程中的一个重要组成部分，因此，体育课程改革应该服务于基础教育课程改革的方向，应该根据素质教育的精神，从培养全面发展的人来设计和改革体育课程。这次重大的体育课程改革根据新一轮基础教育课程改革的总体精神和要求，结合体育课程的学科性质，强调“健康第一”的指导思想和“以学生发展为中心”的课程理念以及运动知识与技能、过程与方法、情感态度与价值观三维课程目标；重视教学内容与学生的生活经验相联系；注重教师教的方式和学生学的方式的转变，提倡多元化的体育学习评价等。

在经历了社会本位和学科本位的发展之后，我国体育课程在“以人为本”的时代潮流中应该避免滑向人本主义的价值取向。倡导以人为本，并非盲目尊崇“人本主义课程理论”。以美国社会心理学家马斯洛（A. H. Maslow）等人为代表提出的人本主义课程理论要求课程要适应学习者的需要，把学生作为整体的人来看待，倡导思维、情感和行为的整合，重视情意课程，重视创造活动，提倡学生小组互助，强调学生的自我学习和评价等，这克服了传统课程理论见“物”不见“人”的缺陷。不过，人本主义课程理论在倡导人的自我实现、尊重人的价值的同时，助长了反理智主义，造成学生学力低下、纪律涣散。在理论上，人本主义课程理论过分夸大人的自然潜能，忽视社会对学生发展的现实性和可能性的必然制约的一面，这种制约又影响到人的整体的发展，使人的自我实现最终难以实现。

四、基于以人为本理念的价值融合

体育课程的价值取向是一个十分复杂的问题，涉及多种因素的交互作用，从每个因素、每个角度出发，都可以形成不同的价值倾向。在不同的社会条件、不同的时代背景下，体育课程往往表现出不同的价值取向。随着时代和条件的变化，体育课程的价值取向也会发生相应的改变和调整，以不断适应社会发展的需要。在集权制社会，体育课程往往强调的是社会的需求，注重政府职能部门对体育课程的控制，强调体育教师在体育课程实施过程中的作用。随着社会的进步和经济的发展，体育课程中社会本位和学科本位的特色就可能日趋淡化，取而代之的是更加尊重学生的主体地位。有学者提出，跨世纪的体育呼唤人文精神，要求人类必须学会关心人，以人为本。我们要再一次弘扬人文精神，抗击高度发达的工业社会给人类造成的身心异化，抗击复杂的经济关系和信息网络给人类的精神和体质造成的负面影响，要避免体育无“人”的现象，使体育成为维护人类身心健康的最有益的方式。

坚持以人为本、全面实施素质教育是教育改革和发展的战略主题，是贯彻党的教育方针的时代要求。核心是解决好培养什么人、怎样培养人的重大问题，重点是面向全体学生、促进学生全面发展，着力提高学生服务国家服务人民的社会责任感、勇于探索的创新精神、善于解决问题的实践能力。在这样的时代背景下，体育课程的三种价值取向越来越呈现出相互依存、相互作用、走向融合的趋势。不过，融合三种课程价值取向并不是把三者合并成为一元，建立起一种“大一统”的体育课程价值体系，而是充分尊重多元价值观念基础上的多元价值的和平共存、多元共生。体育课程的价值取向应努力适应新时代的变革要求，在坚持以人为本的基础上，吸收各种不同课程价值取向的优点和长处，扬长避短，走三种课程价值取向有机融合的道路，这才是课程价值取向正确的发展方向。

第二节　体育课程实施价值取向的互补与调适

讨论体育课程实施的模式，必须探讨体育课程实施的价值取向，因为不同的价值取向意味着对体育课程实施本质的不同认识，进而决定着体育课程实施过程中的目标制定及具体的课程行为。体育课程实施的价值取向不同于体育课程的价值取向，前者主要针对方法学层面和操作层面，而后者则针对目的性层面和价值追求层面。对体育课程实施过程中教师、学生、教材、课程情境等课程要素及课程计划与课程实施过程之间关系认识的不同，往往会形成不同的价值取向。例如，在体育课程实施过程中，有人认为应该尽可能忠实地执行体育课程计划和体育课程方案，也有人认为应该根据具体的课程情境做出相应的调整，还有人认为应该根据自己的理解和认识对课程方案进行进一步的开发和创生。上述三种观点分别代表着三种基本的价值取向，即“忠实取向”“相互适应取向”和“课程创生取向”。[①]

一、忠实取向

课程实施的忠实取向（fidelity orientation）认为，课程实施过程就是忠实地执行课程计划的过程。衡量课程实施成功与否的基本标准是课程实施过程实现预定的课程计划的程度。实施程度高，则课程实施成功；实现程度低，则课程实施失败。由于忠实取向把课程变革视为从制订课程变革计划到实施计划、从课程变革计划的制订者到计划的实施者之间单向的线性过程，强调课程变革的决策者和计划制订者对课程实施者的有效控制，因此，这种取向在本质上是受“工具理性”支配的。

忠实取向认为，课程知识主要是由课程专家在课堂之外用他们认为是最好的方法为教师实施课程计划而创造的。这些课程专家通常由学科教学法专家、学科专家、课程委员会成员、教育行政官员和出版商等组成。处于教育实践情境中的教师的知识经过课程专家的选择，也可成为课程知识的一个来源，但教师的知识仅被用于课程开发的过程，而不是用于课程实施的过程。所以，在学校真正被实施的课程无非是专家预先确立的课程知识的具体体现而已。忠实取向的课程知识是由课程专家创造、选择和提供的，并由教师在学校的课程实践中传递给学生，但一线教师对课程知识的创造和选择没有真正的发言权。

从课程实施的忠实取向来看，体育课程变革就是一种自上而下的单向度的线性过程，即由政府职能部门组织的体育课程专家在课堂外制订课程变革计划，体育教师在课堂中实施课程变革计划。在通常情况下，政府职能部门组织的专家主要由高等学校的资深教授组成，他们对中国学校体育的发展脉络有着深刻的认识，对体育课程的研究有着常人难以企及的理论高度。经过体育课程专家们精心研制的体育课程变革计划以“体育与健康课程标准”为核心标识，再辅以地方课程方案，最终成为在学校层面予以实施的系列“文本课程”。在忠实取向看来，体育教师的角色被定位于课程专家所制订的体育课程变革计划的忠实执行者，是体育课程的“消费者”，他们的任务是忠实地把课程专家编制的“文本课程”付诸实践，他们应当按照专家们对课程的“使用说明”，循规蹈矩地实施课堂教学。作为课程执行者，体育教师对课程变革的成功与否起着承上启下的传递作用。如果体育教师不能真切地理解课程专家的意愿，不能按照预设的“文本课程”实施教学，那么，体育课程愿景就将大打折扣，体育课程改革的目的也就难以实现。

---

① 张华．课程与教学论[M]．上海：上海教育出版社，2000：335-347．

二、相互适应取向

课程实施的相互适应取向（mutual adaptation orientation）认为，课程实施过程是课程计划与班级或学校实践情境在课程目标、内容、方法、组织模式诸方面相互调整、改变与适应的过程。由于相互适应取向把课程变革视为课程变革计划与具体实践情境之间交互作用的过程，强调课程变革的决策者、计划制订者与课程实施者之间的相互理解和对变革意义的一致性解释，强调课程变革的过程性和复杂性，因此，该取向在本质上是受“实践理性”支配的。

相互适应取向认为，课程不仅包括体现在学程、教科书或变革方案中的有计划的具体内容，而且还包括学校和社区中由种种情境因素构成的谱系，这些情境因素会改变课程变革方案。课程实施绝不是课程计划在课程实践中的简单“装配”，它应当包括变革方案在目标和方法上的调整，参与者在需要、兴趣和技能方面的变化以及组织的适应。如果说忠实取向视野中的课程知识是由课程专家在学校或课堂外创造的话，那么相互适应取向则认为，课程知识是广大的、复杂的社会系统中的一个方面，实践者（教师）所创造的课程知识与专家所创造的课程知识是同等重要的。不论课程是从哪里创造出来的，在实施过程中都必须做出调整。不断调整以求相互适应，这是课程知识的一个基本特征。

如果说忠实取向视野中的体育教师不过是体育与健康课程标准等预设课程变革方案的被动“消费者”的话，那么，相互适应取向视野中的教师则是主动的、积极的“消费者”。为了使预设的体育课程方案适合具体实践情境的需要，教师理应对之进行改造。体育教师对预定课程方案积极的、理智的改造是课程实施成功的基本保证。改革开放30多年的辉煌成果使我国学校体育发生了翻天覆地的巨大变化，但各省市（区）之间、各地区之间、城市学校与农村学校之间、即使是同一地区的不同学校之间，其体育课程情境也是千差万别的，而且这种不平衡性在短时期内是很难消除的。这就需要体育教师在真切理解国家体育课程愿景的基础上，根据学校具体的体育课程情境予以创造性实施。

三、课程创生取向

课程实施的创生取向（enactment orientation）认为，真正的课程是教师与学生联合创造的教育经验，课程实施本质上是在具体教育情境中创生（enact）新的教育经验的过程，既有的课程计划只是供这个经验创生过程选择的工具而已。由于课程创生取向把课程变革、课程实施视为具体实践情境中教师与学生创造和开发课程的过程，视为教师与学生个性成长和完善的过程，它强调教师与学生在课程变革中的主体性和创造性，强调个性自由与解放。因此，该取向在本质上是受“解放理性”支配的。

课程创生视野中的课程是教师与学生联合创造的，并且是教师与学生实际体验到的经验，因此，这种课程的性质就是地道的体验课程。这种课程是情境化的、人格化的，因此，课程采用、实施的技术化、程序化的特性就被彻底消除了，课程实施再也不是就最初的课程计划“按图索骥”的过程或稍事修改的过程，而是一个真正的创造过程。这使得课程实施在某种程度上背离了最初的含义。课程创生取向认为，课程变革是教师和学生个性成长与发展的过程——思维和行为上的变化，而不是一套设计和实施新课程的组织程序。课程变革包含“真正的重构”：人的思维、感情、价值观都必须变革，而不只是变革课程内容和资料。成功的课程实施需要接受课程变革参与者的主体性，并给予充分理解。教师连同其学生成为建构积极的教育经验的主体,课程创生的过程即是教师和学生持续成长的过程。如果人的心灵是一支需要点燃的火炬，那么课程专家就是教师的教师——他们点燃了教师的心灵之炬，教师再用其心灵之炬点燃学生的心灵，从而共同汇集成熊熊的课程智慧之焰。在课程创生取向的视野中，体育教师被赋予了“双肩挑”的双重角色，他们既是体育课程的实施者，又是体育课程的开发者。课程实施的创生取向有利于发挥体育教师的课程智慧，更加贴近具体的体育课程情境，但也对体育教师的实践工作提出了更大的挑战。因为它要求体育教师不仅要掌握体育课程实施的各种运动技术和专业技能，还要具备体育课程开发的意识和能力。这对现有的体育师资队伍来说，无疑是超越现实的。

四、三种取向的互补性及其在体育课程实施中的调适

上述三种课程实施的价值取向是20世纪90年代初美国课程学者辛德尔、波林和所姆沃特（J. Snyder，F. Bolin & K. Zumwalf）的研究成果。这一成果在很大程度上概括了人们在课程实施过程中对各种课程因素及课程计划与课程实施之间关系的认识。在体育课程的实施过程中，试图寻求一种最佳的价值取向，那是不现实的，因为三种价值取向从不同侧面揭示了课程实施的本质，各有其存在的价值和适应的范围，也都有着各自的局限性。三种价值取向之间存在着较强的互补性，体育课程的实施过程并非要在三种价值取向中进行非此即彼的抉择，而是要对三种价值取向进行取长补短式的合理调适。

忠实取向把体育课程实施过程视为忠实地、一丝不苟地实现课程计划的过程，强调体育课程政策制定者和体育课程专家在课程变革中的作用，有助于国家意志的贯彻，保证了国家体育课程计划的权威性和严肃性，采取自上而下的课程实施方式有助于确保国家体育课程改革的有效落实。不过，由于忠实取向把体育课程改革视为线性地实施预定体育课程计划（主要是体育与健康课程标准）的过程，使体育课程实施变成了一种机械的、技术化的程序，因而抹杀了体育课程改革的直接参与者——教师和学生的主体价值。

相互适应取向把体育课程改革视为决策者和计划者与执行者和实施者之间相互改变、相互适应的过程，认为根据体育课程情境的现实状况把“计划的课程”变为“修改的课程”是成功的课程实施的基本要求。体育课程实践情境之外的体育课程专家和行政人员与实践情境之中的教师共同推动着体育课程改革。在相互适应取向看来，体育课程实施不是体育课程决策者和计划者对实施者的控制过程，而是参与者之间的民主交往过程。在这个民主交往的过程中，每一个参与者的主体性都获得了尊重与提升。教师和学生不仅不应该被排除于体育课程改革之外，反而是体育课程实施的主体。不过，相互适应取向本身不是十分清晰，带有折中主义色彩，它在兼有忠实取向和创生取向优点的同时，也不可避免地有着自身的局限性。

课程创生取向把体育课程实施视为教师和学生个性发展和成长的过程，是教师和学生共同创造适合其发展需要的体育经验的过程。因此，个性发展才是体育课程实施的标准。预定的体育课程计划不过是课程创生过程的资源之一，只有经过师生的共同解释，转化为真实体验的体育经验的时候，它才有真实意义。课程创生取向在把处于具体教育情境中的教师和学生在课程开发、课程创造、课程实施中的主体性解放出来的同时，也对教师和学生提出了很高的要求。它要求教师不仅要善于对专家开发的体育课程做出正确的理解、判断、选择和解释，更要善于根据具体课程情境的特殊需要创造自己的课程，甚至要求学生也成为体育课程的开发者和创造者。从我国当前的现实情况来看，这难免带有较为浓厚的理想主义色彩。

从体育课程实施的价值取向来看，忠实取向、相互适应取向和创生取向有着各自的特点和适用之处，三种价值取向并不是绝对排斥和对立的关系。忠实取向强调忠实执行新的课程方案和课程标准，注重按部就班；相互适应取向强调课程实施不是单向的传达和接受，而是双向的相互影响与改变，注重体育课程实施与具体课程情境的结合；创生取向强调真实的课程情境，注重教师和学生的主体性和创造性。在建构主义课程观影响下的体育课程改革，越来越强调教师和学生在体育课程实施过程中的主体价值，这无疑是一种进步，但如果就此走向另一个极端，片面否定忠实取向的价值，那势必滑向矫枉过正的误区。事实上，虽然课程创生取向代表世界体育课程实施的发展方向，但就现阶段我国的现实情况来看，忠实取向和相互适应取向仍然是我国体育课程实施过程中的两种主流取向。

第三节 国外主要体育课程模式实施类型及启示

体育课程实施是指把《体育与健康课程标准》和课程方案等文本课程付诸实

践的动态过程，是达成体育课程目标的实质性环节。当前，我国体育课程目标的达成效果并不理想，体育课程实施模式不甚科学是造成这一状况的主要原因之一。为此，我们对国外体育课程实施模式进行研究，以期为我国体育课程实施提供借鉴。当然，国外体育课程实施模式多种多样，我们无法穷尽千姿百态的实践原型。所以，我们根据体育课程实施的目标导向，概括了几种国外常见的体育课程实施模式，为国内体育课程实施模式的构建提供参考和启示。

一、国外体育课程实施模式的主要类型

各个国家体育课程的目标和内容标准都会有所差别，因而在体育课程实施中自然也会有所不同。根据体育课程的目标和内容标准的主要导向的差异，可以划分出不同的体育课程实施模式。下面主要探讨以技能习得为导向的模式、以体能教育为导向的模式、以心理感受为导向的模式和以生命安全为导向的模式 4 类体育课程实施模式。

（一）以技能习得为导向的体育课程实施模式

1．以技能习得为导向的体育课程实施模式概述

技能习得主题取向的体育课程，基于主题实施教学，是新课程倡导的一种课程和教学理念。体育课程可以通过技能主题进行教学，建立起体育的焦点，关注具体技能的获得和这些技能在不同环境中的运用。从小学阶段起，通过课程设计，提供发展性的、教学性的、反映学生需求和兴趣的适当的经验，促进学生在各种不同的运动技能（如走、跑、跳、攀爬等人类基本的活动技能）、操纵技能（操纵器材的各种运动技能）和无操纵技能的学习，以此来表现技能主题取向的特征。技能主题取向是为了理解、熟练掌握和应用而采用的技能和概念的教学方法，它是一种基于对课堂上学生不同发展水平的认识、对适合于学生发展水平的内容的选择；它是一种引导学生走向积极参与体育活动的生活方式、促进学生能力和自信发展的技能的选择。技能主题教学是技能和运动概念的结合，技能的获得是通过在技能习得和应用之间架设桥梁而实现的。

20 世纪 40 年代，拉班（Rudolf Laban）提出了一个运动技能分析框架理论，他从身体意识、空间意识、运动方式和关系 4 个维度将运动技能分成不同的种类和细目。20 世纪 60 年代后期和 70 年代初期，美国体育界开始以拉班（Rudolf Laban）的运动技能分析框架为核心，关注技能的获得和影响运动（动作）控制的原理，着重强调影响行动和技能的运动技能概念。运动技能教育提供了一种对孩子有效的课程和教学形式。在早期的体育环境中，课程会给孩子们带来丰富的运动经验，为每项任务提供多元的体验，在许多环境中学习基本技能和概念，用多样的方法解决运动技能的挑战。

2．具体模式实施状况

（1）运动教育模式。20 世纪 80 年代初，运动教育模式由美国著名学者西登托普正式提出，经过多年的发展，该模式成为一种较为完善的课程与教学模式，目前已广泛使用于新西兰和澳洲，中国台湾地区也较早引进了运动教育的理念指导课程和教学。运动教育模式有着良好的教学效果，在培养学生的运动知识、技能、社会适应性以及终身体育观的形成上有着独特的作用。运动教育模式以“游戏理论”的运动教育理论为指导思想，以教师直接指导、合作学习和伙伴学习为学习方法，以同定分组、角色扮演为组织形式，在整个教学过程中以比赛为主线，给不同运动水平的学生提供真实的、丰富的运动体验。运动教育模式的目的是通过最为真实的运动情境使学生得到全面的运动教育，使之成为有运动能力、有运动素养和热情的运动参与者。

运动教育模式不仅教学生某项活动技术方面的内容，而且还教有关这项活动的知识和背景。其目标非常明确：一是教学生运动技术以及发展学生完成这些技术所需要的身体素质；二是使学生能够欣赏和运用战术；三是让学生参与体育活动；四是使学生能够计划和管理某项竞技体育活动；五是使学生能够作为领导，具备领导的才能；六是使学生能与同伴合作；七是尊重传统，即了解某个项目是怎样发展的，为什么会有这些传统习惯。

1）运动教育模式历史沿革。运动教育的发展大致经历了三个阶段：第一阶段从 1968 年到 1982 年，是运动教育思想理论的萌发期，这一阶段奠定了运动教育的思想基础，实现了从游戏理论到游戏教育，再到运动教育理论的飞跃。这一时期，西登托普的运动教育思想正在酝酿之中，经历了从理论到实践、从游戏到运动、从一般性的身体活动到运动文化、从游戏理论到游戏教育的思想萌动。第二阶段从 1983 年到 1993 年，是运动教育模式的建立期，经过初步的实验形成了运动教育模式的教学过程和教学方法。经过 14 年的理论探索和实践研究，1982 年，西登托普在澳大利亚布里斯班召开的运动联邦会议（The Commonwealth Games Conference in Brisbane）第一次提出了运动教育（Sport Education）的思想。之后，他以此理论为指导进行了实验研究。虽然这种新型的模式在刚刚提出时遭到了批评，也经历了彷徨，但最终还是建构成为一种全新的、有强大生命力的教学模式。第三阶段是成熟发展时期。1994 年，西登托普的专著《运动教育——通过积极的运动体验提高教学质量》的出版标志着运动教育进入成熟发展时期。在运动教育模式的成熟发展期，其思想内涵、教学过程结构、教学方法体系和评价体系越来越完善和成熟。在这个时期，运动教育的思想已不止西登托普个人推崇，它已成为备受世人关注的著名教学模式之一。例如，美国佐治亚州立大学教授、著名体育教育模式专家迈克尔·麦兹勒（Michael W. Metzler）在其专著《体育教学模式》

一书中，将运动教育模式作为当代美国最为知名的体育教学模式加以介绍。

2）运动教育模式的特征。运动参与的多元化是运动教育模式的特色，在运动教育模式中，包括运动员、教练员、裁判员、记分员、训练员、管理员、宣传员、记时员、统计员、捡球员、发令员和识别员等多种角色。还可以根据许多有趣的事情添加角色，使比赛变得更复杂，并且多让学生在各个角色之间轮换。这样，学生会在扮演各种参与学习和比赛角色的过程中，全面体验和学习运动，进而懂得公平竞赛、了解该运动其他领域的知识和技能、很好地胜任领导和队员的职位。同时也可为体育教育工作者提供一种方式去帮助学生懂得公平竞赛的价值、尊重组织者、尊重对手、欣赏精美的比赛。这种教学模式与学生的现实生活比较相近，比如，在现实生活中，部分学生有可能更喜欢裁判的角色等，让学生有机会尝试各种角色，有利于从生活方式方面培养学生。

运动教育模式的核心就是通过降低竞技运动的要求和难度，以学习小组的方式培养学生的综合学习能力，对比赛和其他活动进行改动，例如，使比赛得分变得更加容易；减缓球或物体移动的速度；减小运动队的规模，增加积极参与练习的机会；在同一比赛中，采用等级赛，产生难度不同的等级比赛等。这样可以使学生相应的技能水平和已获得的运动经验得以合适的发展。通过修改比赛方式，使比赛适合学生的身心发育特点，可使学生更好地参与到比赛或活动中去。运动教育模式具有 6 大特征，具体如下：

第一，运动教育模式中使用的是运动季，而不是传统的体育教学单元，一个运动季包括练习期、季前赛期、正式比赛期和有最终比赛的季后赛期，赛季的长度应不少于 20 节课。

第二，学生在运动季里可以自由组成学习小组，体育教师也可以根据学生的能力进行团队分组。在整个运动季中，学生们应以固定的团队联盟（或学习小组）来进行学习，他们一起拟定比赛策略、练习技术、体验成功与失败、创造小组的特色文化、捍卫小组的荣誉。

第三，运动季主要由正式比赛赋予真正的含义，这种正式的比赛穿插在各部分练习中，比赛主要采用对抗性练习、循环竞赛、联赛等形式。

第四，运动的本质是竞争，最终赛事要为运动员提供这样的机会。运动教育模式要求以最终比赛来结束整个运动季，最终的比赛要营造欢庆的气氛和提供全体参与的机会。

第五，运动教育中记录的内容多种多样，如记录击球率、投中的次数、比赛的名次、时间、距离等。可以提供机会记录的有战术学习、小组学习兴趣的提高、比赛结果的公布及评价等。记录简单或复杂，要依据学生的能力来进行。

第六，庆祝活动主要包括运动员的宣誓、邀请特别来宾、颁奖典礼、比赛场地的装饰、拍摄录像带等，这些活动可以有力地增强参与者的运动文化意识和积极参加活动的热情。

3）运动教育模式的实施情况。自从西登托普提出运动教育模式后，运动教育模式深受西方发达国家的重视和推崇。中国台湾地区也较早引进了运动教育模式的理念指导课程和教学，教师普遍认为运动教育模式比传统的体育教学模式效果好。目前，大量的研究已经证明，运动教育模式在培养具有良好运动技能、热爱运动、具有良好运动文化素养的人等方面具有积极的作用。运动教育模式除了培养学生的运动兴趣、提高学生的运动技能水平之外，特别强调使学生理解掌握运动的价值、规则、惯例、文化和传统等各方面的知识。运动教育强调的是大众的参与，教学的内容要与学生的发展相适应，学生要尝试不同的角色。

2004 年 10 月，西登托普先生来华讲学，我国在 21 世纪初就有运动教育模式的研究，一些教师还在篮球、排球、武术、乒乓球等项目的教学中进行了实验探索。但是这一教学模式在我国的体育教学过程中应用和推广得很慢，这与我国的体育教学现状有关。一方面我国的基础技能教学水平不高，另一方面，我国的体育教学采用的还是传统的体育教学模式，以教授学生运动技能为主。

运动教育模式在国外很多项目中得到了广泛应用，下面从羽毛球和足球两个项目来了解一下该模式的应用（见表 3-3，表 3-4）。

表 3-3　20 课时的羽毛球教学内容计划

课时	班级活动
1	介绍羽毛球发球和击球技术，允许大量的学生练习来评价技能水平、挑选队长，描述班级组成形式
2	介绍击球和扣球技术，持续练习，队长帮助队员评价技能水平
3	队长和教师商量组队，宣布队伍组成，指定所属场地，解释比赛形式，张贴比赛计划，观摩羽毛球录像，解释战术和计分规定，在球队本场练习，各个队伍选择队名
4	球队练习入门技能，老师评述关键技术的基本要点（发球、回球、扣杀），队长率领本队在本场练习，队内进行“混战”累积记分，比赛结束时，队员聚集在一起欢庆
5	解释责任队职责，对执法和计分进行解释，队员进行混战练习，队友练习执法和记分
6	在本场进行技能练习，最初的“混战”用于球队练习热身比赛和担当责任队角色，所有比赛都是定时，教师评述混战中观察到的技战术问题，球队统计员把比赛结果带回家，进行比赛数据统计
7	在本场进行技能练习，（A / B）球队决定队员开始时的单打比赛出场顺序，（A 对 A、B 对 B、C 对 C）与其他同水平球队进行混战
8	单打回合比赛，1 对 2、1 对 3、2 对 3 拉力赛
9	单打比赛回顾，双打战术介绍，在主场的双打团体练习

续表

课时	班级活动
10	在主场的技术练习，观看双打的录像，双人练习赛；在所有球场上都是 A 对 A，B 对 B
11	技术练习，责任队伍职责回顾，混战比赛，队伍做关于双打配对的最后决定
12	双打比赛，1 对 2、1 对 3、2 对 3 拉力赛
13	回顾双打比赛，描述锦标赛回合的形式，队伍在本场练习
14	队伍在本场练习，队伍给锦标赛做最后的安置
15	混战比赛
16	队伍训练，A 水平和 B 水平选手的单打锦标赛，正常记分
17	队伍训练，C 水平和 D 水平选手的单打锦标赛，正常记分
18	队伍训练，A 水平和 B 水平选手的双打锦标赛，正常记分
19	队伍训练，C 水平和 D 水平选手的双打锦标赛，正常记分
20	羽毛球技术的娱乐，颁奖典礼

表 3-4　美国小学 4～6 年级 10～12 次足球课

幻灯顺序	幻灯片内容解释
1	上课地点在室内体育馆（在室内上课以便节省时间、足球门画在墙上）
2	学生热身运动（热身运动内容教师以海报的形式贴在墙上）
3	学生领做热身运动（教师在学生做热身运动时放一些音乐）
4	技术练习要求（运球、颠球等要求内容教师以海报的形式贴在墙上）
5	运球、颠球等技术练习（学生根据不同水平使用不同质量的足球）
6	技术练习（学生扮演教师角色帮助同学进行技术练习、教师在旁指导）
7	半场比赛 1 对 1、2 对 2、3 对 3、5 对 5 的要求（要求内容教师以海报的形式贴在墙上）
8	同学们在一起研究技术、战术
9	半场比赛 1 对 1（技术、战术逐渐增加难度）
10	比赛用品，区分队标识的背心等
11	教师安排比赛，教师与各队队长交流
12	裁判用的篮子（里面装有裁判用品），同学担任裁判、记分等工作
13	半场比赛 1 对 1（换上比赛队服），守门员练习等
14	半场比赛 2 对 2 等（改变比赛规则，如放大球门增加进球机会）
15	不同项目的同学更换项目、交换队服等（要求 2 分钟完成，节省时间）
16	更换项目、交换队服后的练习
17	半场比赛逐渐增加人数
18	比赛过程中，教师发现问题要即时叫暂停进行讲解（教师始终发挥主导作用）

（2）运动技能模式。运动技能模式在民主德国和中国具有广泛的市场。

1）民主德国运动技能教学模式。民主德国运动技能教学模式是一种以传授运动技能为主，以操作条件反射与强化理论为依据，按照控制论的原理设计实施的体育教学模式。该模式依据控制论原理，将体育教学视为一个复杂的动态系统，注意教学中各相关要素的相互作用，并依据运动技能形成的操作条件反射与强化原理，设计教学过程结构。在体育教学目标定位上，该模式将传习运动技术技能知识作为主要目标。在过程结构方面，该模式强调教师在教学中的主体地位，学生对教学信息的接收和加工都必须在教师的监督下进行。教师不断地提供反馈，调控教学活动，而学生依据教师提出的内容和安排的教学程序进行练习，并根据教师提供的反馈信息对动作加以修正、完善。该模式有利于运动技能的系统传授和教师有效地组织、调控教学，其教学效果取决于教师的运动技能水平、教学艺术水平，因此对教师的运动技能水平、指导水平要求相对较高。同时，由于技能的掌握需要学生付出坚持不懈的努力，因而对学生学习的自觉性和积极性也提出了一定要求。

2）中国运动技能传授模式。中国的运动技能传授模式是一种以运动技能教育观为指导，以运动技能的形成规律和认知规律为主要依据来设计教学过程结构的模式。在我国体育教学领域中，它长期居于主导地位。

在指导思想方面，受原苏联教育家凯洛夫教育理论的影响，强调依据学生的认识规律和运动技能形成规律，向学生传授体育知识、技术和技能，重视教师的主导作用。

在目标方面，重视学生对运动技能的掌握，将学生掌握运动技能作为教学的主要目标，并通过运动技能的学习和掌握过程来完成发展学生体能和思想品德教育等教学任务。这是我国体育教育手段论的突出体现，明显有别于美国、德国的目的论教育观。

在教学过程结构方面，这一模式的教学过程主要遵循“感知—理解—巩固—应用”的认知规律和“泛化—分化—定型—自动化”的运动技能形成规律，通过教师的讲解、示范及运用相应的直观教学手段，使学生有一定的感性认识，然后在教师的组织和辅导下经过反复的练习和运动实践，使学生逐步掌握运动技能。

在师生关系处理方面，强调教学中教师的主导和支配作用，整个教学活动在教师的掌控之下，教师是教学的灵魂与主要动力源泉，教师规定教学目的任务、要求、练习时间、速度和频率以及进行评定等，学生只要认真接受教师的命令和要求，教学即可顺利完成。这与美国的学生积极参与教学设计和策划，学习过程中积极发挥创造性的参与有较大区别。与德国的强调学生主动参与、体验运动，形成自主运动意识、自我发展个人体育能力等也有很大差异。

该模式的教学效果取决于教师的运动技能水平、教学艺术水平（教学方法、手段运用的有效性）和学生的学习自觉性及原有的体育基础。

长期以来，我国沿用了以教师为主导的传统体育教学模式，在教学方法方面显得单一、枯燥，教学效果不佳，挫伤了学生学习的积极性和主动性，直接导致学生喜欢体育运动而不喜欢上体育课。

（二）以体能教育为导向的体育课程实施模式

体能（physical fitness）一词最早源于美国。从广义上讲，它是指人体适应外界环境的能力。在英文文献中，常被用于表达身体对某种事物的适应能力。例如，fitness for competition and win，fitness for life activity。德国人将之称为工作能力，法国人称之为身体适性，日本人称之为体力，中国香港和台湾地区的学者将之翻译为“体适能”，这一概念得到了华语流行国家和地区体育学术界的认可。

1879 年，美国著名的体育教育家萨金特（Dudleh Sargent）博士在哈佛大学任教期间制订了身体训练大纲。通过制订适合于个人的运动处方来增进其体质和改善身体各器官的功能，并达到最好的身体条件——体适能。1958 年，美国健康、体育、休闲协会在其提出并建立的青少年体适能测试“National Youth Fitness Test”中正式使用了“physical fitness”（体适能）一词，用以整体反映个人从事体力活动有关的各种身体活动能力，其内容包括 600 码（1 码=0．9144 米）跑走、仰卧起坐、引体向上、立正跳远、50 码快跑、折返跑和垒球掷远 7 个项目。人体适应能力是各种内在与外在活动能力的总和，体适能是其中一部分，包括个性特征和各种运动能力的表现，如肌力、耐力、柔软度、动力、敏捷及速度等。1996 年，美国健康与服务部将体适能定义为人们所具有的或者获得的与其完成体力活动能力有关的一组身体要素，他们认为，具有良好体适能的人能够以旺盛的精力执行每天的事物而没有过度疲劳，以充足的活力去享受闲暇时间的各种休闲活动并能适应各种突发事件。

目前，关于体（适）能的权威定义是：体（适）能是人体对环境适应过程所表现出来的综合能力。体能包括两个层次：健康体能和运动体能。健康体能以增进健康和提高基本活动能力为目标，运动体能以追求在竞技比赛中创造优异运动成绩所需体能为目标。

1．以体能为导向的体育课程实施模式概述

提高学生的体质和健康水平，是体育课程的一大功能。学生的身体健康水平与其体能状况紧密相关，而良好的体能是通过持之以恒的锻炼获得的。体能的发展是可逆的，学生在学校经历体育教育的时间是有限的，如何在有限的体育课程中帮助学生建立起体能与健康的知识、技能、态度和方法，是体能教育的目标。

在这种模式中，学生参与到教室、实验室和身体锻炼活动中，这样的身体活动经验被合理、协调地安排来强调如何和为什么要保持体能。教师要持续关注学生身体活动的过程而不是体能锻炼的结果，帮助学生发展维持一生的身体活动和适合于健康的体能所必需的知识和技能。学生完成了一个或几个体能课程后，课程方案应当提供一个完整的体能教育课程内容给学生，并能从中做出选择，让他们能够对体能健康有一个更整体而深刻的理解，而不仅仅是学生按照教师的要求经历了些许具体的体能锻炼、达到短期的体能状况改变目标，否则一旦学生离开学校就不会、不愿自我决策和独立发展自己的体能水平。所以，体能教育的方法主要致力于发展学生终身体育活动的习惯，通过“帮助学生构筑体能”，而反对“给予学生体能”。体能教育提供给学生发展健康行为习惯的机会，同时使学生理解这些习惯对于他们一生的重要性。在此基础上，学生发展制订个人终身体育活动计划和执行计划所必需的知识基础和技能，使学生从依赖外在的教学和动机的状态转变为独立的内在激励和决策状态。阶梯式终身健康体能提供了一个展示这种进步和改变的简明图解（见图 3-1）。

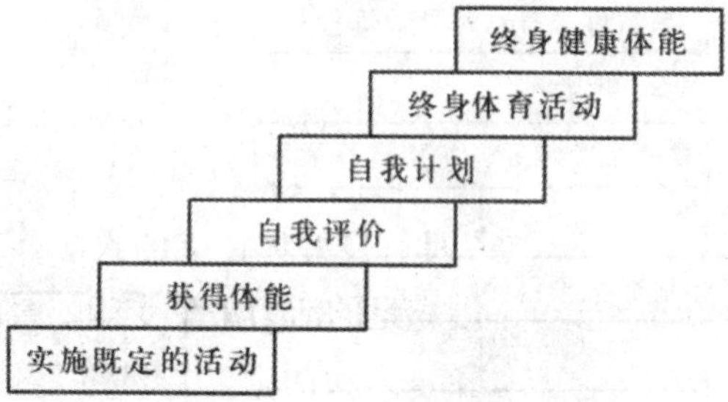

图 3-1　阶梯式终身健康体能

一名教师想要成功地帮助、促进学生提高梯级层次，应当放弃控制，让学生自己去做出决策。但是，这个教师应随时帮助、指导学生做出现实的个体活动选择和发展可达成的活动和体能目标。

2．具体模式实施状况

（1）美国的体适能。体适能教育模式以体质健康的追求为体育课的目标。近年来，终身体适能在西方国家非常流行。在这一趋势倡导下，美国构建了体适能教育课程模式（见图 3-2）。终身适能法是体适能教育模式最常使用的方法，内容多为构成体适能的因素，如力量、耐力、柔韧等。此方法在教学方面强调讲解、实验和拟订合适的运动计划，帮助学生学习有关体适能的活动，让学生变为良好的体适能设计者和问题的解决者。体适能教育模式的重点是传授体适能的知识、观念给学生。研究发现，体适能教育的课程能增进知识，提供学生活动的、让未来的生活成为终身活动的形态。目前，与体适能教育模式较为类似的是全人健康（wellness）模式。全人健康模式比体适能教育模式更容易理解。全人健康强调持续性，是人一生健康的持续，是健康防护的方法，是体适能教育模式的延伸与发展。全人健康模式和体适能教育模式都重视对体适能和全人健康的知识和了解。不足是该课程花费在讲解和分析上的时间较多，学习身体技能的时间较少。

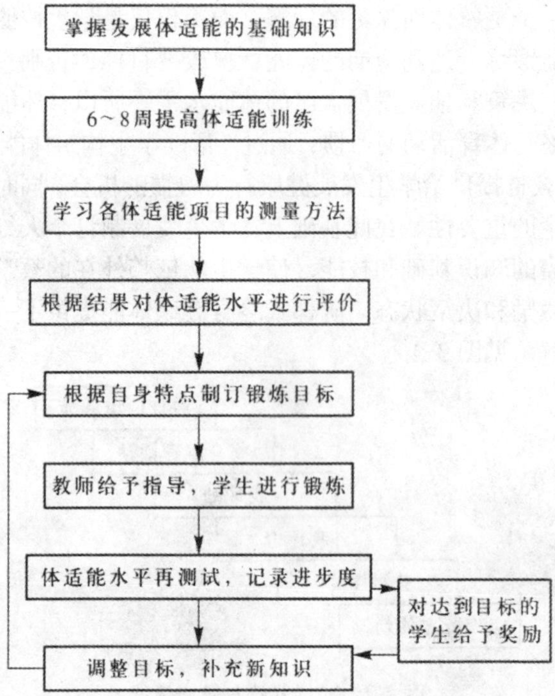

图 3-2　健康体适能课程模式（或操作程序）

从图 3-2 可以看出，该课程模式着重对学生自我学习能力和自信心的培养。学生要自定目标、自我检测，根据测试结果调整自己的目标和计划，然后继续锻炼。并且它根据不同学生的实际进步情况进行奖励，而不是仅仅奖励最优秀的学生，因而能够充分激发所有学生的内在动机，调动学习积极性和树立成就感。这些均与其终身体育的个体化目标相吻合。

美国学者和体育教师认为，提高学生的体适能水平是学校体育极为主要的目标之一。对小学生而言，学习的重点应放在对身体素质组成部分的认知上，并且在参加提高身体素质的体育活动中得到乐趣。中学生应对身体素质各组成部分有更进一步的了解，知道各组成部分的重要性及发展和保持各部分健康的方法。高中生应能设计发展自己身体素质的方案，使自己提高或保持健康水平。

为此，美国库珀研究所的专家经过多年研究制订了《体适能纲目》

（*Fitnessgram*），作为编制体育课程标准和相关教材的参照依据。《体适能纲目》的基本理念是“HELP”，主要关键词有，第一，健康（Health）。来自学生经常参与体育活动，促进健康体适能的发展；第二，每名学生（Everyone）。身体活动和体适能的提高，每名学生都必须做到，不论其年龄、性别和能力；第三，终生（Lifetime）。学生参与身体活动和体适能的提高伴随终生，旨在发展终身体育；第四，个体（Personal）。《体适能纲目》是为满足学生个人的需要和兴趣所设计的，把 4 个关键词的第一个英文字母组成一个词，即“HELP”（帮助之意），其内涵是经常鼓励学生参与体育活动，发展体适能，帮助每个学生终身受益。[①]

《体适能纲目》的突出特点是用科学的测定标准衡量学生的体适能水平，这些标准是专门为男女学生设计的，只是随着年龄的变化，负荷量是不同的。经常参加身体活动（增强肌肉群的有氧运动），有助于改善学生的有氧代谢能力，保持健康的身体成分。体育教师使用的体适能测定项目记分卡（见表 3-5）。

表 3-5　体适能测定项目记分卡

姓名：　　　　年龄：　　　　身高：　　　　体重：　　　　教师：

体适能内容	测试项目	秋季得分	自我表现	我的目标	春季得分	自我表现
心肺耐力	步行（测步仪）					
肌肉力量	俯卧撑					
肌肉耐力	仰卧起坐					
灵活性	俯卧挺上身					
柔韧性	坐位体前伸					
身体成分	身体质量指数					

（2）中国香港地区体适能。在中国香港地区，随着集健身和娱乐于一体的“最佳体适能”的国际趋势，1998 年，香港教育部门在编制的课程纲要中将体适能列入显著位置，作为必修单元的内容，大大增加体适能的课时比例，并且对体适能活动核心单元的建议节数和主题都做了明确的安排。在设定“健康体适能基础活动”的主题中，要求达到的目标是：学生能够分辨和体验正确的健康体适能动作，包括心肺耐力、肌力和肌耐力及柔韧性的活动，并应用 FTTT 原理计划来安排健康体适能的活动。此目标要求掌握有关技能与了解常识并进。在 8 节的建议课时中安排掌握技能方面的教材内容有：第一，心肺耐力：心肺耐力游戏、心肺功能练习方法、慢跑步行、跳绳；第二，肌力及肌耐力：徒手练习、器械练习；第三，伸展：各主要肌肉的静态伸展。

在了解常识方面有体适能动作的安全守则、热身及整理运动、FTTT 的应用

① 宗湖．美国体育教师关注的一个词——体适能[J]．体育教学，2008（1）：41-42．

及活动的选择与影响因素。在主要用作辅助、深入学生学习的选修单元中，安排了两个各为 4 节的延伸单元，其主题有两个方面：一是心肺耐力的测量与评估方法；二是肌力、肌耐力及柔韧性的测量与评估方法。就这两个主题在技能和常识方面分别安排了明确而具体的教材内容。

（3）日本的体力主义。在日本体育课程演变过程中，1968—1977 年是体力主义时期。20 世纪 60 年代，伴随着经济回升和生活水平的提高，日本青少年的体格有了显著改善。但是体格的发展并未带来体力的提高。日本青少年 1964 年的体力数据和 1935 年相比，不仅没有提高，反而降低了，这引起了日本朝野的重视。到了 1964 年东京奥运会期间，人们才认识到日本青少年的体力和世界各国相比也有差距，社会各界要求重视青少年体力发展的呼声日益高涨。1964 年 12 月，日本内阁做出了“增进国民健康和体力对策”的决定，同时还设置了“增进国民健康和体力恳谈会”和“增进国民健康和体力对策协议会”两个机构，以进一步确定具体对策。鉴于此，文部省于 1965 年 6 月要求教育课程审议会提出体育课程改革的具体方案。1968 年 7 月，小学和初中的大纲由文部省正式公布，次年公布了高中大纲。上述大纲在保健体育课总的目的方面提出了“在了解身心发展和运动特点的同时，适当地从事各种运动，培养强健的身心，以实现发展体力的目标。体育教学任务则提出了简洁 4 条：第一，提高体力；第二，掌握技能以实现体育生活化；第三，培养团结友爱等态度；第四，掌握有关的体育知识。值得注意的是，这几个大纲规定提高“活动能力”的地方一般都改为了“体力”，这反映了该几个大纲的特色。

（三）以心理感受为导向的体育课程实施模式

1. 以心理感受为导向的体育课程实施模式概述

体育活动能够增加学生的体育兴趣和愉快体验，激发学生进行体育活动和运动参与的动机。在以心理感受为导向的体育课程实施模式中，教师会感受到自己的教学舒适感和成就感，能提高学生的学习兴趣和动机水平，有利于改善学生的运动表现。在这种模式的课程实施中，学生会变得兴奋、积极，并且随时做好了参与体育活动的准备。

2. 具体模式实施状况

（1）快乐体育教育模式。

1）快乐体育教育模式的历史沿革。“快乐体育”思想最早诞生于日本和德国。日本和德国为了振兴国家和寻找新的教育思想，催生了“快乐体育”这一全新的教育主张：20 世纪 60 至 70 年代，西方发达国家正掀起全民健身的热潮，许多国家的学校体育受此运动影响，也随之发生了变化。如当时的联邦德国就将体育学科名称改为“运动（sports）课”，并从理论上阐述了体育教育由运动手段论向运动目的论转移的道理。日本学校体育方面的学者对此持高度认同观点，并结合外部理论发展，开始着手研究学校体育发展问题。快乐体育从理念到实践，在外部与内部因素的共同促进下，得到了迅速发展，国外一些游戏理论、教材理论的研究结果，也广为日本快乐体育所吸收，帮助其逐步完善了“快乐体育”理论和实践体系。

“快乐体育”一词最早出现在1979年日本第24届“全国体育学习研究协议会”的东京大会上。“快乐体育”是“全国体育学习研究协议会”在对日本20世纪60至70年代以技术、体质为中心的管理式教育的反思和对抗中，在对大量学生出现厌恶体育现象的危机感中，在对后工业社会变化和生涯学习的需要的认识中，经过多年研究所获得的成果：此外，对有关运动文化理论的研究和认识上的深化，也是快乐体育形成的一个潜在而重要的因素。日本以生理、解剖为基础理论的身体教育，建立了身心一元论为主导，以社会、生理、心理为基础的全面教育的体育思想。日本学者高桥健夫指出：统治世界半个世纪之久的身体教育论于20世纪60年代成了被批判的对象，70年代前后出现了替代它的若干新理论，其中联邦德国提出的活动体育论，把人体运动的内在价值摆到教育的高度上来进行评价，体育教学是为了提高竞技运动水平和表现运动所必备的主要能力。活动论对日本学校体育的影响很大，在此基础上，日本吸收其思想，赋予其新意，快乐体育便产生了。

在中国，快乐体育思想是在1985年首先提出的，但当时并未引起太多的反响，直到我国两次召开中日学校体育研讨会，并且由包括毛振明博士在内的一些体育界专家大力倡导后，快乐体育才引起了全国学校体育界的重视。对快乐体育的内涵的理解，我国出现了两种不同的理解。一种理解是直接接受日本“快乐体育”的思想，其基本观点是把运动作为体育追求的目的而不仅仅是手段，把运动作为学生将来的生活内容教给他们，让他们能理解、享受、掌握并创造运动，使运动文化成为自己生活内容中不可缺少的一部分，并以此来完成人的身心形成和适应继承运动文化遗产的社会需要。另一种理解主要是在我国产生的，同时还受到我国“愉快教育”思潮的影响，这种理解的基本观点是从终身体育与个人发展需要出发，从情感出发，对学生进行健全的人格教育、身体教育，并强调学习兴趣与创造学习，使学生能够自主地、快乐地从事体育学习。这种理解还强调不仅把运动作为实现教学目的与任务的手段，而且把运动中的内在乐趣和丰富情感作为目的。

2）快乐体育教育模式的特征。快乐体育教育模式主要具有以下几个方面的特征：

第一，促进学生个性和谐发展。

中小学阶段是人的发展最重要的奠定基础的时期，也是学生开始接受系统的体育教育，形成对体育的认识、情感、兴趣、习惯的时期。因此，对学生实施基本的体育素质教育，反映了社会发展对学校体育教育所培养的人才的质量规格要求。快乐体育教育模式注重学生身心健康和个性的和谐发展。在“快乐体育”思想的影响下，学生的独立性、自立性和创造性等个性特征可以得到充分的发挥和发展。促进学生个性和谐发展是“快乐体育”思想的根本所在。

第二，促进学生的能动发展。

快乐体育教育模式要求尊重学生的主体地位，而传统体育教学的程式化、成人化、训练化倾向忽略了学生积极参与的主观能动性，因此难以产生良好的教学效果。快乐体育强调体育教学过程中教师的主导作用，要求体育教师将爱心带入课堂，尊重学生人格，面向全体学生，同时要求教师最大限度地适应学生的需要，因材施教，鼓励学生自觉、主动、创造。

第三，促进学生积极主动地学习。

快乐体育教育模式，以充分调动学生的主动积极性为着眼点，通过体育教学使学生由“厌学”转为“好学”，由“苦学”转为“乐学”，这是快乐体育的又一个重要特征。

第四，建立和谐的师生关系。

快乐体育思想认为，积极、健康、和谐的师生关系是学生个性和谐发展的重要条件，是促进体育教学活动取得成功的重要因素。从这个意义上讲，没有和谐的师生关系，就不可能有真正意义上的“快乐体育”。

3）快乐体育的实施情况。20 世纪 60 年代，日本学校体育课以“技术教学”为中心，70 年代以“提高体力”为中心。而到了 20 世纪 80 年代，日本的学校体育教学以“快乐体育”为中心，学生的体力和运动能力平均成绩仍然维持在较高的水平，但体力测定成绩开始出现两极分化，好的更好，差的更差。20 世纪 90 年代以“更加快乐的体育”为中心，同时导入“选修制”，学生的体力和运动能力的平均成绩明显下降，而且很多项目已经低于 1964 年时的水平，学生的体力和运动能力测定成绩进一步两极分化。为了遏制这一趋势，日本采取了一些措施，如日本文部科学省非常重视学生体力和运动能力下降问题，每年拨给筑波大学两亿日元专项经费用于研究对策和方法，包括推行“快乐体育”的本意也是为了提高学生对体育课的兴趣，更好地掌握技术和增强体质。然而事与愿违，这些措施并没有达到预期的效果。

当前，日本体育课不再单纯强调学生体育能力的发展，而是注重“快乐体育”和“生涯体育”。正如《日本保健体育指导纲要》中所提出的：通过体育与健康课程，学生将形成一种将生活营造得既轻松愉快又丰富多彩的人生态度，要让学生从体育中获得快乐和积极向上的人生观与价值取向。在日本的体育课程里，教师积极营造良好的师生关系、舒适的锻炼环境来引导学生积极参加锻炼。近年来，日本还出现了“放松身体运动”，这是“快乐体育”的又一具体体现。教师将各种简单的运动或者有音乐伴奏的韵律运动加入课程内容中，让学生通过锻炼来体会运动对心情的调整与放松的功能，从而产生快乐愉悦的感觉。“放松身体运动”与我们传统理解的“放松整理运动”不同，放松并不意味着运动强度很低，而是指心情放松，没有必须学会的压力，身体放松地完成各种运动，但是其运动强度并不降低。例如，在“放松身体运动”中，可以通过两两配对跳绳来培养学生相互之间的默契，学生在一起跳的过程中相互感受对方的身体状态、绳子摇摆的方向与速度，并通过对自身运动的调整来享受共同完成锻炼的快乐。

（2）运动体验和参与模式。

1）运动体验和参与模式的历史沿革。20 世纪 70 年代后，德国的国民经济飞速发展，德国逐渐成为欧洲经济发展的火车头。这一时期，德国的学校体育发展也进入了快速发展期，各种体育教学理论逐步完善，进入了所谓的体育课程理论结构化阶段。

德国在体育教学中广泛使用社会科学的理论，为其体育教学变革奠定了坚实的理论基础。在德国体育教学领域，曾产生过许多学校体育新概念，诸如快乐体育、体育教法学向体育教育学的变迁、“运动（Sports）教育学”一词的广泛使用、再生产型体育向生产型体育的转移等。这些新概念的开发曾引起世界体育教育界的广泛关注，也使得德国的体育思想趋于完善。德国体育教育界特别重视体育的教育功能开发，主张在体育教学中开发人的运动行为能力，主张手段论体育观向目的论体育观转移，越来越重视学生运动行为能力的形成，由此诞生了强调运动体验和参与的体育课程模式。

2）运动体验和参与模式的特征。运动体验和参与模式的指导思想强调学生参与体育实践的过程，不仅要在体育课中强调积极参与，而且要在课外体育活动中积极参与；不仅体验体育的乐趣，而且要体验社会与人生。当然，这种体验与参与的学校体育思想重点强调学生的身心完善和社会实践，重视交际能力的提高，这种模式在一定程度上对技术技能稍有忽视，而对学生的参与更为重视，在教和学的关系上，重视学生主导作用的发挥。

该模式包含“快乐体育”的思想，认为“快乐体育”是指在体育教学中，把体验运动中内在乐趣作为目的的一种思想。这种理解高度概括了这一思想的要旨，把运动中的体验设定在“快乐”这一目标上，同时又把快乐作为一个过程来体验。其中，核心问题主要为：首先，满足参与者兴趣和运动需要；其次，体验运动中的乐趣和情感；再次，通过对运动体验，引导其兴趣，固定并逐步内化其兴趣，促进学生身心的全面发展。

其教学目的在于促进学生体育参与，为其终身体育打下基础。在实际操作过程中，德国采取贯通学校体育与社会体育的俱乐部方式，让学生有重组的机会参与到学校或社会的各类体育俱乐部中去，通过对个人运动偏好的满足与强化，使得学生的体育选择更加稳定。俱乐部制的活动方式也使得学生的运动机会有了充分的保障。

在师生关系方面，教师起主导作用，是整个教学过程的领导者、组织者。教学内容的安排、教学方法手段的运用、教学过程的调控以及学生练习效果的评价均由教师决定。可以说，教学任务完成的好坏在很大程度上取决于教师的指导。学生在教学活动中按照教师提出的内容和安排的程序进行练习，接受来自教师的反馈信息，对练习动作进行修正完善。

3）实施情况。目前，德国各州的体育课程发展有两个特点：一是具有强烈的实用主义，强调运动技能；二是以综合性教育目标为重点，对学生的健康和社会交往等方面产生均衡的影响。为了强调学生的参与体验，德国部分学校将“户外素质拓展训练”引入体育课程当中。通过冬季长距离滑雪、夏季溯溪、户外健走、潜水、独木舟等运动项目，提高学生体验运动的乐趣，提升敢于冒险和不怕困难的精神，促使学生身心健康发展。

德国中小学体育课有一个共同的特点：内容丰富、方法多样、气氛宽松。很多内容以游戏的形式进行，学生在游戏中玩耍、学习和锻炼，享受体育的乐趣，并受到教育。德国体育教师非常强调培养学生的体育兴趣，这样学生才能喜欢体育，才能终身进行体育锻炼。而经常参加体育锻炼，有利于身心健康，身心越健康，则用于治病的花费就越少，更有利于积极有效地学习和从事各项工作，从而形成体育锻炼—身心健康—有效地学习和工作的良性循环。为了激发学生对体育的兴趣与爱好，德国学校体育在选修、提高课中有 44 个体育项目供学校和学生选择；在下午进行的 1 点钟以后的体育活动中（由学生自主决定是否参加），有 62 个体育项目供学校和学生选择，这些项目都是学生感兴趣的内容，有很多都是新兴的体育项目，如独轮车、舞蹈等，以吸引学生参加。

（3）户外冒险活动模式。户外冒险活动模式源于多种活动模式。该模式的观点认为，学校缺乏经验学习，特别是在有关自然现象方面。因此，体育应向学生提供团队协作、休闲技巧、人际沟通、风险、特殊环境和社会关系等方面的技能。户外冒险活动许多是在校外举行的，主要有野营、探险活动、登山、徒步旅行、定向运动、远足、浮潜、划船、滑雪、攀岩、漂流、溯溪、探洞、山地自行车、使用绳索下山及结绳等活动内容，这些活动内容带有刺激性和挑战性，有的还带有一定的冒险性。户外冒险活动对学生来说可能是有趣的、惊奇的、神秘的、探险的、不确定的，对年轻人具有很大的吸引力。他们喜欢合作，也乐于面对自然环境的挑战，选择参与这些活动，可以使学生获得广泛的能力，使他们变得更加成熟。户外冒险活动聚焦于个人和团队的发展方面，户外冒险活动基本上是在自然环境中进行的，这些环境一般没有人为控制，可能存在参与者无法控制的危险因素，如不利的天气、野生动物、蚊虫叮咬、潮湿的地理环境等，师生要了解在自然环境中潜在的危险，一旦遇到危险，要做出恰当的判断，采取相应的化解方法。所以，该模式课程的重点是发展参与活动所需的基本知识、基本技术，帮助学生学习在压力下解决问题的技能。活动的时间可安排在周末或假日，应重视与活动有关的安全和责任问题，做好安全和保险方面的规划。

体育教师常有下述的错误观念，导致户外冒险活动难成为体育课程的一部分：第一，学校必须靠近户外冒险活动的场区；第二，教师必须具有高超的户外活动技术；第三，安全、法律责任和保险是不易克服的问题；第四，户外活动的装备太贵，学校负担不起。一般该课程的目标有：第一，发展户外体育技能，享受能力满足的体验；第二，在环境和身体活动的限制下学会生存；第三，获取从接受挑战和身体产生压力的风险下带来的快乐；第四，获得自身与自然之间相互依赖的感觉；第五，分享和学习在与他人合作中的经验。[①]

目前在美国，上体育课变得更富有娱乐性、多样性和灵活性。在纽约州长岛区西巴比伦高中，体育课开设了 Hip-Hop 街舞、攀岩等课程，并且在学校健康中心配备了跑步机、飞轮车、健身电子游戏机等。这些措施改变了体育课传统，使得学生们爱上了这些充满乐趣的体育课程。很多学校根据不同教学理念分别引进了不同的体育课程模式。有的学校为了培养学生生存与适应环境的能力，开设了公路自行车与救生员训练课程；有的学校引进了时尚新颖的课程，开设了高尔夫、滑板、跆拳道等项目；还有的学校提供可选择的课程体系，让整个课程模式灵活多变。例如，在新泽西州，在体育与健康课程完美结合的体系里，既包含体育知识，又包含健康知识，并且将有关内容分解与细化，将运动技能、营养、安全、药品等知识合成一个课程模块。

（四）以生命安全为导向的体育课程实施模式

1968 年，美国杰·唐纳·华特士（J. Donald Walters）在加利福尼亚州创办了阿南达学校，在建校初期便倡导和实践生命教育思想。在此基础上，他总结实践经验出版了《生命教育》一书，在书中最早提出了要对学生进行安全教育的思

[①] 刘海元．美国体育课程模式对我国体育与健康课程改革的启示[J]．西安体育学院学报，2008（1）：106-109．

想。[①]当前，生命安全教育是很多国家特别是发达国家非常重视的教育内容。俄罗斯有专门的“生命安全基础”课程，日本在学校保健体育教学指导纲要中也明确地规定了关于安全教育的内容。在此，主要讨论俄罗斯的生命安全教育。

1．以生命安全为导向的体育课程实施模式概述

1991 年 5 月 14 日，俄罗斯联邦部长会议通过了《关于俄罗斯普通学校青年应征训练》的 253 号决议，要求在普通学校、中等专科学校、职业技术学校中废止“青年应征训练”课程，代之以“生命安全基础”课程。在俄罗斯基础教育课程不断更新、课程门类逐渐压缩的情况下开设这门课程，绝不是偶然的，这既是对“冷战”后国际社会政治局面的反思，也是基于俄罗斯国内社会现实和对学生身体状况的忧患意识的考虑。1994 年春，根据俄罗斯联邦教育部的提议，在图拉举行了全俄“生命安全基础”课程研讨会，80 多位来自全国各地教育部门和学校的领导人和专家聚集在一起，分析了“生命安全基础”课程的社会和教育价值。他们认为，在俄罗斯社会发生急剧变革的时期，在许多教育课程面临重组的大背景下，将“生命安全基础”导人基础教育课程体系并逐步付诸实施迫在眉睫。

2．具体模式实施状况

参加图拉“生命安全基础”课程研讨会的专家们认为，在俄罗斯所有的学校贯彻实施教育部提出的“生命安全基础”课程的决定是十分必要的。但是这个决定又面临“夭折”的危险，这是因为当时许多学校既无专门教师，又无教材；既无经验，又无场地设施。课程中有部分内容学生不能掌握，只学习理论，缺乏实际作业，不可能获得巩固的技能。在诸多问题中，教师和实践教学基地的建立是较为突出的两个问题。在图拉，这方面积累了初步的经验，专门建立了“生存岛”（面积约 4 公顷）。这是一个常设的教学实践场地设施，在这个场地上，可以进行许多实际作业，如设有水上救护场、火灾救护场、辐射和化学物质监控场、野外独立生存场等。这个场地不仅为图拉的学生提供了优质的服务，而且也培养了不少担任该课程教学的教师。

“生命安全基础”课程与学校体育有着十分密切的联系。这是因为两者的客体、主体和行为目标都是一致的。它们的共同目标都是为促进学生健康成长和身体的正常发育，增强其体质水平，以适应现代社会的需要。由于业务相近，许多体育老师理所当然地成了“生命安全基础”课程的任课教师。有些学校暂时未开设“生命安全基础”课程，其基本内容就包含在体育课程之中。

近年来，“生命安全基础”课程引起了俄罗斯学校体育界的充分重视，并在全

[①] 王子朴，李晓天．我国学校体育实行生命安全教育的发展研究[J]．广州体育学院学报，2012（1）：110-114．

国得以有效的实施。在由俄罗斯联邦教育部主管的《学校体育》(月刊)杂志上，每期都开设有专门讨论生命安全教育的专栏，介绍这门课程的基本知识和技能，推介课程教学的成功经验和问题，开展教学讨论。同时，由于实际需要，该课程内容也有了进一步拓展，除增加了若干反恐的内容和实用技能外，对学生的健康生活方式问题给予了极大的关注。在《学校体育》最近几期的载文中，劝诫青少年不要吸烟的问题被提到了十分显眼的位置上。

近年的资料分析显示，"生命安全基础"课程正在稳步地进入俄罗斯学校的课程体系中。当然，这门课程的实施仍存在着一些问题。例如，少数学校对本课程仍然无动于衷或流于形式，或只是照搬体育课教学或军事训练的方式上课，未取得应有的教学效果。课程建设的设备条件等也有待于进一步改善。但是，总的来说，多数学校已经充分意识到这一课程的重要性和时代性，并采取了积极的创造性的态度。

通过 10 多年的发展，俄罗斯的"生命安全基础"课程的内容也日趋成熟，形成了较为稳定的课程体系。"生命安全基础"课程是人类在其活动领域中，预防自然和人为危险、预防各种有害因素的理论和实践的科学知识体系。其目的在于形成学生对自身周围安全问题的自觉和负责的态度，培养学生认识和评价人在生活环境中危险和有害因素的基本知识和能力，并习得应对危险的防御方法，以及在出现危险时消除不良后果和进行自救、互救的方法。目前，俄罗斯制订了几种"生命安全基础"课程的教学大纲，由各地学校根据需要选用。综合这些教学大纲的基本内容可以看出，本课程的教学基本内容有：第一，周围环境和对人的生命与健康可能造成的危险；第二，极端异常情况下的个人安全；第三，生活方式与生命安全；第四，国防与军事基础知识。显然，俄罗斯的"生命安全基础"课程中所讲的安全，并不单纯指个人应对异常情况的人身安全，还包括人的生活方式和国防教育的部分内容，显然与原来的"军事训练基础"课程有着内在的继承关系。此外，学生健康和生活方式问题也成为生命安全教育的基本内容之一，这反映了他们对现代人生活方式与人体健康关系的深刻认识。俄罗斯把生命安全问题放在一个更新的高度、更广泛的基础上看待和研究，是一种广义的社会安全观，对我国学生的健康和安全教育具有重要的参考价值。

二、对我国体育与健康课程实施模式的启示

（一）强化体育教师继续教育

振兴民族的希望在教育，振兴教育的希望在教师。体育与健康课程的改革是一次从教育观念到教育行为的全方位的、整体的、根本性的变革。新课改中，体育教师在体育教学中角色的转换是迫切需要解决的问题，体育课程改革的成败归

根结底取决于体育教师。当前体育与健康课程标准实施中存在的问题，较大程度上与广大体育教师的认识和理解不到位有关。为此，适应现代化的体育教育，我国体育教师继续教育必须要实现现代化，必须使体育教师继续教育法制化，使体育教师接受继续教育成为一种权利和义务。必须完善体育教师进修制度，加强对体育教师的培训，使他们理解和掌握课程标准。否则，仅制定课程标准是不足以改变与提高学校体育的课程设置、课堂教学指导以及评价质量。借鉴国外体育教师继续教育模式，结合我国体育教师的需求现状，需要完善多元化的继续教育模式。例如，脱产与不脱产相结合，短期培训与长期培训相结合，跨学科、多学科综合培训，理论与技术实践相结合，面授与远程教育相结合，学校与科研院所、社会体育机构联合办体育继续教育以及以学校为中心的体育教师继续教育模式，等等。继续教育的内容要强调针对性、实用性和全面性，继续教育的教学方法要重视操作性、开放性。此外，还要致力于构建符合体育教师实际需要的继续教育课程体系和综合化的体育教师继续教育质量评价体系。对于体育教师继续教育，各省、市、自治区应该进行宏观计划与管理，并拨出专项资金对体育教师进行培训。

（二）提高评价体系的可操作性

在体育与健康课程中，体育课评价体系与之前相比有了很大的进步，增设了学前评价、过程中评价和学后评价，指标有定性也有定量，方法采用自评、互评、师生评和小组评等，内容具体、科学。但在执行过程中，教什么考什么的应试痕迹还是十分明显，且考试偏重于身体和技术的生理评价，情感领域、认知领域等目标未能在考试中体现出来。在进行体育与健康课程学习评价中，应注重建立评价内容多元、评价方法多样的评价体系，淡化体育学习评价的甄别和选拔功能，使评价有助于促进学生的积极学习和不断提高。对学生的评价应当把社会一般标准和学生个体评价有机结合起来，特别重视学生的进步度评价。在评价内容上则要强调认知、情感和健康体适能指标的多元评价。

（三）凸显体育与健康课程标准实施的特色

不同国家，不同国情，反映在体育课程编制中，其特点不一样，在实施中侧重点也不同。我国从小学、中学到大学，学生上体育课历时十余年，但不少学生却没有形成基本的体育爱好，其中原因很多，但体育课程标准制订存在缺陷是不容忽视的主要原因之一。因此，体育课程的改革应在分析自身特性的基础上，逐步吸取发达国家的一些先进理念和改革经验，并在不断实践中形成新的思维观点，逐步达到体育健康课程认知与行为统一。在体育与健康课程标准实施中，也要考虑到文化背景、经济发展状况、体育发展传统等多种因素，凸显自身的特色。

（四）重视学生运动体验和参与，发展终身体育的能力和习惯

在我国的体育教学中，长期存在着学生喜欢体育，而不喜欢上体育课的现象。究其原因，主要是体育教学内容与教学组织形式与学生的需求相去甚远。国外的体育课程模式强调“以学生为中心”，让学生体验运动的“快乐”，他们学校体育中的快乐体育教育、体验和参与教育模式值得我们借鉴。在课程实施方面，应该在满足每个学生个性需要的基础上提供不同的教学方法，并为学生营造轻松、快乐的运动锻炼环境，让学生在体育课程中获得乐趣。在满足学生体育兴趣和运动需要、通过体育教学让学生体验运动中的乐趣和丰富其情感以及通过运动参与稳定学生的运动兴趣方面，需要广大教师的不懈努力。

（五）注重区域化与校本化，形成多样性的实施模式

我国《基础教育课程改革纲要》指出：为保障和促进课程对不同地区、学校、学生的要求，实行国家、地方和学校三级课程管理。教育部总体规划基础教育课程，制定基础教育课程管理政策，确定国家课程门类和课时。制定国家课程标准，积极试行新的课程评价制度。省级教育行政部门依据国家课程管理政策和本地实际情况，制定本省（自治区、直辖市）实施国家课程的计划，规划地方课程，报教育部备案并组织实施。经教育部批准，省级教育行政部门可单独制定本省（自治区、直辖市）范围内使用的课程计划和课程标准。学校在执行国家课程和地方课程的同时，应视当地社会、经济发展的具体情况，结合本校的传统和优势、学生的兴趣和需要，开发或选用适合本校的课程，使学校与体育教师成为课程开发的主体。也就是说，我国实施的虽然是国家课程，但并不意味着全国一个模式、全国一本教材、全国一个教法。所以，体育与健康课程的改革也应该借鉴美国体育课程模式的多样性，构筑适合我国地域广、差异大、发展不均衡的地方体育与健康课程和校本体育与健康课程。在总的教育目的、课程目标的统领下，多样性的体育与健康课程模式可以成为解决当前存在于体育教学中的难题和怎么样提高学生体质健康的突破口。

（六）突出增进健康的目标

美国的体适能课程模式、德国参与和体验课程模式等体现了当前各国体育课程突出增进健康这一关键目标。很多国家还开设了体育与健康课程，将健康知识等作为体育课程的必要部分，以促进学生对健康知识的掌握。例如，日本的体育与健康课程提出了要让学生理解有关健康和安全的基本知识，培养学生自主、健康的生活能力和态度，这充分体现了当代体育课程对健康有更深层次的理解与追求。因此，在我国体育课程改革的过程中，要处理好体育与健康的关系，按合理比例与方式来设置体育与健康课程。可以尝试将急救知识、健康常识、心理健康

知识以及营养常识等课程内容纳入体育课程教学，使学生掌握一定的保健和安全知识，形成科学合理的行为习惯与生活方式。

（七）注重终身体育态度的培养

实施体育的重要意义之一是增强国民的体质与健康，优化国家人力资本。因此，不少国家都将体育课程与“终身体育”“生涯体育”紧密结合在一起，希望通过体育课程培养学生的体育意识和锻炼习惯。作为教育过程的重要组成部分，我国学校体育课程也应该重视对学生终身体育锻炼习惯的培养，通过对小学、中学以及大学体育课程进行系统设计来激发学生的锻炼兴趣，使他们掌握一到两门体育爱好项目，使之形成长期锻炼的习惯与能力。例如，对于篮球项目，在小学，应着重培养学生对篮球的兴趣和爱好；在中学，应着重提高学生的篮球技能水平；在大学阶段，可以结合技战术分析、球赛欣赏、俱乐部知识以及篮球英语等各种内容，培养学生将篮球作为人生中的兴趣和终身锻炼手段。

（八）加强“生命安全教育”

在《义务教育体育与健康课程标准（2011 年版）》中，也涉及安全教育方面的内容，需要广大教师在实施中加以落实。在工作职责上，体育教师要变学生安全的旁观者为主动参与者：体育教师不仅要按照“体育与健康课程标准”实施教学，还应当保证学生“安全地进行体育活动”，也应当与社会和家庭相互配合，共同做好学生的生命安全教育和维护工作，要能真正担负起学生安全教育的职责，成为学生生命安全和健康的“护花使者”。在工作内容上，要变零星式安全教育和被动式防范教育为系统性、全方位的安全教育。

（九）推广运动教育模式

运动教育模式具有赛季、队员加盟、竞赛、决赛、记录、庆典 6 大特征，而这些特征在我国体育教学过程中经常被忽略。传统的体育课也因缺少这些竞技体育的要素而变得不完整。运动教育模式还原了项目的本来面目，同时又淡化了项目的竞技运动特征，注重其教育功能的发挥，紧密结合学生的生活实际，有利于培养学生健康的生活方式。对运动教育模式进行全面的研究，将其 6 大特征、元素引入体育课教学当中来，结合我国教学现状进行改良，将会对我国的体育与健康教育起到促进作用。

第四章　体育课程内容资源的开发与实践

第一节　概念界定及课程资源开发研究

一、课程与体育课程相关概念

（一）课程的概念

在学校教育活动中，课程具有重要的地位和作用。在各类教育文献中，课程是人们经常使用的概念，但遗憾的是，对课程的定义则是见智见仁，人言人殊，至今没有统一的界定。

课程一词起源于拉丁语，意为“跑道”。在学校教育中，其原始含义是指学习学科内容的进程。在我国，课程一词始见于唐宋年间。《朱子全书》中所提到的课程是指所分担工作的程度以及学习内容的范围、时限和进程。在西方，课程（curriculum）一词最早出现在英国教育家斯宾塞（H. Spencer）《什么知识最有价值》一文中，课程在这里的含义是指“学习的进程”。由此可见，课程的最初含义应该是“学程”。然而，在当代课程研究中，课程的定义受到了广泛的批评，并不断被修正和替换，课程的定义无论是在课程理论研究中，还是在课程实践中早已背离了原来的含义。

针对课程概念进行了归纳，总结出 13 种具有代表意义的课程定义：第一，课程是在学校中所传授的东西；第二，课程是一系列的学科；第三，课程是教学内容；第四，课程是学习计划；第五，课程是一系列的材料；第六，课程是科目顺序；第七，课程是一系列的行为目标；第八，课程是学习进程；第九，课程是在学校进行的各种活动，包括课外活动、辅导及人际交往；第十，课程是在学校指导下，在校内外所传授的东西；第十一，课程是学校全体职工所设计的任何事情；第十二，课程是个体学习者在学校教育中所获得的一系列经验；第十三，课程是学习者在学校所经历的经验。

若把课程定义加以归类，大致有 6 种较为典型的课程定义：第一，课程即教学科目；第二，课程即有计划的教学活动；第三，课程即预期的学习结果；第四，课程即学习经验；第五，课程即社会文化的再生产；第六，课程即社会改造。

上述对课程概念研究的角度各有不同，大致是从四个方面进行的：一是从探讨课程的本质属性定义课程，如课程即学习经验，课程是学校指导的所有活动；二是从确定课程所具有的功能定义课程，如课程是社会文化的再生产，是预期的学习结果；三是从课程存在的物质形态定义课程，如课程是教育工作计划的范围和安排的书面文件，是活动的教学大纲、学程设置、课程和内容的编目等；四是从课程实施的管理需要定义课程，如为学习者制定的学习计划，学习者在学校实际学习的东西等。也就是说，上述多种课程的定义虽然涉及的范围很广，对课程界定的维度以及表达的用语也有一定差别，但它们又都包括了学科、经验、目标等关键词语，包含了一些共同的含义：其一，大多数课程的定义是围绕着教育的内容来展开的，这反映了课程的实质离不开教育内容或者说教育的内容是课程的本质特征；其二，强调有计划地、按一定顺序向学生传授学习经验，这反映了课程的计划性；其三，重视学校或教师传授知识的结果；最后，强调学习内容的目标性。

尽管确定课程的概念非常困难，但我国的一些学者在分析了中外学者对课程本质的研究后，仍然试图给课程下一个比较完整的定义：

课程，从不同的角度看，有不同的定义。从内涵上看，广义的课程是指学校为实现一定的教育目标而选择和组织的全部教育内容及其进程；狭义的课程是指某一门课程，也即教学科目。

陈玉琨教授等同样认为课程有广义和狭义之分，但却与吕达对课程的定义相去甚远：从广义来说，课程是学生在学校获得的全部经验。其中包括有目的、有计划的学科设置，教学活动，教学进程，课外活动以及学校环境和氛围的影响。从狭义来说，课程是指各级各类学校为了实现培养目标而开设的学科及其目的、内容、范围、活动、进程等的总和，它主要体现在教学计划、教学大纲和教科书中。

由于所处的特定历史时期和社会条件不同，由于每个人从事课程理论与实践研究的经验、视角和层次的不同，对课程的理解自然也会有一定差异。课程的发展本身是动态的，对课程的理解也应该是动态、多角度的。

（二）课程内容的概念

课程内容是构成课程的基本要素，其与课程目标之间有着内在的逻辑联系，并影响着课程实施中的教和学的方式，因此它便成为课程内在结构的核心部分。由于课程内容的选择涉及课程价值观、课程结构观和课程设计观等问题，因此不同的课程价值观、课程结构观和课程设计观使得人们对课程内容概念的认识亦不相同。

张华教授从课程内容选择的角度讨论了课程内容的价值取向问题。指出：既然课程目标的基本来源是“学科的发展”“当代社会生活的需求”“学习者的需要”，相应地，课程内容的基本取向即是“学科知识”“当代社会生活经验”和“学习者的经验”。

郭元祥教授在讨论课程观的转向时提到：课程内容不应该是单一的、理论化的、体系化的书本知识，而要给学生呈现人类群体的生活经验，并将之纳入到学生的生活世界中加以组织，使文化进入学生的“生活经验”和“履历情景”。

对课程内容的定义，国外的课程理论中主要有两种主要观点。一种观点认为，课程内容是在教育机构范围内要向学生灌输的知识；另一种观点认为，课程内容是指一门课中所传授或所包含的知识，也指各门学科中特定的事实、观点、法则和问题等。前者是课程知识的社会学观点，后者则是技术学的观点，是从课程设计及构成的角度来定义课程内容的。显然，二者在课程内容的取向和出发点上有很大的差别。

廖哲勋教师等认为，无论是课程知识社会学观点还是课程知识技术学观点都有一定的片面性，因为它们都把课程内容仅仅局限于间接经验或理论知识。他们提出，课程内容的基本性质是知识，它具有直接经验和间接经验两种形态。因此课程内容是根据课程目标从人类的经验体系中选择出来，并按照一定的逻辑序列组织编排而成的知识经验体系。

上述分析表明，尽管在课程内容概念的表述方式上有所不同，国内的课程论专家对课程内容的认识上却是相对一致的。课程内容既应该体现学科知识的最新成果，也应该反映出当代社会生活的经验，更应该与学习者的学习经验相结合。需要明确的是，无论是学科知识，还是当代社会生活的经验，都只有转化为学习者的经验，才可能成为相应的课程目标。

基于以上分析，课程内容是指根据课程目标从各种直接和间接经验中选择出来、经过加工处理后的知识经验体系。课程内容既包括了各门学科中特定的知识、观点、原理、问题、技能、情感、价值观以及处理它们的方式，也包含了当代社会生活的各种经验和学习者的学习经验。

（三）体育课程的概念

体育课程是课程的下位概念，是学校课程的组成部分。关于体育课程的概念，目前国内主要有四种观点：

1. 体育课程是一门学科课程

第一种观点将体育课程定位在学科层面，认为体育课程是一门学科课程。邹继豪教师等认为可以将体育课程理解为为实现学校的教育目标，配合德、智、体、美全面教育，并以发展学生体能，增进学生身心健康为主的特殊课程。顾渊彦教授和何元春教授认为，体育课程的学科性质可以界定为科学性、人文性兼备，以“技艺”“情意”为主要特征的一门以实践为主的综合学科。从课程分类、体育的科学属性、体育学科特性和学校教育等角度分析体育课程的性质，体育课程是全面发展素质教育中必不可少的一门学科，体育课程是具有综合性的文化科学基础课程。在新颁布的体育（与健康）课程标准中，将体育（与健康）课程界定为：一门以身体练习为主要手段、以增进学生健康为主要目的的必修课程，是学校课程体系的重要组成部分，是实施素质教育和培养德智体美全面发展人才不可缺少的重要途径。

2．体育课程是全面发展教育的组成部分

第二种观点认为体育课程不仅是一门学科，也是全面发展教育的组成部分。体育课程是以发展学生体能增进学生身心健康为主的一种特殊的教育性课程，它与德育课程、智育课程、美育课程、劳动教育课程相配合，共同促进学生身心全面发展，是整个学校教育的一个方面的课程。杨文轩教授也持有基本相同的观点，认为体育课程是指为实现学校体育目标而规定的体育内容及其结构、程度和进程。它包括体育课程目标、体育课程内容、体育课时分配、课外体育锻炼等。体育课程不是一门学科的课程，而是全面发展教育的一个方面的课程。

3．体育课程是一门活动

第三种观点将体育课程定义为活动。毛振明教授等在分析了国内关于体育课程的概念后提出：体育课程是在学校指导下，为了使学生能在身体、运动认知、运动技能、情感与社会方面和谐发展的，有计划、有组织的活动。

4．体育课程是一项方案或计划

第四种观点将体育课程定义为方案或计划。体育课程是学校根据一定社会的教育目的的要求，为学生提供的、并且在一定程度上给学生规定或学生自己选择的、被规范了体育学科课程和活动课程内容、学习操作方式，不同的学段学生所要达到的体育基本素质、能力和体质健康标准的总体设计。第一种观点特别是新体育课程标准对体育课程的定位是比较准确、合理的，体育课程首先应该是作为学科而存在的。根据课程的定义，如果将体育课程放在狭义的课程层面上来讨论，可能更有利于我们理解和把握体育课程的特征与性质。因此，可以将体育课程定义为：体育学科及其目的、内容、范围、活动、进程的总和。

（四）体育课程内容的概念

关于体育课程内容的概念，目前也无相关界定。已有的文献主要侧重于对体育教学内容的研究，如体育学院通用教材《学校体育学》认为体育教学内容一般包括体育、卫生保健知识和各种身体练习。金钦昌教授主编的《学校体育学》将体育教学内容定义为为实现体育教学目标而选用的体育卫生保健基本知识和各种运动动作。毛振明教授等认为体育教学内容是那些以身体练习、运动技能学习和教学比赛等为形式，经过组织加工后的，可以在教学环境下进行的内容总称。显然，上述研究是将体育教学内容作为体育课程内容的同义词来使用的。从目前课程论与教学论的相关研究来看，学术界普遍认为课程与教学虽然有着密切的关系，但却分属于两个不同的研究领域，课程内容和教学内容是两个不同的概念，二者之间不能相互替代使用。

相对于体育课程内容而言，体育教学内容的概念应该是更具体、更微观的，它主要涉及的是教师在体育课程实施——体育教学中“教授行为”的具体内容和学生“学习行为”的具体内容，以及二者如何互动的具体内容等。体育教学内容不仅包括了体育教学过程中所有“教”与“学”的具体内容，还包括了各种“教”与“学”活动的具体组织步骤。

对体育课程内容的概念作如下界定：体育课程内容是指根据体育课程目标从各种直接和间接经验中选择出来、经过加工处理后的体育学科特定的知识经验体系，既包括体育学科的理论知识、身体练习、价值观、情感态度，又包括当代社会生活的各种经验和学习者的学习经验。

二、课程资源开发的研究

（一）课程资源概述

1．课程资源的概念

最早提及课程资源（curriculum resources）这一概念的当属被誉为“现代课程论之父”的美国课程论专家拉尔夫·泰勒（R．tyler），他早在 1949 年就曾论述过课程资源的问题，并在《课程与教学的基本原理》一书中提出了要最大限度地利用学校的资源、加强校外课程以及帮助学生与学校以外的环境打交道等观点。

到目前为止，对于课程资源的概念，还没有一个公认的定义，但一般都认为，课程资源有广义和狭义之分。吴刚平教授分别对广义和狭义的课程资源概念进行了讨论：广义的课程资源指有利于实现课程目标的各种因素，狭义的课程资源仅指形成课程的直接因素来源。这一定义，目前得到了普遍认可，且在后来的一些课程资源的相关文献中被广泛引用。钟启全教授等对课程资源的表述与上述定义有一定区别，他们认为：课程资源是课程设计、实施和评价等整个课程编制过程中可资利用的一切人力、物力以及自然资源的总和。别也有人认为课程资源主要指课程的材料来源。

范兆雄教授在分析了课程资源的相关概念后，提出了对课程资源五个方面的看法：第一，课程来源是课程资源最主要的部分；第二，课程资源从根本上来说是人类认识的对象，是人类认识的实践，即人类认识的资源就是课程的根本资源；第三，必须加深有关课程资源对课程的制约作用的认识，以利于明确课程开发的各向度；第四，哲学观与课程资源观有密切的联系；第五，要把课程资源当作一个整体来研究。他的这些看法，有助于我们站在更高的层面来认识课程资源的真正内涵。

总体而言，上述研究中对课程资源的内涵和外延上的确定并无太大分歧。课程资源的概念与课程目标、课程内容、课程设计、课程实施、课程评价等方面都有着非常密切的联系，弄清楚它们之间的这种联系是理解课程资源的前提。当然，在具体的研究过程中，应避免将课程资源的概念泛化，否则容易引起操作上的混乱。从课程编制的角度而言，并不是所有的资源都是课程资源，只有那些真正进入课程、与教育教学活动联系起来的资源，才能称作是现实的课程资源。值得注意的是，每门学科课程由于其内在的特征不同，构成实现课程目标的各种内外因素和条件的表现形式和重点也是不同的。

2. 课程资源的分类

由于课程资源的丰富性，如何对之进行分类便成为目前探讨得比较多的一个问题。其中，吴刚平教授的分类方法比较具有典型代表意义，他根据课程资源的功能特点，把课程资源分为素材性课程资源和条件性课程资源两大类，其解释是：素材性课程资源的特点是作用于课程，并且能够成为课程的素材或来源，比如知识、技能、经验等。条件性课程资源的特点则是作用于课程却并不是形成课程本身的直接来源，但它在很大程度上决定着课程的实施范围和水平，比如，人力、物力和财力……。此外，他认为还可以按照课程资源空间分布的不同，将课程资源分为校内课程资源和校外课程资源等。

对“空间”的理解为按照课程资源的空间分布，可以将课程资源分为学校资源、家庭资源和社区资源三类。从性质上看这些资源包括人、物、环境三大资源。学校课程资源从空间上又可以分为教室内的课程资源、教室外（校园）的课程资源两类。

徐继存教授等对课程资源的分类问题进行了目前为止比较全面的探讨，其认为根据不同的分类标准，可以将课程资源分成不同的类别，如：根据来源，课程资源可分为校内课程资源和校外课程资源；根据性质，课程资源可分为自然课程资源和社会课程资源；根据物理特性和呈现方式，课程资源可分为文字资源、实物资源、活动资源和信息化资源；根据存在的方式，课程资源可分为显形课程资源和隐形课程资源等。

另外，在各门具体学科课程资源开发的相关研究中，还出现了一些其他的分类方法，可以将历史课程资源分为历史教材、学校图书馆、社区历史课程资源、历史音像资料、历史遗迹和博物馆、纪念馆、信息技术和网络技术，也可以将英语课程资源分为英语教材资源、英语实践资源、英语信息资源、英语人际资源等。显然，分类方法主要是按照各门学科课程资源的具体内容来划分的，虽然区分不严格，但在实践中却具有一定的可操作性。对课程资源分类的研究，关键是确定分类的标准。而分类标准的确定，除了要依据课程资源的内在结构外，还要考虑理论研究和实践运用的可行性。而且，无论采用何种方法来区分各种课程资源，都不可能做到十全十美，课程资源的类型总是存在着某种程度的交叉，只能是一个大致的区分。

3. 课程资源的特点

范蔚教师探讨了课程资源的三个特点：一是广泛多样性，即课程资源涉及学生学习与生活环境中所有有利于课程实施、有利于达到课程标准和实现教育目的的教育资源；二是客观性，课程资源是客观存在的各种事物；三是间接性，即课程资源具有转化为学校课程实施的可能性，但还不是现实的学校课程或课程实施的现实条件。

徐继存教授等认为课程资源有价值潜在性、具体性和多质性的特点。价值潜在性是指课程资源的潜在价值体现在课程设计、实施和评价的全过程；具体性是指任何可能的课程资源都因地域、文化传统、学校及师生各自的差异而不同；多质性是指同一课程资源有不同的用途和价值。

上述对课程资源特点的认识，显然没有充分反映课程资源特征的全貌，有些提法亦有相同之处，有待作进一步的探讨。

4. 课程资源开发的意义或价值

靳玉乐教授等从理论价值、实践价值、人文价值三个方面探讨了开发课程资源的重要意义，指出课程资源的开发可以拓展课程研究的范围与领域，对课程学科本身的发展以及建立终身学习化社会体系、促进教师教学方式和学生学习方式的变革等方面都有着重要的现实意义。

这些分析实际上是围绕着三个维度来进行的：一是课程资源开发对学科和课程发展的价值；二是课程资源开发对学生发展的价值；三是课程资源开发对教师发展的价值等，应该说，其概括是比较全面的。

5. 课程资源开发的原则

系统地论述课程资源开发原则的文献尚不多见，各自的表述方式也不尽相同。如徐继存等提出了课程资源开发的开放性、经济性、针对性及个性原则。靳玉乐教授等提出了数量、质量并重原则、开发与利用相结合的原则、校内为主、校外为辅，校内外相结合的原则以及因地制宜就地取材的原则。在地方课程资源开发中，要遵循本土化原则、因时制宜原则、特色性原则和低成本高效益原则等。

上述研究只是大致地提出了一些指导性的要点，有些原则在提法上有一定的交叉与重叠，至于为什么要提出这些原则、如何在课程资源开发过程中贯彻和运用这些原则还普遍缺乏深入的研究。

6．课程资源开发的途径

从宏观的角度而言，课程资源开发的途径主要有 6 个方面：第一，开展当代社会调查，不断地跟踪和预测社会需要的发展动向，以便确定或揭示有效参与社会生活和把握社会所给予的机遇而应具备的知识、技能和素质；第二，审查学生在日常活动中以及为实现自己目标的过程中获益的各种课程资源；第三，研究一般青少年以及特定受教育学生的情况，以了解他们已经具备或尚需具备哪些知识、技能和素质，以确定制定课程教学计划的基础；第四，鉴别和利用校外课程资源；第五，建立课程资源管理数据库；第六。开发和利用课程实施的各种条件等。从中、微观的层面上来研究课程资源的开发途径，各门学科课程资源或者各种具体课程资源的开发途径是不同的。吴刚平教授指出，教学是课程实施的主要途径，因此教学活动是课程资源的重要组成部分，教学活动的资源是微观层次的课程资源。对教学活动资源的开发就有以下途径：调查研究学生的兴趣类型、活动方式和手段；确定学生现有发展基础和差异；为学生提供反馈资料；安排学生从事课外实践活动；制定参考性的技能。

（二）体育课程内容资源概述

1．课程资源的概念

要弄清课程资源的概念，首先要明确资源的概念。在汉语中，“资”有“资财、供给、资助、取用、资料、具有”等多种含义，而“源”则指“水流所出”，可引申为事物的来源。《辞海》中对资源的解释有两个方面的意思：一是指资财的来源，一般指天然的财源；二是指一国或一定地区所拥有的物力、财力、人力等物质要素的总称，分为自然资源和社会资源两大类。前者如阳光、空气、水、土地、森林、草原、动物、矿藏等；后者包括人力资源、信息资源以及劳动创造的物质财富。周鸿教授提出了“小资源”和“大资源”的概念。所谓“小资源”是指传统的自然资源，而“大资源”是指一个包含复杂结构的、有数种了资源构成的、具有强大整体性功能的资源体系，包括自然资源、经济资源、人文资源、人力资源、政治资源和制度资源等六大既相互独立又相互联系的了资源系统。其中，后五种资源是人类的社会劳动成果，又通称社会性资源。以上讨论表明，“资源”包含了两个方面的含义：一是指事物的来源。我们平常所说的能源资源、矿产资源等的表述中，“资源”的实际含义是指从事这些行业生产所必备的物质；二是指某种事物相对于另一些事物是不可缺少的，是满足别的事物所需要的条件。既然如此，课程资源就应该是形成课程因素的来源。具体来说，就是人类在自然科学和社会科学诸多领域取得的一切成果，它们或者为课程的价值取向提供指导，或是为课程的设计提供理论基础，或是直接成为课程内容；其二，课程资源是保障和满足课程活动进行的各种条件，也就是在课程实施过程中所需要的人力、物力、财力、时间等因素；其三，课程资源是无限的、丰富的，但对资源的开发和利用却是有限的，任何一种课程设计方案都应该是对课程资源选择的结果。

基于以上分析，对课程资源的界定是：课程资源是指有利于课程实施与生成的各种因素与条件，其既包括形成课程的要素来源，又包括了实施课程的必要而直接的条件。

2．课程资源的分类

对课程资源的分类，在实践中要把握两个原则：一是逻辑上要清晰，不能自相矛盾和过多交义重叠；二是要有利于分析和解决学校课程实践中的主要问题，做到基本合理并有利于课程资源开发。

基于此，我们可以从宏观的角度，先对课程资源进行大致分类，然后再根据理论研究和实践操作的需要进行分类。按照这一思路，可以先根据课程资源的概念、功能和特点，将课程资源分为素材性课程资源和条件性课程资源两大类，然后再对素材性课程资源和条件性课程资源按照需要进行分类。例如：根据课程结构和要素将素材性课程资源分为课程目标资源、课程内容资源、课程实施资源、课程评价资源等；根据课程资源的管理要素将条件性课程资源分为课程的人力资源、课程的物力资源、课程的财力资源等。

3．课程资源与课程的关系

课程资源与课程的关系非常密切，没有课程资源也就没有课程而言，反过来，有课程就必须有课程资源作为前提和基础。但是，尽管课程资源具有各种课程要素的某些特征，但是它们不是课程要素，不能直接构成课程，正如生产资源不能等同于钢铁材料，因为其还没有进行必要的加工和提炼。

课程与课程资源不是一回事，课程资源的外延范围远远大于课程本身的外延范围。一方面，条件性课程资源并不能作为素材成为课程的组成部分；另一方面，即使是素材性课程资源如知识、经验、技能、目标等只有经过教育学的加工和处理，才能进入课程系统，成为课程活动的目标、内容或实施和评价的方法与手段等，才能付诸实施成为课程的组成部分。因此，相对于课程而言，课程资源是课程系统的外部系统。

4．体育课程资源

（1）体育课程资源的概念。体育课程资源是课程资源的组成部分，其与课程资源的概念在内涵上是一致的。根据前面对课程资源的探讨，可以把体育课程资源定义为：有利于体育课程实施与生成的各种因素与条件。其既包括形成体育课程的要素来源，如体育学科方面的知识、技能、经验、身体练习、活动方式与方法、情感态度和价值观以及体育培养目标等方面的要素，又包括了决定体育课程实施范围和水平的人力、物力、财力等要素，如体育场地、器材、体育师资等。

（2）体育课程资源的分类。体育课程资源也有多种分类方法。根据课程资源的分类方法，同样可以先将体育课程资源大致划分为素材性体育课程资源和条件性体育课程资源两大类，然后再根据实际需要进行相应区分。例如：素材性体育课程资源按照存在方式又可以分为显形素材性体育课程资源和隐形素材性体育课程资源；条件性体育课程资源根据空间的分布又可以分为校内条件性体育课程资源和校外条件性体育课程资源等。

5. 体育课程内容资源

（1）体育课程内容资源的概念。体育课程内容资源从分类上看，属于素材性体育课程资源的一个组成部分。从定义上来讲，它是指构成体育课程内容要素的来源，如体育的知识、技能、价值观、情感态度，各种身体练习以及学生的经验等要素的来源。

正如课程资源与课程的关系一样，体育课程内容资源也构成了体育课程内容的基础，但体育课程内容资源不等同于体育课程内容。当然，体育课程内容资源与体育课程内容在本质上是一样的，它们都是人类各种体育的间接经验和直接经验。体育学科专家、体育教师、学生可以根据需要把各种体育课程内容资源提炼转化为体育课程内容，这一过程就是我们所说的体育课程内容资源的开发。然而，这一过程并不是随意完成的，它是在一定的原则指导下，采用一定的方法、手段和程序进行的。

需要指出的是，相对于体育课程内容而言，体育课程内容资源要丰富得多。在某种意义上可以说人类所创造的一切文明成果，都可以纳入到体育课程内容资源的范围。明确了这一点，就可以大大拓宽我们的视野，不再把目光局限于狭窄的体育课程内容范围里，局限于书本和教材，这也是新课程改革所要倡导的课程资源观。

（2）体育课程内容资源的特征。体育课程内容资源具有多样性与丰富性；价值潜在性与可开发性；差异性与特色性；功能多元性与可替代性；过程性与生成性的特征。

体育课程内容资源的功能多元性与可替代性特点表现在：一方面，相同的体育课程内容资源，具有不同的用途、价值与功能，可以用于实现体育课程的不同目标。如野外活动，既可以开发出能发展学生体能的课程内容如远足、登山等，又可以开发出用于对学生进行野外生存教育的课程内容等；另一方面，不同的体育课程内容资源，又可能具有相同的用途、价值与功能，可以用于实现相同的体育课程目标，也就是说，体育课程内容资源是可以相互替代的，如发展学生的耐力素质，可以长跑，可以打篮球，也可以骑自行车，还可以游泳等。教师要注意善于挖掘体育课程资源的多种利用价值，化腐朽为神奇，使体育课程内容资源的潜在价值得以充分发挥。

体育课程内容资源的开发本身是一个在时间上不断延续的过程，这一过程既是体育教师不断积累专业知识和技能、不断成长的过程，也是学生学习目标不断实现、学生素质不断改善提高的过程。

体育课程内容资源的开发又是一个不断生成的活动，这不仅表现在体育教师在这一过程中不断进行创新、不断生成各种新的经验，而且还体现在学生在此过程中也在不断进行自主的创新，他们通过自己的经验来不断建构认识，并形成新的经验。这一过程中学生学习的过程性成果，中间生成物和学生的收获，自感自悟的成果等都是宝贵的体育课程内容资源，它们对学生的发展有着极为重要的推动作用。例如在体育课中，让学生自己创编体育游戏的活动，一方面可以使学生体验游戏的乐趣，并获得创编体育游戏的方法，而另一方面，学生所创编出来的体育游戏也可以成为新的体育课程内容，即学生的经验经过开发转化成为体育课程内容。

（3）体育课程内容资源的分类。根据一定的标准，同样也可将体育课程内容资源分为不同的类别。如：根据体育课程内容的存在方式，可以将体育课程内容资源分为显形的体育课程内容资源和隐性的体育课程内容资源；根据体育课程内容分布的空间，又可以将之分为学校体育课程内容资源、社区体育课程内容资源和家庭体育课程内容资源等。

由于体育课程内容资源是构成体育课程内容要素的来源，为了在开发实践中运用方便起见，可以根据体育课程内容的构成要素进行分类。当然，各种体育课程内容资源还可以根据一定标准作进一步划分。

第二节　体育课程内容资源开发的指导思想

一、体育课程内容资源开发的意义

（一）理论价值

1. 拓宽体育课程研究的领域，促进体育课程及体育文化的发展

体育课程内容资源开发对体育课程而言，是一个崭新的领域。对于它的研究，将大大加深人们对体育课程的理解，拓宽认识和研究体育课程的渠道和路径。同时，体育课程内容资源的开发，将极大地丰富和发展体育课程的内容体系，这在一定程度也丰富了体育文化的内容，对促进体育文化的传递、创新和发展具有十分重要的理论意义。

体育课程内容资源的开发，定将成为体育课程改革的突破口。这不仅表现在它将直接导致体育课程内容的变革，而且对体育课程的其他方面如体育课程类型、体育课程评价以及体育课程实施中的教学方法与手段、教学组织形式等的变革，也将产生积极而深刻的影响，对体育课程的整体建设与发展有着重要作用。

2．有利于促进学校体育与社会体育以及竞技体育之间的联系

一直以来，在理论层面上，学校体育被认为是学校内部的体育活动。如今，人们逐步认识到学校体育不应该仅仅局限于校园内部，而应该逐渐与社会体育和竞技体育加强联系，并在联系中相互借鉴与发展。但是，如何才能在学校体育与社会体育和竞技体育之间架起一座桥梁，一直是人们努力想解决的难题，而体育课程内容资源的开发，则为解决这个难题提供了新的思路和契机。

首先，体育课程内容资源的开发打破了学校的空间界限，使更多社会体育和竞技体育的手段和内容通过提炼、加工成为体育课程内容。学生通过这些内容的学习，不仅可以了解当今社会体育和竞技体育的最新发展动态，而且还能为他们以后参加社会体育和竞技体育的实践奠定一定的基础。

其次，体育课程内容资源的开发，必然要调动社会体育及竞技体育领域的一切可以利用的人力、物力、财力和信息，这在客观上加强了学校体育与社会体育和竞技体育之间的联系。

最后，体育课程内容资源的开发，可以使人们更新观念，促进学校体育与社会体育和竞技体育不同领域之间的相互理解，消弭隔阂，从而真正树立“大教育”和“大体育”的观念。

3．有利于促进体育课程与其他学科课程以及校园文化之间的融合

过去，体育学科与其他学科一样，处于一种自我封闭的发展状况，这不仅阻碍了体育学科的发展，而且也不利于学生身心的全面发展。体育课程内容资源的开发，是在学校内外、社会的大背景中进行的，因此必然会超越体育学科的界限，将学校内其他学科的资源以及校园文化资源纳入到自己的视野和范围。体育课程内容资源的开发，将最大限度地促进体育课程与健康教育、生活教育、生存教育、环境教育、国防教育以及校园文化的相互融合与借鉴，使体育课程与各学科的交叉渗透、融会贯通自然而然地发生于课程实施的过程中，对学生的身心教育与影响将更为全面。

4．为体育课程改革提供理论支撑

理论对实践具有重要的指导作用，体育课程改革必须有完整的理论作基础。

当前我国体育课程改革呈现出一个畸形的特点，那就是实践先行，缺乏必要的理论支撑。迄今为止，关于体育课程方面较为成熟的理论专著几乎为零，出现了一个极不平衡的反差：一方面体育课程改革的实践如火如荼，而另一方面相关的理论研究却显得极为贫乏，这势必会影响体育课程改革整体推进的质量与效果。

体育课程内容资源开发的相关成果，将从理论和实践上回答体育课程中遇到的一些新问题，使体育课程理论不断丰富和完善，在一定程度上将为体育课程改革奠定理论基础。

（二）实践价值

1．有利于促进体育教师的专业发展

课程资源的开发为教师的专业成长找到了一条理想的途径，课程资源开发过程就是教师专业不断成长的过程，开发程度和范围的大小，将决定教师专业发展的程度和水平。长期以来，体育课程内容基本上是由专家预先规划设定的体育知识、技术、技能体系和载体，形成了“专家设计课程、教师教课程、学生学课程”的模式。这使得广大体育教师将体育课程内容视为国家规定学生必须掌握的基本知识、基本技术和基本技能，误认为体育教学大纲和体育教材是既定的、唯一的体育课程内容资源。这不仅束缚了体育教师的创造力，使他们变成了固定的体育课程内容的传授“机器”，也使得最宝贵的体育课程内容资源——体育教师和学生的经验被白白浪费掉了。

2．有利于促进学生的发展

（1）有利于调动学生多种感官参与学习活动，激发学生的学习兴趣。大量、丰富、开放的体育课程内容资源给学生提供了体育教材无法比拟的感官刺激、信息刺激和思维刺激，这既可以提高学生参与体育学习的主动性，又可以使学生在愉悦中掌握体育的知识、技能，培养能力，陶冶情操。如对足球运动的学习，体育教材中所提供的相关信息是远远不能满足学生的需要的。从体育课程内容资源开发的角度而言，教师可以指导学生从多种渠道获得足球运动的各种信息：从网络、报刊中获得足球运动的相关知识、图片；从电视中观看足球比赛的精彩场面；从学校或社区足球场向足球“高手”们学习各种足球技能等。

（2）促进学生学习方式的变革，使学生从被动学习走向主动探索。学生也是体育课程内容资源的开发主体，学生的经验、感受、兴趣、爱好、知识、能力等构成了体育课程内容资源的有机组成部分，这将极大地调动学生学习的积极性和主动性。此外，面对丰富的体育课程内容资源，学生还将面临如何获取信息、如何筛选信息、如何分析信息以及如何从各种信息中归纳出对解决问题有用的东西等一系列问题。因此学生主动参与式的学习、合作式的学习、探究性学习等各种

新的学习方式将走进体育课堂，这势必将带来学生学习能力、学习水平和学习态度等一系列的变化，对培养学生的实践能力和创新能力具有重要意义。

3．推动新体育课程标准的顺利实施

选择什么体育课程内容，由过去专家的事，变成了专家、体育教师和学生共同要面对的事情。因此，对体育课程内容资源的开发就显得尤为重要，开发什么样的内容、如何开发、开发的水平怎样等一系列问题，不仅直接影响到体育课程的实施水平和体育课程目标五个领域的达成度，而且在某种程度上也关系到课程评价内容、方法、手段等的安排。因此，体育课程内容资源的开发便成为新体育课程标准顺利推进的关键环节。

4．为体育校本课程开发提供借鉴

校本课程开发也是这次基础教育课程改革的亮点之一。《基础教育课程改革纲要（试行）》明确指出：改变课程管理过于集中的状况，实行国家、地方、学校三级课程管理，增强课程对地方、学校及学生的适应性。校本课程开发与课程资源开发具有必然的联系，它是建立在课程资源开发的基础之上的。从这个意义上来讲，体育课程内容资源的开发可以为体育校本课程开发提供经验与借鉴。

二、体育课程内容资源开发的原则

（一）开放性原则

所谓开放性原则，是指体育课程内容资源的开发，要打破时间、空间、学科、领域、途径的界限，尽可能开发利用有益于体育课程实施活动的所有体育课程内容资源。即以一种开放和包容的心态对待人类所创造的一切文明成果，只要有利于实现体育课程的目标，就应该将之纳入到开发与利用的视野，兼收并蓄，为我所用。事实上，从体育课程的发展历史来看，体育课程内容就一直变化、更替着，从体育课程发祥时代的兵操，到现代的各种运动项目；从相对贫困时期的健身养护内容到后工业时代的娱乐休闲内容等，体育课程本来就是一个开放的、不断变化的系统，本身就具有极强的包容性。

体育课程内容资源开发的开放性，包括时间的开放性、空间的开放性、学科的开放性、系统的开放性以及途径的开放性几方面。

1．时间的开放性

时间的开放性，是指体育课程内容资源的开发应该跨越时间的界限。从古至今，人类在几千年发展过程中创造了灿烂的体育文化，有的虽历经时间的侵蚀，但仍然熠熠生辉，闪烁着璀璨的光芒。古代的、近代的、现代的各种形态的体育文化为我们提供了一个丰富的资源库。我们可以根据需要从中选择相关内容进行开发，并不断推陈出新，赋予它们时代的意义。

2. 空间的开放性

空间的开放性，是指体育课程内容资源不论是校内的还是校外的，中国的还是外国的，农村的还是城市的，汉族聚居地的还是少数民族地区的，只要有利于实现体育课程目标，都可以进行开发。

3. 学科的开放性

学科的开放性，是指体育课程内容资源的开发在学校内部要打破体育学科与其他学科之间的界限，尽可能利用其他学科如语文、数学、生物、物理、地理等的内容资源，使所开发的体育课程内容更具有综合的、全面的教育意义。系统的开放性，有两层含义：一是指在体育课程内容资源开发时，不要只局限于学校体育系统，要尽可能利用社会体育系统和竞技体育系统的内容资源；二是指在体育课程内容资源开发时，要超越体育系统的界限，政治、科技、文化、军事、医疗卫生等社会其他系统，也有大量丰富的体育课程内容资源，也是我们开发的对象。

4. 途径的开放性

途径的开放性，是指体育课程内容资源开发不应该局限于某一种途径或方法，应尽可能探索多种途径或方法，并能协调使用。

（二）针对性原则

所谓针对性原则，是指要针对体育课程目标，从学生、体育教师、学校的特点和实际出发进行体育课程内容资源的开发。

1. 要针对体育课程目标进行体育课程内容资源开发

体育课程内容资源开发的最终目的是为了体育课程目标的实现与达成，因此体育课程内容资源开发自始至终要围绕着如何有效达成体育课程目标来进行：一方面，不同的体育课程内容资源具有不同的作用与功能，对于不同特定的体育课程目标，就应该开发不同的体育课程内容资源；另一方面，一些不同的体育课程内容资源可能具有相同的作用与功能，开发时就应该针对体育课程目标对各种资源进行比较与分析，以便能开发出适应性相对较强的体育课程内容。

2. 要针对学生的特点进行体育课程内容资源开发

这在理念上体现了体育课程开发与建设要“以学生为主体”的思想。具体表现在三个方面：一是要针对学生的生理和心理发展水平；二是要针对学生的体育兴趣与爱好，尽可能激发学生的求知欲；三是要针对学生已有的体育学习基础和能力。

3．要针对体育教师特点进行体育课程内容资源开发

每一位教师都有自己的认知策略、思维习惯和工作方式，有自己的生活经历和教育背景，有自己的经验、兴趣、爱好、专长和个性特征及不同的教育教学风格等，这些不仅会直接影响到他们对体育课程内容资源开发的认识，也关系到开发方式和开发的广度与深度。因此，应针对每个体育教师的教育思想、理念、知识、经验、专业水平、特长等来开发体育课程内容资源。

4．要针对学校的特点进行体育课程内容资源开发

由于各个学校具有不同的性质和任务，其所在地理位置、历史传统、培养目标、办学宗旨、师生结构、校风校纪、校容校貌等各不相同，所以要针对学校的特点进行体育课程内容资源开发。如针对学校的自然环境特点、学校的场地、器材、设备的特点、学校的体育传统与风气、班风与校风的特点等。由于体育课程内容资源的开发在很大程度上受各学校体育课程环境资源状况的制约，因此体育课程内容资源的开发也要因地制宜，从各个学校的实际出发。例如：山区学校，可以以山为主题来开发体育课程内容资源，如登山、攀岩、远足、野营等；地处江、河、湖、海附近的学校则可以以水为主题开发体育课程内容资源，如游泳、龙舟、划船、水中健身操等。又比如：城市经济条件好的学校，可以利用校内外的网络资源，进行体育课程内容资源开发，如开发各种体育知识、运动项目的比赛规则、健康保健知识等；而农村经济条件较差的学校则可考虑开发一些本乡本土的、民间的体育课程内容资源，如舞龙、采莲船、踩高跷、顶扁担、滚铁环和其他民间游戏等。

（三）合作互补原则

所谓合作互补原则，是指在体育课程内容资源的开发过程中，要充分发挥体育课程专家、体育教师、学生等人员的作用，充分利用他们的知识、经验、特长以及各自的优势，取长补短，优势互补，共同提高体育课程内容资源开发的质量与效果。合作互补的原则有四层含义：一是体育教师与高等院校或科研机构的体育学科专家之间的合作互补；二是不同学校之间或同一所学校内部体育教师们之间的合作互补；三是体育教师与学生之间的合作互补；四是体育教师与其他人员合作互补等。

体育教师作为体育课程的实施者，由于身处教学的第一线，因而具有较强实践能力和广阔的实践舞台，但是他们普遍缺乏教育研究方面的知识，教育理论视野也不够开阔，加上繁重的教育教学工作，其参与体育课程内容资源开发的积极性和效果都会受到一定的限制。而高等院校或科研机构的体育学科专家们虽有较强的体育课程内容资源的开发意识，也有较扎实的教育理论基础和教育科研能力，

但却缺乏像中小学体育教师那样的现场经验和具体实践操作能力。因此，只有将二者的优势结合起来，形成理论指导——实践操作的相互结合，才能使体育课程内容资源的开发方向更加明确，效果更加明显。

体育教师之间的交流与合作，对提高体育课程内容资源开发的质量与效果也有很重要的意义，因为：其一，体育教师之间的合作、探讨、经验分享本身，就是开发体育课程内容资源的重要方法之一；其二，由于体育教师们活动的空间背景相对一致，或同一所学校，或同一个城市、一个区、一个县、一个乡镇的几所学校，其在地域上有着相同的特点，通过相互合作，有利于开发出特色鲜明的体育课程内容。另外，体育教师之间的合作，还可以使一个体育教师或一所学校在体育课程内容资源开发方面所取得的成果和经验，能够迅速在其他教师中推广，形成较强的示范作用，有利于体育课程内容资源开发的不断深入。

体育教师与学生的合作，同样也有利于体育课程内容资源的开发。学生在体育方面的知识、技能、经验等虽然不像体育教师那样，经过了专业的培训，但他们在体育方面同样也具有体育教师没有的生活实践优势。表现在：第一，某个领域的体育知识，如NBA、德甲、意甲、英超等方面的各种信息，学生可能比体育教师掌握得更多；第二，某些运动项目特别是新兴运动项目的知识和技能如山地自行车、滑板、轮滑、台球等，体育教师可能不如学生；第三，学生本身所拥有的生活和学习经验是体育教师不具有的。体育教师通过与学生合作，不仅可以大大提高体育课程内容资源的丰富程度和开发效果，也有利于使学生的经验进入体育课程，成为体育课程的重要内容。

在体育课程内容资源开发过程中，体育教师与其他人员如学生家长、学校行政人员、教练员、民间艺人、社区其他人员等之间的合作也是非常重要的。也就是说，体育教师要充分地利用一切可以利用的“外力”来提高体育课程内容资源开发的效果。

（四）开发与利用相结合原则

开发与利用相结合原则，是指在体育课程内容资源开发过程中，不能单纯为开发而开发，要注意使开发与实际利用结合起来，使开发的体育课程内容资源通过课程实施的各个环节进入体育课堂而发挥其作用与功能。

以前，课程资源的地位和作用没有得到足够的重视，教材以外的课程资源开发力度严重不足。如今，课程资源开发问题已经引起关注，但这又可能导致另一个极端，即肆意开发各种资源，而忽视实际的利用。因此，体育课程内容资源的开发也应该注意尽量避免只重开发不重利用的倾向，既要注意开发的数量，也要注意开发的质量；既要树立积极开发各种体育课程内容资源的意识，又要善于分析、识别、发现现有的体育课程内容资源，把闲置的体育课程内容资源及时进行加工、改造和转化，使之进入体育课程而加以充分利用。

（五）时代性原则

时代性原则具有两个方面的含义：一是指体育课程内容资源的开发要反映出现代社会发展的需求；二是指体育课程内容资源的开发要体现出鲜明时代特征。随着社会的不断发展和现代科学技术的日新月异，人们的生产方式和生活方式发生了巨大的变化。这种变化一方面使人们的生活更加舒适便利，但另一方面也对人们的健康带来了诸多不利影响，如人的生物性退化、人际关系淡化、社会应激水平增加等一系列问题，这种影响同样也波及学生，例如，当前学生体质健康水平呈下降趋势，而心理疾病的发病率则呈直线上升趋势。因此，改善和提高学生的健康水平，便成为当今社会发展的需要。体育课程内容资源开发也必须要满足这一需求，具体而言就是要尽可能开发出锻炼价值高、实用性强、对改善学生心理素质及提高学生社会适应能力作用大的体育课程内容。

健康的生活方式是现代人追求的目标之一。娱乐、健身、休闲正在逐步成为人们余暇生活的主旋律，而各种娱乐、健身、休闲的手段也在不断地发明和创造出来，成为深受大众喜爱的新兴运动项目。体育课程内容资源的开发，亦应该体现出这种鲜明时代特征，要让那些有着浓郁生活气息和趣味性强的各种身体练习，通过加工成为体育课程内容的组成部分，以便为学生走出校门、步入社会生活奠定基础。

三、体育课程内容资源开发的目标

课程的价值在于促进学生的知识、能力、态度及情感的和谐发展。课程的变革，从某种意义上来说，不仅仅是变革教学内容和方法，而且也是变革人。创学生是课程改革的出发点和归宿，因为教育的根本目的和功能是促进人的成长与发展，学校的一切工作，最终都是为了促进人的发展，为人的发展服务。从这一点上来说，体育课程内容资源开发的总目标与体育课程的目标应该是一致的，即通过体育课程内容资源开发，培养学生的运动兴趣和运动能力，促进学生身体、心理健康水平和社会适应能力的发展。具体而言，体育课程内容资源开发要实现以下几个目标：

（一）满足学生体育需要，促进学生发展

体育课程内容资源开发的首要目标就是要满足学生的体育需要，促进学生的发展。就学生个体而言，不同年龄、性别以及不同地区的学生，由于各自的教育背景不同，其身心发展的水平如身高、体重、运动能力、对运动的兴趣、爱好、态度、社会交往能力等是有很大差异的。例如有人曾对上海市学生的运动兴趣进

行了调查，发现学生最感兴趣的运动项目前 3 项皆为球类——篮球、羽毛球、足球；又如新加坡羽毛球运动员姚蕾曾对体育隐蔽课程的设计等问题进行了研究，其认为，不同的学生对体育场地、器材设备的需要是不同的，而要想取得好的教学效果，必须事先布置和采用最适合学生需要的教具或器材等。

体育课程内容资源的开发必须以满足不同学生的体育需要为前提，否则便不能被学生所接受。另一方面，学生在体育方面需要学习的东西很多，远非体育课程所能包揽，因而必须在可能的体育课程内容资源范围内，在考虑开发成本的前提下突出重点，精心选择那些对学生终身发展具有决定意义的体育课程内容资源，使之优先得到开发。

要通过体育课程内容资源的开发，使学生由被动地学走向主动参与、主动探索，从而真正学会学习。为学生提供丰富的、多姿多彩的体育课程内容资源，重在不断培养学生独立学习的意识、习惯和能力。体育教师要充分利用体育课程内容资源开发过程中的各种有利因素，提高学生探索问题、分析问题、解决问题以及合作学习等方面的能力，使他们能够创造性地利用各种体育课程内容资源，为自身的体育学习和实践及其他探索性活动服务。

（二）提高体育教师开发体育课程内容资源的认识和能力

体育课程内容资源开发的另一个重要目标是树立体育教师新的体育课程内容资源观，并不断提高其开发体育课程内容资源的能力。体育教师对体育课程内容资源开发的认识和理解，直接关系到他们开发体育课程内容资源的主动性和积极性，也在很大程度上影响着开发的质量和效果。因此必须通过体育课程内容资源的开发，使体育教师对体育课程内容资源的认识不断深化，逐步树立新的课程资源观。

体育教师开发体育课程内容资源的能力也是影响开发效果的关键因素之一。对绝大多数体育教师来说，怎样开发体育课程内容资源是一个全新的课题。通过体育课程内容资源开发，要促使体育教师不断学习现代教育思想和教育技术，学习体育课程内容资源开发的各种方法与技术，并学会从实践中总结各种经验教训，注重分享其他教师的各种经验和成果，使他们的专业水平在实践中不断提高。

（三）丰富体育课程内容体系

体育课程内容，从内涵上来说应该是非常丰富的。但在以前相当长一段时间内，体育课程内容被限定在体育教学大纲和体育教材所规定的范围，其他内容如各种新兴运动项目、学生的经验等一般是不会成为体育课程内容的。新课程改革，就是要改变这种局面。体育课程内容资源的开发，也要将丰富体育课程内容体系作为一项基本任务。

体育课程内容资源的丰富性和多样性特点，为我们的开发提供了前提条件。要努力通过体育学科专家、体育教师、学生等多个主体以及国家、地方和学校多个层面全方位、多角度地进行体育课程内容资源的开发，使各种新颖有趣、适应性强的体育课程内容资源不断转化为体育课程内容，使体育课程内容的范围在原有的基础上不断拓展、不断丰富，逐步形成具有中国特色的体育课程内容体系，使拓宽后的体育课程内容能够为学生选择学习、发展个性提供更加广阔的空间，为实施素质教育、提高体育课程教学的质量和效果打下基础。

（四）形成学校体育课程特色，提高新体育课程标准的适切性

致力于形成各个学校的体育课程特色，以提高新体育课程标准对每个学校的适切程度，也是体育课程内容资源开发的重要目标。每所学校由于学校性质、办学条件和教育理念、学生的发展基础等实际情况不同，其拥有的体育课程内容资源的数量、性质和具体结构等也是不同的。因此，不要一味追求体育课程内容资源的统一性，应保持不同地域间学校的体育课程内容资源的丰富多样性，把各个学校所拥有的不同体育课程内容资源，变成特色资源来开发。只有形成特色，才能使一个学校的体育课程内容资源开发具有旺盛的生命力。

第三节　体育课程内容资源开发的范围与方法

一、体育课程内容资源开发的范围

（一）体育课程内容的知识资源

1．知识的概念

自古以来，知识与教育就有着密切的内在联系。一方面，知识的传播、选择、分配以及发展等都离不开教育活动，另一方面，知识又构成了教育的重要内容，离开了知识，教育的一切活动就无法正常开展。知识也是日常生活中人们谈论最多的话题之一，但人们对于什么是知识却无法达成一致的看法。不同的学科对知识的理解和解释是不同的，从哲学的范畴来解释，知识是客观事物的属性与联系的反映，是客观世界在人脑中的主观印象。从社会学的范畴来看，知识是在人类文明进程中，一切创造工具和结果。心理学对知识给予了新的解释，如布鲁姆（B．S．Bloom）将知识定义为对事物和普遍原理的回忆，对方法和过程的回忆等。上述知识观，各自的侧重点各不相同，前两种泛指人类的知识，最后一种则侧重于个体的知识。

完整的知识应当包括人类的知识和个体的知识，可以从广义和狭义的角度来理解：广义的知识是指人类认识客观世界及其自然实践经验的总结，它可以通过

语言文字、各种媒体长期保存；而狭义的知识则是指个体通过与客观外界环境相互作用所获得的各种信息及技能。

2．知识的类型

从不同的角度，知识可以被划分为多种类型。如：按照学科领域，可以将知识划分为哲学知识、自然科学知识、社会科学知识和数学知识；按照知识的载体形式可以将知识划分为显性知识和隐性知识。经合组织（Organization for Economic Cooperation and Development）将知识分为四大类：知道是什么即知事（Know-What，又称事实知识）、知道为什么即知因（Know-Why，又称原理知识）、知道怎样做即知窍（Know-How，又称技能知识）和知道谁有知识即知人（Know-Who，又称人力知识）。其中前两类知识即事实知识和原理知识是可以表述出来的知识，也叫作显性知识，而后两类知识即技能知识和人力知识则难以用文字来明确表述，称为隐性知识；根据知识的作用和功能还可以将知识分为实用知识、学术知识、闲谈与消遣知识、精神知识；而现代认知心理学的理论则从学习的角度将知识分为陈述性知识、程序性知识和策略性知识。

对于进入学校课程的知识而言，如果按照知识的内在要素，可以将其分为认知性知识、道德性知识、审美性知识、健身性知识和劳动技术性知识。而根据人类认识的对象，又可以将知识分为自然知识、社会知识和人文知识等。这些内容主要包括各门科学的基本事实、基本概念、基本原理或基本理论等方面的书本知识，在学校教育中，通过各门学科课程体现出来。

3．知识资源的结构

由于体育课程内容的知识资源主要来源于体育学科的知识体系，因此体育课程内容知识资源的结构与体育科学体系的结构有着非常紧密的联系。

关于体育科学体系结构，当前主要有五种不同观点：一是认为体育科学体系由体育社会科学学科、基础学科和运动学学科 3 大部分组成；二是认为体育科学体系可分为自然科学类、人文科学类、管理科学类；三是认为体育科学体系是研究人体运动规律的科学，它研究的是体育科学、工作、人及其关系，因此可以根据体育科学研究的对象来划分体育科学体系的结构；四是认为体育科学体系可以分为体育基础学科、体育技术学科和体育应用学科 3 大类；五是将上述方法结合起来进行分类等。尽管没有较为一致的观点，但比较明确的是，体育学科所覆盖的范围基本上包括了社会、自然、人文、管理以及体育运动的专项技术等方面的内容。从体育课程的特点来看，其内容所涉及的主要是体育、运动和健康等方面的知识，而这些知识中，又不同侧面、不同程度地涉及体育与健康方面的科学、社会和人文等方面的知识。为了便于理论研究与实践运用，可以将体育课程内容知识资源分为 3 大类：即体育基本理论知识资源、运动项目知识资源和健康知识资源。

（二）体育课程内容的经验资源

1．经验的概念

每个个体在成长的过程中，总是不断地接受外部环境的刺激，并体验外部事物，形成经验。经验是个体与外部世界交流的重要手段，不仅反映人们在某一时间、某一范围内的活动历程与内心体验，而且由于人类有思维，懂得利用事物之间的联系，经验往往又成为人们进一步采取行动的思想基础。因此，经验在人的成长过程中具有非常重要的作用和意义。

经验在中文里至少有三个方面的含义：第一，作为动词，是指经历，即亲身体验的过程；第二，作为名词，泛指由实践得来的知识或技能，这与广义的“知识”概念是相通的；第三，作为哲学名词，通常指感觉经验，即感性认识。在英文里，经验（experience）同样也具有两种含义：一是名词，指经验、体验、经历、阅历等；二是动词，指经历、体验、感受、遭受等。可见经验一词在中、英文里都有动词和名词两种用法。但与中文不同的是：首先，英文的经验在作名词使用时，其含义主要突出个体的色彩，即特指通过个体活动获得的结果，而没有中文中“泛指由实践得来的知识或技能”这样的含义；其次，英文中经验作为动词使用非常普遍，尤其突出并强调个人的亲身、直接的体验过程，有个人主观体验过程在内的含义。

2．经验作为课程资源的意义

作为人类认识世界的重要形式，经验是知识的基础。教育是人类的一种特殊的认识活动，它必然与经验存在着非常密切的联系。早期的教育学家们非常重视经验在教育中的作用，如捷克教育家夸美纽斯就提倡观察自然、模仿自然，重视自然经验在教育中的作用。法国思想家卢梭强调直接经验在获得真理过程中的基础地位。瑞士教育家裴斯泰洛齐主张认识事物从直接经验开始，并且非常重视生活经验，提出生活即是教养的主张等。

尽管如此，把经验作为课程的重要组成部分却经历了一个漫长的发展过程。近代学校课程是以知识为本体的，最典型的是英国教育家斯宾塞。在“什么知识最有价值”的呼唤下，他提出了“一致的回答是科学”的答案，为自然科学进入学校课堂提供了理论基础，并由此带来了近代教育的重大进步。但是，这种知识本位的课程观存在着一定缺陷，其强调课程的直接结果，关注的是学习者是否掌握了知识、掌握了多少知识、怎样使受教育者尽可能快、尽可能多地记住知识等，知识的质和量成为教师、学生乃至整个课程、全部教育所追求的目标。在这里，知识是课程的中心，成为课程的主宰；在这里，生活世界被忽略了，人类文化中的精髓和富有灵性的部分被理性的知识所代替而难以在课程中表现出来；在这里，知识的完整统一性被破坏，情感体验、意志努力在知识学习过程中的重要作用被漠视，知识中本应该充满生机和活力的部分一次次地从课程中剥离出来，致使课程变得冷漠和枯燥，缺乏人性。知识本位课程观的这些缺陷，逐渐被人们所认识，并不断受到批评。美国教育家杜威通过长期的教育实验，全面而深入地对经验、经验与教育、经验与课程等问题进行了研究，提出了“教育即经验的不断改造”的重要教育命题，并且由此带来了课程观——知识本位向经验本位的重大转变。经验本位的课程观明确了学习者与课程的关系，突出了学习者在课程中不可缺少的地位。也就是说，如果不能将学习内容转化为学习者的经验，如果不通过学习者积极主动地学习体验，学习就不可能是真正有意义的。将经验作为课程的本体，是课程观的一次重大飞跃，尽管其可能仍然不完善，但毕竟打破了知识中心一统天下的局面。同时，随着课程的进一步发展，知识本位与经验本位的课程观将逐渐由对立走向相融合。

把经验作为课程资源的积极意义在于：首先，拓宽了课程资源的内涵。课程资源不仅是知识和知识的载体—教材，不仅是教学环境和设备，也不仅仅是课程专家和教师，它内在地包含了学生个体的经验系统，而且它不是一般的课程资源，更是基础性资源，其他的课程资源只有与学生的经验相结合，才能够真正发挥作用；其次，突出了学生作为学习者的主体地位。经验是一个主动的过程，不单是学习者被动地受着环境的影响和塑造，还是学习者对未知的积极探索和对环境的主动改造。每个人的认识能力及其特征都具有差异性，主动作用需要的不仅仅是记忆和理解，更需要学习者在主动学习的过程中去想象、尝试、反思甚至创造，这对学生的发展无疑具有非常积极的意义；最后，将学生的经验作为课程资源，还有利于增强课程内容与学生社会生活和现实生活经验的联系，使课程真正具有生活意义和价值。

3. 经验资源的结构

学生经验的获得，与其生活环境包括自然环境和社会环境是密不可分的。在社会环境中，家庭、社区和学校对学生经验的形成有着非常重要的影响。体育课程所涉及的学生经验资源大致包括了学生的家庭生活经验资源、社区生活经验资源和学校生活经验资源三个方面。

（1）家庭生活经验资源。家庭是社会的“细胞”，其对学生的成长起着非常独特的作用。在家庭中，父母与子女关系，构成了家庭教育的逻辑起点，家庭生活的点点滴滴，无时无刻地影响着学生的人生观和价值观以及各种经验的形成。家庭生活经验是学校生活的重要基础，一方面学生所受到的家庭教育是进入学校是必需的，另一方面，入学后的学生仍然还是家庭成员，还必须继续接受家庭教育，家庭生活的经验将持续不断地对学生的学校生活产生影响。

（2）社区生活经验资源。社区是指进行一定的社会活动，具有某种互动关系和共同文化维系力的人类群体及其活动区域。社区为人们提供了社会交往的组织空间和地理的活动空间，人们的日常生活，大都是在一定的社区范围内进行的，社区对人的思想观念、行为规范、生存和发展等方面有着重要的影响。社区同时也是学生生活的重要空间，他们在社区的活动是丰富多彩的，社区生活经验构成了其经验的重要组成部分，具有非常重要的开发价值。在社区中，他们不断经历着体能的增强，运动技能的提高和心理品质的磨炼。而且，各个社区所开展的娱乐、游戏和运动活动，有着各自的特色，这使得不同社区的学生在参与社区游戏、娱乐和运动活动过程中所积累的经验也各具有特色。同时，在参与社区游戏、娱乐和运动活动中，学生与社区的其他成员之间是互动的，表现在：一方面，社区的其他成员在游戏、娱乐和运动活动中对学生起着指导作用；另一方面，学生在社区游戏、娱乐和运动活动中也起着骨干作用，有些学生甚至还充当了“小老师”的角色。这个互动的过程，对学生游戏、娱乐和运动经验的生成、积累无疑是非常有益的。

（3）学校生活经验资源。学校生活是人生必不可少的重要阶段，学校教育为个体的成长奠定了基础。学校环境和各项活动是按照教育活动的需要为实现育人目标而组织起来的，因此学校生活本身具有很强的教育意义。对于学生来说，由于学校生活的时间非常长，因此学校生活经验对他们的成长有着重要的意义。

（三）体育课程内容的身体练习资源

1．身体练习的概念、特点与分类

（1）身体练习的概念。动作是人体进行身体活动最基本的结构单位，各种各样的动作构成了人类日常生活的各种活动。通常，人们把为了实现体育目的而采取的各种身体活动的内容和方法称为体育手段。一般认为，身体练习是体育手段的各种具体动作，它是人们为了增强体质、娱乐身心或提高运动水平而采用的身体活动内容。身体练习与体育手段有着非常密切的关系：第一，身体练习是体育手段的基本结构要素，即体育手段本质上是由各种具体的身体练习（或运动动作）组成的；第二，某些身体练习的具体动作本身就可以构成一项体育手段，如慢跑，俯卧撑等。所以，身体练习又可以作为狭义的体育手段概念来理解。

身体练习是体育课程的主要内容。与其他文化课不同的是，体育课程学习的结果主要表现在体能的增强、运动技能的掌握和行为态度的改变等方面，而这必须要通过学生亲身参与各种运动实践才能实现，这也就决定了体育课程各种教和学的内容，主要由各种形式的身体练习所组成。同样地，身体练习资源

在体育课程内容资源体系中亦占有非常重要的地位，是我们重点要开发的体育课程内容资源。

（2）身体练习的特点。从宏观的角度而言，身体练习具有四个基本特点：首先，它是由骨作为运动的杠杆、以关节作为运动枢纽、以肌肉（骨骼肌）收缩为运动动力的身体活动；其次，进行身体练习的过程中，伴随着能量消耗由低向高变化；再次，它对体质健康有积极影响；最后，有明确的目的性，只有那些为了实现体育的目的任务而采用的运动动作才能称作身体练习，这也是身体练习区别于生活动作、劳动动作、艺术动作以及军事动作主要标志。

而从微观的角度来分析，身体练习又具有以下特征：第一，所有的身体练习都是在一定时间、空间中按照一定的节奏进行的，其运动学和动力学以及综合性特征具体又通过身体姿势、练习轨迹、练习时间、练习速度、练习速率、练习力量和练习节奏等要素表现出来；第二，它需要一定的自然环境和物质环境如体育场、体育馆、各种运动器材和设备、空地、大海、沙滩等；第三，身体练习有多种表现形态，其既可以由单一运动动作构成，也可以由多个运动动作组合而成，还可以将运动动作与一定的情节、规则、场地等要素相结合构成各种活动性游戏和运动项目等；第四，身体练习中的人员关系也是多种多样的，如单人的身体练习、双人的身体练习、集体的身体练习、同步的身体练习、非同步的身体练习等。

值得指出的是，每个身体练习所具备的要素特征是不同的，这意味着不管什么样的身体练习，只要我们变化其中任意一个要素的特征就可以形成一种新的身体练习内容或手段，这为我们开发体育课程的身体练习资源提供了一个全新的思路。

2．身体练习资源的结构

根据本文所采用的身体练习分类方法，相应地，体育课程内容的身体练习资源大致由单一动作结构的身体练习资源、组合动作结构的身体练习资源、活动性游戏资源和运动项目资源四个方面构成。

（四）体育课程内容资源开发的主体

1．体育学科专家

体育学科专家一般具有较高的学历和职称，他们主要在高校或科研所从事学校体育或体育课程方面的教学及研究工作，其经过严格的专业训练，具有丰富的专业知识和经验，有较强的创新精神和较宏观的理论视野。体育学科专家的优势是有比较高的教育学和体育学科方面的理论水平和科学研究水平，对国家的宏观教育政策理解得比较透彻，劣势是缺乏体育课程教学的实际操作经验。体育学科专家虽然不像体育教师那样亲临课程实施的第一线，但他们在体育课程内容资源开发中却起着非常重要的作用。

2. 体育教师

教师是课程实践的核心人物，他们在课程实施中扮演着主要角色。同样，体育教师在体育课程资源开发过程中也起着核心作用，这不仅因为体育教师是体育课程的具体实施和操作者，还在于体育教师本身所具有的知识与技能、过程与方法、情感态度与价值观等都是最宝贵的体育课程资源。与体育学科专家不同的是，体育教师虽然受过专门的教育与培训，但由于自身知识结构、综合素质等条件的局限性，其教育及体育方面的理论水平远不及体育学科专家，但他们却具有体育学科专家没有的优势：首先，他们与学生接触更广泛，熟悉学生的个性差异和日常交往行为，也最了解学生的想法和感受；其次，他们掌握有体育课程实践的第一手资料，而这正是体育学科专家所非常缺乏的。体育课程内容资源开发的效果，在很大程度上是由体育教师所决定的。

3. 学生

学生是教育的对象，更是一种重要的教育资源。学生成为特殊的课程资源开发者，其根本原因在于学生是课程的主体。

4. 其他人员

其他体育课程内容资源开发主体还有：学校其他课程的教师、学校行政管理人员、教育行政部门管理人员、学生家长、社区居民、其他专业人士如业余体校的教练员、运动员等。在开发体育课程内容资源的过程中，我们应该根据需要充分发挥他们的作用。

二、体育课程内容资源开发的方法

在体育课程实践中，体育学科专家、体育教师和学生在进行体育课程内容开发中所采用的方法是多种多样的。访谈调查的结果表明，体育教师在开发体育课程内容资源的实践中，常采用改造、整合、拓展等方法。

体育学科专家常用的开发方法主要是筛选、改造和整合等。综合问卷调查、访谈调查和行动研究的结果，主要的体育课程内容资源开发方法有五个，分别是：筛选、改造、整合、拓展和总结。

（一）筛选

1. 筛选的定义

所谓筛选，就是按照一定的标准从大量的体育课程内容资源中，选择出合适的体育课程内容的方法。例如，体育学科专家从球类运动项目中选择篮球、乒乓球作为体育教材内容等。

2．筛选的特点

（1）确定选择标准是运用筛选方法的关键。不同的开发主体，由于各自的经验背景、开发的层次、开发的目的及看问题的角度等方面的差异，其筛选课程内容资源的标准在具体操作上可能会有所侧重。体育学科专家在运用筛选方法时可能会更多地考虑到一些宏观方面的标准，如国家的教育政策、学校体育的指导思想、体育课程标准的要求；体育教师在运用筛选方法时除了要考虑体育课程标准的要求外，会更多地考虑一些微观方面的标准，如学校的体育场地、器材方面的条件、学生的实际等而学生在筛选课程内容资源时则会更多地考虑体育教师的要求和自己的兴趣、爱好和特长。

（2）筛选可以在一定程度上解决体育课程实践中“教不完”“教不会”的问题。“教不完”和“教不会”是体育课程实施过程中常见的问题，筛选通常是解决该问题的主要手段。筛选通常表现为两个层次：一是面对大量的体育课程内容资源，在体育教材中不可能全部反映出来，因此体育学科专家在编写体育教材时必须要对各种体育课程内容资源进行筛选；二是体育教材中所呈现的内容，由于场地器材、教学时间等方面的原因，在任何一所学校都不可能全部教给学生。而且在实践中，体育教师还需要面临这样的难题，即选择多少体育课程内容才是合适的，因为体育课程教学的总时数是有限的，选择的内容数量越多，每个内容平均的学时数就会相对减少，反之亦然。所以上什么、不上什么，对体育教师而言同样也涉及如何筛选的问题。

（3）筛选的结果一般表现为数量上的变化，而非质量上的变化。运用筛选方法是为了从大量的体育课程内容资源中选出少量的体育课程内容，而每个所筛选出的体育课程内容在具体性质上基本上没有发生改变。例如，我们选择乒乓球为高中生体育课程内容，在具体的乒乓球技术、战术、比赛规则、场地器材等方面基本上与社会上所开展的乒乓球运动是一样的，没有什么差别。

筛选方法的优点是运用起来简单、便捷；缺点是灵活性和适应性较差，表现在，体育学科专家和体育教师所选择的体育课程内容有时可能会与学生的身心发展特点不相一致。如小学生学习篮球也用标准的场地和器材，就有可能造成他们学习上的困难。

3．筛选的适用范围

就使用的对象来说，体育学科专家、体育教师和学生在体育课程内容资源开发中都可以运用这种方法。但相对来说，体育学科专家在编写体育教材时、体育教师在确定体育课程内容时运用这种方法比较普遍，而学生则使用得比较少。由于筛选法的特点，其主要用于体育课程的知识资源和身体练习资源的开发。

4．筛选的一般步骤

（1）开列内容清单。尽可能将所要开发的体育课程内容的相关资源列出来，以供选择。例如，野外运动项目的开发，首先要搞清楚野外运动项目总共有哪些，并将其一一罗列出来。

（2）确定选择标准。选择标准因开发主体不同、开发目的不同而在具体内容上会有所差异，但一般要考虑的因素有：国家的教育和体育政策、学校体育的指导思想和目标、体育课程标准、学校的体育环境、师资、体育教材、学生的特点、具体的课堂教学目标等。

（3）按照选择标准筛选出合适的体育课程内容。值得注意的是，为了避免筛选法的缺陷，在实际的体育课程内容资源开发过程中，还要尽可能地将筛选法和其他方法结合起来运用。

（二）改造

1．改造的定义

改造是指根据体育课程具体实施的不同对象和条件等特点对原有体育课程内容资源的某个构成要素进行加工、变化、修改的方法。改造是体育课程内容资源转化为体育课程内容的基本途径。特别是身体练习资源，其要成为体育课程内容，必须要经过教育学意义上的加工处理。

其实，很多专家、学者以及第一线的体育教师们很早就注意到了对竞技运动项目进行加工改造，使之能够进入体育课堂、成为体育课程内容的问题，尽管他们在提法上有一些不同，如有的叫“竞技运动项目的教材化”，有的叫“竞技运动项目的软式化”，还有的叫“体育教材的加工与改造”等，但主要观点却是基本一致的，即都认为竞技运动项目在本质上与体育课程内容或体育教材是不同的，必须要经过改造才能成为体育教材或体育课程内容。

季浏教授将“运动项目改造”作为体育课程内容资源的开发的主要方法，这是一个新的视角。改造方法也是从体育课程内容资源开发这个视角切入的，但是本文所指的“改造”在内涵上已大大超过了上述专家和学者们所探讨的范围。

2．改造的特点

（1）“变化”和创新是改造的核心。经过改造后的体育课程内容，虽然保留了原来的一些元素和特征，但是在性质上已经发生了变化，其已经“面貌一新”。因此，改造的过程实际上是一个对原有体育课程内容资源的创新和重构的过程。

（2）改造的具体方式是多种多样的。在运用改造法进行体育课程内容资源开发时，具体的方式是很多的，每一种方式运用的条件和效果都有所不同。

（3）改造的具体内容具有多元性。改造既可以是功能性的，也可以是结构性的；既可以针对原有体育课程内容资源个别要素，也可以针对多个要素；既可以是整体、系统的改造，也可以是局部、部分的变化；既可以是民族、民间文化如民间歌舞或民族传统运动项目的推陈出新，也可以是国外新兴运动项目的本土化改造和引进；既可以是对单一动作结构和组合动作结构的身体练习的变形，也可以是对活动性游戏或运动项目的改造等。

改造是建立在个体经验的基础上的，因此改造方法的运用有一定的难度改造方法对使用者的能力要求比较高，如果使用者不具备一定的改造体育课程内容资源的知识、方法、能力以及技巧，是很难对各种体育课程内容资源进行有效改造的。

3．改造的适用范围

改造方法的主要使用对象是体育学科专家、体育教师以及具有一定改造体育课程内容资源能力的学生。从各个体育课程内容资源开发主体的不同特点来看，使用改造法最频繁的是体育教师，因为为了提高体育课程内容的适应性和可操作性，他们时刻要根据学校条件、自身特点、学生的兴趣、爱好及身心发展特点等对各种体育课程内容资源进行改造以适应具体的体育课堂情景。

改造方法主要用于身体练习资源的开发，尤其是活动性游戏资源和运动项目资源的开发。改造方法也可用于学生经验资源以及体育课程内容其他资源的开发，如对民族、民间歌舞的改造等。

4．改造的一般步骤

（1）分析学生的特点和学校的条件。如分析学生的年龄、性别、兴趣、爱好、生理发育特点、心理发育特点、生活经验基础、学校的场地、器材设备条件等，通过分析，以确定改造的具体内容和方式。

（2）分析体育课程内容资源的构成要素。体育课程内容资源，都是由一定的基本要素所构成，例如身体练习就是由练习方法要素、环境要素、人与人及人与环境关系要素、比赛规则要素等构成的，改造实际上就是对这些要素的不断变化、加工和修改。对某个具体的体育课程内容资源而言，从中提取一些要素，改变一些要素，增加一些要素、舍弃一些要素就可以形成一个新的体育课程内容。

（3）按照一定的目的和原则对体育课程内容资源的各构成要素进行改造。改造不是随意进行的，必须有明确的目的，必须遵循一定的原则。毛振明教授提出，在竞技运动项目教材化的过程中，应考虑从以下几个方向进行：一是向动作教育方向教材化；二是向游戏方向教材化；三是向理性方向教材化；四是向文化方向教材化；五是向生活、实用方向教材化；六是向简化方向教材化；七是向变形方向教材化；八是向运动处方方向教材化等。季浏教授等认为在竞技运动项目改造中要遵循主体性、主动性、实效性、可接受性、全面性、选择性、教育性、趣味性以及安全性等。在体育课程内容资源的改造过程中需要考虑四个基本原则，即趣味性与游戏性原则、教育性与文化性原则、适应性与可行性原则以及生活性与实用性原则。

（4）重构与修改。对改造后的体育课程内容资源进行重新构建，运用于体育课程的课堂实施，以了解其效果和存在的主要问题，并进行适当修改，为下一轮实施提供参考。

（三）整合

1．整合的定义

所谓整合是指将各种体育课程内容资源的某些要素通过一定的方式有机地结合在一起，从而形成新的体育课程内容的方法。例如，把乒乓球运动和羽毛球运动整合在一起，利用木制乒乓球拍、羽毛球的球和球网以及乒乓球的基本比赛规则，就可以组合成一项新的运动项目——“搭搭球”等。

2．整合的特点

（1）整合的范围非常广泛。从理论上来说，整合的范围是没有边界的，其涉及所有体育课程内容资源，既有与体育课程联系非常紧密的知识、身体练习资源，也有与体育课程联系不太紧密的知识、技能或其他资源，如数学、语文、艺术等课程中的某些知识和技能等。

（2）整合的层次和方式多种多样。整合既可以是空间上的整合，也可以是功能上的整合，还可以是结构和要素上的整合。整合既可以发生在同一类型的体育课程内容资源之间，如知识资源与知识资源的整合，也可以发生在不同类型的体育课程内容资源之间，如知识资源与身体练习资源的整合；整合既可以发生在体育课程内部，也可以发生在体育课程与其他课程之间；整合还可以是跨领域、跨学科的，如体育与军事、体育与舞蹈、体育与医学等。整合的方式也是多样的，既可以是单一性的如两个身体练习之间的整合，也可以是综合性的如多个运动项目的整合等。

（3）整合的关键环节是提炼。整合的效果主要取决于对不同体育课程内容资源要素的提炼，也就是要尽可能把各个要素的最“精彩”之处结合在一起。

3．整合的适用范围

就开发主体而言，使用整合方法的主要是体育学科专家和体育教师，学生在体育教师的指导下，也可以采用这种方法进行体育课程内容资源的开发。整合的方法可以用于各种体育课程内容资源的开发。

4．整合的一般步骤

确定整合的主要目的采用整合的方法进行体育课程内容资源开发，一般有以下几种目的：一是为了发挥体育课程内容的多种教育功能，如“电脑键盘操（体操+计算机）”“英语字母操（体操+英语）”“体育+安全教育”“体育+国防教育”等，使体育课程内容不仅具有健身娱乐的功能，还有开发智力、培养审美意识和能力等方面的作用；二是为了增加体育课程内容的趣味性，如上面的“羽毛球+乒乓球”的例子；三是为了提高体育课程内容的适应性，特别是对一些学生感觉到比较枯燥、难学的内容，可以通过整合使体育课程内容更加适合学生的特点，例如“游戏+健康知识”的整合等。不管是为了何种目的进行体育课程内容资源整合，必须要明确。

（四）拓展

1．拓展的定义

拓展是指对原有的体育课程内容资源在形式、具体内容及功能等方面进行扩展、补充，使体育课程内容在具体内容和形式上更加完整，在功能上更加全面的方法。例如足球，除了体育教材上的内容外，还可以根据学生的特点，进行一定扩充，如增加有关足球运动的发展历史、足球动作的图片、足球赛的录像（或电影）、报纸、期刊关于足球明星的报道等。

2．拓展的特点

（1）拓展大都是围绕着一个具体的体育课程内容资源未进行的。由于拓展的主要目的是为了使原有的体育课程内容更加丰满、完整，因此拓展主要是围绕着某一个具体的体育知识或身体练习等来进行的。例如，投掷内容可以从单一的右上手投，延伸到左上手投，拓展到单手下投、飘投、抛投、双手向前、向后、向上抛投等。

拓展的方式主要有内容上的拓展、形式上的拓展和功能上的拓展三种内容上的拓展主要是围绕某个知识资源或身体练习资源补充一些相关的材料，例如“吸烟与健康”的课题，就可以补充诸如“吸烟与寿命”“吸烟与疾病”“吸烟与智力”“吸烟与环境”等方面的材料。形式上的拓展是扩展课程内容呈现的形式，如对以文字形式呈现的体育课程内容，可以补充以电影、图画、照片、图表、光盘、模型等其他形式的内容。功能上的拓展主要是尽可能挖掘体育课程内容多方面的功能，例如攀爬练习，其主要功能是发展基本活动能力，为了实现不同的课程目标，可以将其功能向改善心理品质、提高社会适应能力等方面扩展等。

（2）活动是拓展的重要途径。特别是以学生为主体进行体育课程内容资源的拓展时，体育教师可以通过组织各种活动来进行，例如对奥运知识的拓展，就可以通过组织奥运知识竞赛、象征性奥运火炬接力、奥运演讲比赛、奥运戏剧表演、奥运物品收藏展示等多种活动来进行。

（3）拓展方法总是与筛选和改造方法结合在一起运用。由于拓展后的内容非常丰富，有些可能并不适合学生或学校的特点，因此必须对这些内容进行相应的筛选和改造。

3．拓展的适用范围

体育学科专家、体育教师、学生皆可以使用拓展方法进行课程内容资源开发。但这一方法通常在学校层面运用更为普遍，因此使用对象主要是体育教师和学生。

拓展方法主要用于知识资源和身体练习资源的开发，也可以用于学生经验资源的开发。

4．拓展的一般步骤

分析体育课程内容资源的性质和特点，即分析各体育课程内容资源的内容结构、呈现方式、主要功能等方面的特点，以便为如何对该内容进行拓展提供依据。

（五）总结

1．总结的定义

所谓总结，是指对体育课程内容开发实践中的各种经验、成果等进行回顾、分析和反思，以归纳出具有典型意义的体育课程内容的方法。例如体育学科专家对体育教师开发体育课程内容资源的经验进行分析与归纳等。在体育课程内容资源的开发中，总结既是一种开发方法，也是开发过程中的一个重要环节。

2．总结的特点

（1）总结的目的是多元的。一般来说，运用总结方法开发体育课程内容资源的目的有三个：一是为了反思体育课程内容资源开发的得与失，以便为下一阶段的体育课程实施提供依据；二是对体育课程内容资源开发中各种经验和成果进行推广，以便能为广大体育教师进行体育课程内容资源开发提供可以借鉴的范例，不断促进体育课程的发展；三是对学生来说，总结是为了与其他同学分享学习经验，进一步巩固学习效果。

（2）总结贯穿于整个体育课程实施的全过程。总结一般发生在体育课程内容资源开发活动结束后，它既可以针对有目的、有计划的体育课程内容资源开发活动，也可以针对课程实践中随意的、不经意之间的偶然收获。例如，体育教学过程中的“灵机一动”。而针对后一种情形的总结，对体育课程内容资源的开发、对体育教师的发展有着不同一般的意义。新课程理念所提倡的反思型教师，实际上就是要求教师应该随时将教学过程中的点滴经验与教训、成功与失败总结出来。

（3）总结的方式主要有一般性文字报告和学术论文两种。一般性的文字总结或报告，是我们大多数体育教师以及大部分学生所采用的主要方式，比较规范的学术论文则在体育学科专家和少部分体育教师中运用得比较多。在有些学校，体育教师还十分强调学生用小论文的形式来总结其在体育课堂上的主要收获，这种做法在新课程改革提倡研究性学习的背景下，显得极有意义。

3．总结的适用范围

体育学科专家、体育老师、学生皆可以运用总结方法进行体育课程内容资源开发。总结方法适用于对知识资源、身体练习资源、学生的经验资源及其他体育课程内容资源的开发。

4．总结的一般步骤

反思开发过程即对体育课程开发过程中的各种经验，以便能从中发现一些有价值的经验，形成文字材料。在反思的基础上，把反思的结果用报告心得、教训等进行反思和回顾。反思尽可能要详细，以小论文、学术论文及专著等形式反映出来。

第五章　体育学习者的情况分析

第一节　学习者的学习准备状态

一、学习者的认知准备状态

教学的核心任务是引导、指导、促进学习者的学习，而认知准备状态是学习者进行学习活动的一个重要基础，逐渐提升学习者的认知水平也是学习的一个重要目的。因此，体育教学课程的一个重要方面是了解学习者的认知准备状态。所谓认知准备状态，是指学习者在准备完成新的学习任务时已达到的认知水平，一般来说，它包括认知发展和知识基础两个方面。其中，认知发展是指学习者一般认知能力和认知功能的形成及其方式随年龄和经验增长而发生变化的过程，它涉及人的知觉、记忆、思维、语言等种种功能的发展变化。

（一）学习者的认知发展

学习者的一般特征虽然与具体学科内容无直接联系，但对教学会产生间接的影响。瑞士心理学家皮亚杰的认知发展阶段学说对教学具有重要的指导意义。他把儿童的心理发展分为 4 个阶段。

第一阶段：感知运动阶段，指婴幼儿感知觉和运动协调发展的阶段。

第二阶段：前运算阶段，在这一阶段，儿童的头脑中有了事物的表象，而且能够用词代表头脑中的表象。他们能够进行初级的抽象，能使用和理解初级概念及其相互之间的关系。初级概念是指儿童从具体经验中习得的概念。因此，他们能够设想过去和未来的事物，在他们的认知结构中知觉成分占优势，能进行直觉思维和半逻辑思维。

第三阶段：具体运算阶段，该阶段儿童的思维有了质的变化，不像前运算阶段，单凭知觉表象考虑问题，而能够进行逻辑推理或逻辑转换。他们进行推理或转换的对象还只是具体的材料或客体，而不是抽象的命题。他们需要实际经验作为支柱，需要借助具体形象的支持，才能解决问题。

第四阶段：形式运算阶段，随着认知发展从具体逐渐向抽象过渡，日益趋于认知成熟的儿童逐渐摆脱具体实际经验的支持，能够理解并使用相互关联的抽象概念。其思维特征表现为假设——演绎思维、抽象思维和系统思维。

（二）学习者的知识基础

学习者已具备的知识基础对其后继学习的作用是直接而重要的。美国著名教育心理学家奥苏贝尔曾说："假如让我把全部教育心理学仅仅归结为一条原理的话，那么，我将一言以蔽之日：影响学习的唯一最重要的因素，就是学习者已经知道了什么。要探明这一点，并据此进行教学。"

在教学进程的各个时段，都需要及时了解学习者的知识基础。第一，在学习一门新的科目时，需要了解学习者已经具备的相关科目或领域的知识基础；第二，在学习一个新的单元时，需要了解学习者在以前的相关单元方面已经达到的基础；第三，在学习一个新的知识点时，需要了解学习者在相关的知识点方面的基础。

对学习者知识基础的了解包括多个层次，主要有：第一，学习者的整个知识和认知结构；第二，学习者在相关科目或领域所具备的知识基础；第三，学习者在具体的知识点层次上所具备的基础。

学习者的知识面主要包括：第一，知识基础的性质，例如，是理性知识还是感性经验，有许多学习需要具备充分的感性经验；第二，相关知识的正确性；第三，相关知识的概括性水平；第四，相关知识的巩固性程度；第五，学习者已有相关知识本身的清晰性，已有知识与新知识之间的关联性程度和可区分程度。

了解学习者知识基础的方法主要有：第一，考试与测验；第二，作业布置与批改；第三，找学生进行个别谈话、提问。

（三）学习者的技能基础

1. 技能的含义及特点

（1）技能的含义。在对学生的技能基础进行分析之前，教师首先必须知道技能的含义。技能是顺利完成某种任务的一种活动方式或心智方式，它是通过练习而获得的。学生学习体育知识不能只停留在领会的水平，必须使它转化为相应的技能，才能使知识在完成任务中起到应有的作用。例如，学习篮球的运球、传球，不能只是领会运、传球的知识，而要达到能流畅、顺利地运、传球。学习体育不能只是领会动作概念、要领，而要掌握具体的运动技能。领会某种知识需要有某些已形成的基本技能，如要领会教材中知识就需要有阅读的技能，而已领会的知识又会成为形成新技能的基础，即学生在已有知识的基础上通过反复练习又会形成其他新的技能。可见，技能是在掌握知识的基础上，通过练习而获得的，所以我们说，知识应用的过程也就是技能形成的过程；而技能形成之后，又会作为一种内在或外在的活动方式促进新知识的学习、掌握和应用。因此，技能的形成与知识的掌握有着密切的关系。

技能和能力是两个不同的概念。有人在实践中常常把二者作为同一个概念使用，如"传接球能力""运球过人能力"等。实际上，二者既有联系又有区别。技能是完成一定任务的活动方式，是指智力活动和操作活动的基本方式，是动作本身和动作方式的熟练程度；而能力则是指顺利完成某种活动的个性特征或心理条件。可以说，能力是形成某种技能的前提，而技能的形成又会促进各种能力的发展。例如，足球运动员要形成传球、接球、带球、过人、射门等一系列的熟练动作，即技能必须以他们的速度、耐力、清醒的头脑、判断的准确、快速反应、随机应变等能力为基础。在上述各种技能形成之后，又会反过来促进球员这些能力的提高与进一步发展。

（2）技能的特点。技能通常有如下特点：第一，技能是个人在后天通过学习和训练形成的；第二，技能是达到自动化的活动方式，是个人全部活动的组成部分；第三，技能一经形成便很少受意识的控制，但是它也能根据一定的需要而发生或停止，并随时可以转化为有意识的活动。

2．技能的具体分类

根据技能活动的性质和特点，可把技能分为动作技能和智力技能两大类。动作技能也叫操作技能或运动技能，它是指由骨骼肌肉和相应神经系统的活动过程参与而完成的一系列外部动作，如体操、游泳等。可以说，动作技能是指机体外部动作或运动占主导地位的技能。它以肌肉、肢体动作和动觉分析器官的协调运动为特点，在主观意识的控制与支配下发挥作用，并以动觉分析器所接收的反馈信息为依据，来调节行为和动作。

智力技能是指借助于内部言语在头脑中进行认识活动的心智操作，其中主要是思维活动的操作方式，如回忆动作时的思维活动的操作方式等。

动作技能和智力技能是既有区别又有联系的不可分割的统一体。二者的区别主要有：第一，动作技能是外显的操作活动，而智力技能是在头脑中进行的内隐活动；第二，动作技能的对象是具体的客观事物，而智力技能的对象则是头脑中的映象，具有主观性和抽象性；第三，当达到熟能生巧的程度时，动作技能表现为动作产生连锁反应，而智力技能则表现为思维活动进程的压缩、简化，不再是一环扣一环的推理过程，而是能直接提取现存的信息。

动作技能和智力技能的联系：第一，外部动作技能是智力技能形成的最初依据，智力技能常常是在外部动作技能的基础上，逐步脱离外部动作而借助内部言语在头脑中形成的。例如，思考技能形成的过程就是如此，这说明智力技能的形成受动作技能的制约；第二，外部动作技能是智力技能的体现者，智力技能是外部动作的支配者和调节者。例如，越是高水平的动作技能，就越需要准确和敏锐的知觉，去辨别需要做出反应的线索，并迅速地作出判断，采取对策和周密的计划，而这些就是智力技能的作用。动作技能本身有智力活动的参与，例如，传接球技能主要是手和眼的协调配合动作。需要怎么传、怎么接，却要经过大脑事先的计划，受人主观意识的支配，有智力活动的参与；第三，这两种技能的形成都与性格或气质特征有关，冷静、灵活、勤奋、认真、责任感、坚持性等都有助于技能的形成；第四，对两种技能的掌握，都有助于提高学习效率，创造性地完成学习任务，解决复杂的问题，节省学习者的时间和精力。

3. 技能基础的含义

通过上面的阐述，我们已经了解了技能及技能的分类。在教学实践中，教师不仅要了解学生的知识基础，同时，还要了解和掌握学生的技能基础。技能基础是指学生在开始新的学习之前，自身已经具备的通过长期练习而获得的学习技能，是学生掌握更复杂技能所必备的基础。例如，教师教学生集体项目中的战术，学生必须具有使用该项目的基本技能。如果忽视了对学生技能基础的分析，教学就会脱离学生的实际，不能取得良好的效果。例如，教师因为不了解学生的技能水平，就会使学生在接受高难度的练习时望而却步；如将学生的技能起点定得太低，又会造成时间和精力的浪费，使学生在低水平的技能上作无效的重复。长此以往，就会降低学生的学习兴趣。

4. 了解技能基础的方法

加涅和布里格斯等人提出的“技能先决条件”的分析方法，是对学生技能基础进行分析判断的常用方法。这种方法是从终点能力入手，逐步分析达到终点能力所需要的从属知识和技能，一层一层分析下去，直到能够判断出学生是否掌握了所有的从属技能。教师可以通过学生能否完成最简单的技能来判断学生的技能基础，也可以通过观察和测试的方法，了解学生对技能的掌握程度，并据此确定学生的技能基础。

二、学习者的情感准备状态

学习者的学习过程既是一个认知过程，也是一个情感过程，学习者的情感对学习者的学习活动起着激励、定向、个性化的重要作用，同时，也是学习活动本身的重要内容。需要特别注意的是，学习者的情感准备状态往往表现出更大的不确定性和复杂性。对于教学来说，需要经常了解的“情感准备状态”是一个很宽泛的提法，它通常是指学习者的情感发展状况和特定情况下进行各种活动的情感倾向性。它涉及的具体因素特别多，这里针对教学课程中特别需要注意的重点，主要简单阐述对学习者的个性发展、学习兴趣和学习动机的了解。此三者是紧密关联、相互渗透的。

（一）学习者的个性发展

学习者的个性发展是一个很复杂的现象。对学习者个性的了解主要包括两个方面：一是个性发展上的年龄特征；二是特定学习者在个性发展的个别差异性。这里主要针对教学的需要，简要阐述学生个性发展的年龄特征中的几个关键方面。

需要强调的是，在实际的教学中，还需要对特定学生的个别差异性作充分的考虑。

1．小学生认知及个性发展的特点

一般来说，小学生的个性特点和认知能力包括以下几个方面：

（1）感知、注意、记忆的特点。小学生从笼统、不精确地感知事物的整体渐渐发展到能够较精确地感知事物的各部分，并能发现事物的主要特征及事物各部分间的相互关系。小学生的注意力不稳定、不持久，且常与兴趣密切相关。小学生的记忆最初仍以无意识记、具体形象识记和机械识记为主。

（2）想象、思维的特点。小学生的想象从形象片断、模糊向着越来越能正确、完整地反映现实的方向发展。低年级的小学生，想象具有模仿、简单再现、直观、具体的特点，到中高年级，他们对具体形象的依赖性会越来越小，创造想象开始发展起来。小学生的思维从以具体形象思维为主要形式逐步向以抽象逻辑思维为主要形式过渡，但他们的抽象逻辑思维在很大程度上仍是直接与感性经验相联系的，具有很大成分的具体形象性。

（3）情感的特点。随着年龄的增长，小学生的情感也逐渐变得更加稳定、丰富、深刻。低年级小学生虽已能初步控制自己的情感，但还常有不稳定的现象。到了小学高年级，他们的情感更为稳定，自我尊重，希望获得他人尊重的需要日益强烈，道德情感也初步发展起来。

（4）意志的特点。小学生的身体各器官、系统都生长发育得很快，他们精力旺盛、活泼好动，但同时因为他们的自制力还不强，意志力较差，所以遇事很容易冲动，意志活动的自觉性和持久性都比较差，在完成某一任务时，常是靠外部的压力，而不是靠自觉的行动。

（5）性格的特点。小学生的自我意识在不断发展，自我评价的能力也在不断增长。随着年龄和见识的增长，他们已不再完全依靠教师的评价来估计自己，而是能够把自己与别人的行为加以对照，独立地做出评价。因而在小学阶段进行有效的教育，使学生形成良好的性格是非常重要的。

2．初中学生个性发展的若干年龄特征

总的来说，初中学生个性发展的年龄特征包括以下几个主要方面：

（1）自我意识。初中学生的自我意识飞跃性地发展，达到高涨状态。他们的内心世界迅速地丰富起来，并经常进行内省、自我反思。他们的自主、独立意识迅速增强。与此相关，他们的个性较明显地存在主观偏执性，主要表现在：总认为自己正确，听不进别人的意见；经常感到别人似乎在用尖刻挑剔的态度对待他们。初中学生的自我监控方式表现为初步的知、情、意的整合调控，有抗诱惑能力，但多凭感情支配，意志行为增多。

（2）价值观。初中生在价值观上发展得也比较迅速，主要表现是价值观念在意识上变得比较明确，并且告别小学阶段的泛化现象，迅速走向分化，明确关注和追求一些具体的价值。不过，初中学生的价值观往往还存在矛盾性和不稳定性。

（3）社会性。初中学生在社会性方面的发展往往显示出不和谐性。例如，他们经常表现出认同性与批判性的矛盾，一方面对社会、对他人表现出认同，另一方面又表现出较强烈的批判甚至对抗态度；独立性与依赖性的矛盾，即一方面独立感很强，不顺从成人的意见，另一方面对成人还存在较大的依赖性，尤其是在情感和生活上，希望得到父母和其他成年人的理解、支持和保护；闭锁性与开放性，即一方面将自己的内心封闭起来，另一方面又感到非常孤独和寂寞，希望能有人来关心和理解他们。

（4）个性发展进程。初中学生在个性发展进程上具有如下重要特征：一是不均衡性，包括个性不同方面的发展进程之间不均衡，这是独特个性构建阶段的必然现象，以及不同具体年龄时发展速度上不均衡，而且在这一点上，个别差异很大；二是断裂性，即作为初中学生的少年个性发展，与童年时期的个性发展在进程上存在着一定的断裂性，虽然也存在连续性，但不强烈。因此，虽然他们有时也留恋童年，但是又对童年存在着较多的否定态度。这种断裂性实际上在小学六年级时已经出现。

3. 高中学生个性发展的若干年龄特征

就一般情况而言，高中学生个性发展具有如下重要的年龄特征：

（1）自我意识。高中学生的自我意识高度发展，主要表现在独立意向的发展，已能完全意识到自己是一个独立的个体；自我意识成分的分化，在心理上把自我分成了“理想的自我”和“现实的自我”两个部分；真正成为思维和行动的主体，能够自觉地按照自己的想法去判断和行动；明确而强烈地关心着自己的个性成长，关心自己个性的优点与缺点；自我评价成熟并深化，能独立地评价自己的内心品质、评价行为的动机及效果的一致性情况等，形成了较强而稳定的自尊心；自我发展的意识显著提升，并在各种需要中占主导地位；自我监控方式表现为较高级的知、情、意的整合调控，心理结构已基本形成，有坚强的意志；形成相对完整的自我概念。

（2）价值观。高中学生的价值观念也较高度发展，并且已初步确立基本的价值观，即初步形成对自然、社会、人生价值的基本认识，并形成对价值的自觉追求。高中学生价值观有如下特点：对理论与哲学问题的兴趣显著增强；逐渐将个人的生活目标与社会发展相联系；其价值观反映其个性特点；虽然已具有一定的稳定性，但尚未定型，稳定性程度不高；在此基础上形成较系统的人生观和稳定的人生理想，包括职业理想。

（3）社会性。一般而言，高中学生的社会性发展具有如下特点：对社会、他人的认同感稳定地增强，自我与社会基本上趋于和谐；在人际交往上，交往范围逐渐扩大，朋友显著增多，形成较大且较稳定的同伴群体；与异性的关系变得积极融洽，乐于与异性交往，并有交往较深刻的异性朋友；与父母、教师的关系也日益走向和谐、融洽，但学生的独立感依然强烈，并强烈地渴望得到父母和教师的理解。

（4）个性发展进程。高中学生在个性发展进程上具有如下特征：一是个性发展的总体速度快，初步形成整体性的个性框架，尽管这个框架本身及其实质内容处于不断的变化、充实与更新之中；二是个性的各个方面的发展相对均衡，在不同具体年级的发展也相对均衡；三是与先前年龄阶段、后续年龄阶段的内在连续性加强。可以说，高中阶段是一个人个性发展进程中的第一个整合阶段。

（二）学习者的学习兴趣

学习兴趣对学习活动的重要作用是众所周知的。在教学课程中，对学习者的学习兴趣的了解是比较复杂的，一般应该包括以下几个方面：第一，了解学习者的学习兴趣的整体的强烈程度，即学习者对整个学习的兴趣，这往往与人的一般本性、学习者个人的价值观、学习者的学习与整个生活经历、具体情境等有密切的关系；第二，了解学习者学习兴趣的广泛性、集中性、深刻性和持久性等；第三，了解学习者对具体的学习活动的兴趣的强烈程度；第四，了解学习者对具体的学习活动的兴趣的性质，例如，是直接兴趣还是间接兴趣，直接兴趣是指对学习活动本身感兴趣，间接兴趣是指不是对学习活动本身而是对学习活动的结果感兴趣。

体育教师了解学习者学习兴趣的方法有多种，其中典型的有：第一，与学习者谈话；第二，观察学习者的实际学习情景；第三，共情性体验，即教师设身处地地、类推地去体验学习者对学习活动的兴趣状况。

（三）学习者的学习动机

学习动机作为推动学习者进行学习活动的内在动力，一个重要的基础是学习兴趣。但从总体上说，学习动机不同于学习兴趣。在长期的教育心理学研究中，学习动机一直是受到极大重视的一个问题。仅就简单的、即时的教学本身来说，对学习动机的了解有一定的重要性，而且由于以下原因，对学习动机的了解显得极为重要和复杂：其一，学习动机与学习活动之间的关系是双向的，而非单向的，即一方面动机能够推动学习活动，另一方面学习活动反过来又可以增强学习的动机，我们的教学课程要做到既能遵循和调动学习者的学习动机，又能培养和强化学习者的学习动机；其二，要设法优化学习者的学习动机，例如，提高学习者学习动机在合理范围内的持久性、可转换性和强烈度，提高学习者学习动机的健康性水平，尤其是学习动机在来源上的健康性水平。

具体地说，第一，学习者对特定学习内容的学习动机的强度。一般来说，学习动机过弱或过强，都会对学习活动产生消极作用。学习动机过弱时，就常常会导致学习者注意力不集中、精神涣散、不想做出努力等种种不良的精神状态；而学习动机过强时，则会导致过分紧张，带来焦虑的情绪，不利于学习。因此，学习动机的强度以适中为宜，需注意，这里的“适中”实际上是要求适当地强烈一些；第二，学习者对特定学习内容的学习动机的持久性。一般来说，学习动机的持久性适当地高一些是有必要的，但也不宜过高。使学习动机的持久性适度而不至于过度，主要具有两个方面的意义：一是更有利于适时地实现学习任务及相应的学习动机的转换；二是更有利于使学习者在心智活动上做到张弛有度、劳逸结合；第三，学习者学习动机的具体来源。

综合各种研究的成果来看，学习者学习动机的来源总的来说有以下几个主要方面：一是学习者的价值观，尤其是对学习的重视程度和个人价值追求上的成就感；二是好奇心、求知欲；三是自我效能感；四是学习目标的激励作用；五是学习活动本身的有趣性；六是群体氛围；七是意志、努力。然而，在不同个人身上，学习动机的具体来源是不同的，这也正是我们需要加以了解的。通过了解我们不仅能够更好地激发学习者的学习动机，而且能够更好地培养、优化学习者的学习动机。

第二节　学习者的风格与能力的分析

一、学习者学习风格分析

作为认知因素与情感因素的一种结合与凝固，学习风格是学习者带有个性特征的学习倾向与策略。每一个学习者在学习过程中都会表现出不同的学习倾向与策略，这种学习倾向与策略是与学习者的个性特征联系在一起的，它体现出个人的独特性和时间上的稳定性，在某种意义上说是个人的一种偏好，这就是学习风格。每个人都有自己独特的学习风格，学习风格对学习活动有重要的影响。因此，要想实现个别化的教学，则需要给每一个学习者设计一个适合自己特点的学习规划，这正是教学追求的目标之一。

那么，什么是学习风格呢？正如托马斯·以勒所说：“学习风格的定义差不多与对这一课题的研究一样多。”我国学者谭顶良在系统介绍国内外学习风格含义的基础上，对学习风格做了如下界定：学习风格是学习者持续一贯的带有个性特征的学习方式，是学习策略和学习倾向的总和。学习策略指学习者为完成学习任务或实现学习目标而采用的一系列步骤，其中某一特定步骤称为学习方法。每一个个体在学习过程中会表现出不同的学习倾向，包括学习情绪、态度、动机、坚持性，以及对学习环境、学习内容等方面的偏爱。有些学习策略和学习倾向可随学习环境、学习内容的变化而变化，而有些则表现出持续一贯性。那些持续一贯表现出来的学习策略和学习倾向，构成了学习者通常所采用的学习方式，即学习风格。

（一）学习风格的主要类型

1．场独立型与场依存型

（1）场独立型。学习风格上的场独立型是指个人根据自己所处的生活空间的内在参照去学习，从自己的感知觉出发去获得知识、信息；场依存型则是指个体依赖自己所处的周围环境的外在参照。在环境的刺激影响下去定义知识、信息。场独立型的学习者在内在动机作用下学习，而不受或很少受外界环境因素的影响，习惯于单独学习、个人研究、独立思考。他们在与人的交往中，不易被个人感情所左右，也不易受群体压力的影响。他们一般都有很强的个人定向，且比较自信，自尊心较强。他们似乎对数学与自然科学更感兴趣。

（2）场依存型。场依存型的学习者较易受别人的暗示，如往往受教师的鼓励或别的暗示所影响，他们学习的努力程度往往受外来因素的影响。他们乐于在集体环境中学习，在集体中又比较顺从，与别人相处充满情意。他们喜欢交往，似乎对人文学科和社会学科更感兴趣。需要注意的是，真正属于典型的场独立型学习风格或场依存型学习风格的学习者只有少数，而大多数学习者都是介于两者之间。

2．整体性策略与序列性策略

（1）整体性策略。采取整体性策略的学习者在从事学习任务时，往往倾向于对整个问题将涉及的各个子问题的层次结构以及自己将采取的方式进行预测，做到未雨绸缪；他们的视野比较宽，能把一系列子问题组合起来；他们注重全面看问题，从各个角度对问题进行观察和思考，并依据对主题综合的、广泛的浏览，在大范围中寻找与其他材料的联系。

（2）序列性策略。采取序列性策略的学习者，则一般把重点放在解决一系列子问题上。他们在把这些子问题联系在一起时，十分注意其逻辑顺序。由于他们通常都按顺序一步一步地前进，所以，只有到学习过程快结束时，才对所学的内容形成一种比较完整的看法。他们往往把注意力集中于小范围，善于用逻辑严谨、紧抓要点的方法，把学习材料分成许多段落来学习。

3．沉思型与冲动型

在学习过程中，个体进行信息假设、形成假设和解决问题方面的速度和准确性的差异，可以概括为学习风格上的沉思型与冲动型。

（1）沉思型。沉思型的学习者在遇到问题时倾向于深思熟虑，用充足的时间思考和审视问题，权衡解决问题的各种方法，然后从中选择一个满足多种条件的最佳方案，因而错误少。沉思型的学习者还往往更容易自发地或在外界要求下对自己的解答做出解释。

（2）冲动型。冲动型的学习者则倾向于很快地检验假设，根据问题的部分信息或尚未对问题做透彻的分析就草草地做出决定，反应速度较快，但容易发生错误。同时，冲动型的学习者很难对自己关于问题的解答做出解释，即使在外界要求下必须做出解释时，他们的回答也往往是不周全、不合逻辑的。

需要注意的是，真正属于典型的沉思型或冲动型学习风格的学习者只有少数，而大多数学习者都是介于这两种学习风格之间。

（二）适合于不同学习风格的教学

在教学中，一般需要分别从上述多组学习风格中去思考，了解特定学习者在每一组学习风格中属于哪一种类型。例如，某个学习者可能在场独立型与场依存型这一组学习风格中属于场独立型风格，在整体性策略与序列性策略这一组学习风格中属于整体性策略，在沉思型与冲动型这一组学习风格中属于沉思型。

我们特别需要注意的是，学习风格本身并没有好坏之分，事实上，每一种学习风格都具有自己的优势和局限。对于一种学习风格，我们不能断言它是好的还是坏的，而只能说它是否适合于当时的情境。对于教师来说，了解学习者的学习风格，其主要目的在于使体育教学内容的选择与组织、教学方法的选择与运用、教学媒体的选择与运用等适合于学习者的不同学习风格。简言之，是为学习者提供适合于其学习风格的教学。

针对具备某一种学习风格的学习者，可以采取一系列相应的教学策略。对此，人们已经做了一些较深入的研究。例如，美国学者加里·鲍里奇介绍了分别针对场依存型和场独立型学习者的两组教学策略（见表 5-1）。

表 5-1　针对场依存型和场独立型学习者的教学策略

场依存型学习者	场独立型学习者
（1）用身体和言语展示同意或温和的体验；	（1）对学习者直接互动，展开相应沟通；
（2）用社会性的和可触摸的奖赏来激发动机；	（2）使用诸如分数这样的非社会性奖赏激发动机；
（3）使用合作学习策略；	（3）运用更多的掌握学习的教学策略；
（4）经常使用纠正性反馈；	（4）只在必要时使用纠正性反馈；

续表

场依存型学习者	场独立型学习者
（5）在学习中允许互动；	（5）强调独立课题；
（6）为课时、课题和作业等提供结构；	（6）允许学习者发展自己的结构；
（7）扮演讲演者、演示者、纠正者以及强化者、打分者、材料设计者等角色	（7）扮演顾问、倾听者、商议者和促进者等角色

二、学生的起点能力分析

教学好比旅行，旅行前必须知道目的地和出发点。因此，教学前必须明确教学目标，了解学习者原来具有的学习准备状态。教学目标是目的地，学习者的起点能力是教学的出发点。学习者起点能力的分析就是明确教学的出发点。

所谓起点能力，是指学生在学习新内容之前原有的知识、技能和态度的准备水平。学习者起点能力的分析与学习内容的分析密切相关。如果忽视对学习者起点能力的分析，学习内容的确定就会脱离学习者的实际。如果将学习者的起点定得过高，脱离学习者的实际水平，那么学习者在高难度的学习内容面前就会望而却步。反之，如果将学习者的起点能力定得太低，也会使学习者在低水平的内容上做无效的劳动，造成时间和精力的浪费。因此，比较准确地确定学习者的起点能力，对高效的教学课程至关重要。

（一）学生的知识起点能力

这里的知识起点能力就是我们常说的知识基础或认知结构。无论是奥苏伯尔的意义同化理论，还是建构主义学习理论，都把学生原有的认知结构作为学习新内容的“培养基”和“生长点”。

（二）学生的技能起点水平

对学生技能水平起点分析，就是要了解开始某一学习任务前学生必备的从属技能，以及这些技能的熟练程度。

（三）学生的态度起点水平

学习态度起点也同样影响教学效果。学习态度是指学习者对学习所持有的较稳定的倾向，或积极，或消极；或肯定，或否定。由于学习态度体现个体倾向性，所以影响个体行动的方向，进而影响学习的效率。

众所周知，准确测量学生的学习态度是有一定难度的，最常用的方法是“态度量表”（见表 5-2），下面每一种陈述表达了一种对体育学习的态度。请评估每一种陈述并指出哪一项是你所同意的。你对这些陈述的态度是：非常同意、同意、无法确定、反对、极其反对。

表 5-2　态度量表的实例

非常同意	同意	无法确定	反对	极其反对
（1）我对体育非常感兴趣				
（2）我不喜欢体育，因为我害怕接触它				
（3）在体育课上我总是非常紧张				
（4）体育是令人惊奇有趣的				
（5）学习体育使我感到安全，它非常刺激				
（6）体育使我感到不舒服、不安、愤怒和不耐烦				
（7）一般情况，我对体育有好感				
（8）当我听到“体育”这个词时，就感到讨厌				
（9）我带着犹豫的感情接近体育				
（10）我非常喜欢体育				
（11）我在学校里一直喜欢体育				
（12）即使想到体育也使我感到紧张				
（13）我在体育课上感到很平静，非常喜欢它				
（14）我对体育有一定的积极反应，它很可爱				

除常用的态度量表测量外，还可以通过观察、谈话等方式了解学生的学习态度起点。但是，还需要知道学生的学习态度起点是不断发生变化的。

第三节　影响学习者的其他因素

在教学课程中，对学习者的分析往往还应该包括其他许多要素，值得引起我们关注的主要有以下几个方面，这几个方面可统称为背景信息。

一、学习者的家庭背景简况

具体来说，它主要包括学习者家庭的结构、学习者在其家庭中的位置、学习者家庭的经济条件、学习者家庭对学习者的期望、学习者家长对学习者的教养方式、学习者家庭所属社区的关键特征。

二、学习者的同伴情况

具体来说，它主要包括与学习者交往密切的同伴主要有些什么样的人，学习者同伴对学习者影响的性质和重要性程度。

三、学习者集体的总体情况

具体来说，它主要包括学习者集体人数；学习者集体的纪律特性；学习者集体的凝聚力；学习者集体的传统、氛围和舆论；学习者集体骨干；学习者集体在学校和更广范围内的影响和地位；学习者集体中各个个体之间的差异性程度。

教师为了向学习者提供适合各自特点的个别化教学，应从以下几方面了解有关学习者的学习风格。

（一）信息加工的风格

信息加工的风格具体内容：第一，用归纳法展示内容时，学习效果最佳；第二，喜欢高冗余度；第三，喜欢在训练中有大量正面强化手段；第四，喜欢使用训练材料主动学习；第五，喜欢通过触觉和动手活动学习；第六，喜欢自定步调。

（二）感知或接受刺激所用的感官

感知或接受刺激所用的感官具体内容：第一，通过动态视觉刺激学习效果最佳；第二，喜欢听觉刺激学习；第三，喜欢从印刷材料中学习；第四，喜欢多种刺激同时作用的学习。

（三）感情的要求

感情的要求主要包括：第一，需要经常受到鼓励和安慰；第二，能自动激发动机；第三，能坚持不懈；第四，具有负责精神。

（四）社会性需求

社会性需求主要体现：第一，喜欢与同龄学生一起学习；第二，需要经常得到同龄同学的赞同；第三，喜欢向同龄同学学习。

（五）环境和情绪的需求

环境和情绪的需求具体内容：第一，喜欢安静；第二，希望有背景声音和音乐；第三，喜欢弱光、低反差；第四，喜欢一定的室温；第五，喜欢零食；第六，喜欢四处走动；第七，喜欢视觉上的隔离状态；第八，喜欢在白天或晚上某一特定时间学习；第九，喜欢多休息、多睡；第十，学习时喜欢某类桌椅。

总之，学习者的特点包括许多方面，可以从多方面、多角度进行分析。但究竟要分析学习者的哪些特点，我们应根据教学的实际需要，根据特定的学习内容要求，对学习者的学习风格进行分析，并能采用恰当的分析方法。就整个体育学习而言，还要考虑男、女生性别的差异，不仅要做到因材施教，还要做到“性（别）”施教等，要将体育学习风格的分析真正落实到体育教育的实践中去。

第六章　有效体育教学模式

第一节　体育教学模式的含义及其研究进展

一、有效体育教学的含义

（一）有效教学理念的提出与发展

捷克教育家夸美纽斯在其著名的《大教学论》中开篇明义地指出：我们这本《大教学论》的主要目的在于：寻求并找出一种教学的方法，使教员因此可以少教，但是学生可以多学；使学校因此可以少些喧嚣、厌恶和无益的劳苦，多具闲暇、快乐和坚实的进步。这可以被看作是有效教学理念的源头。虽然要寻求把一切事物教给一切人们的全部艺术（《大教学论》副标题）颇具理想主义色彩，但夸美纽斯的观点即使是在三四百年后的今天，仍然闪烁着智慧的光芒，对当下的基础教育课程与教学改革有着积极的启示。

教学是艺术，这是20世纪以前在西方教育理论中占主导地位的教学观，它倡导教学是一种教师个性化的、没有通用方法的行为，一种“凭良心行事”“约定俗成”的行为，主张影响教学过程的因素是复杂的，教学结果是丰富的，难以用科学的方法进行研究。但是，随着20世纪以来科学思潮的影响以及心理学特别是行为科学的发展，人们开始明确地提出，教学也是科学，也就是说，教学不仅有科学的基础，而且还可以用科学的方法来研究。于是，人们开始关注教学的哲学、心理学、社会学的理论基础，以及如何用观察、实验等科学的方法来研究教学问题，如程序教学、课堂观察系统、教师与学生的行为分析、教学效能核定的指标体系以及教学行为、结果变量等。有效教学理念正是源于20世纪上半叶西方的教学科学化运动，特别是受美国实用主义哲学和行为主义心理学影响的教学效能核定运动之后，这一概念频繁地出现在英语教育文献之中，引起了世界各国同仁的关注。

我国古代教育家的教学思想已经内在地包含有效教学的意蕴，但并不是一种有意识的自觉行为。有效教学研究在中国的起源可以追溯到20世纪80年代。1982年，《中小学教育》杂志发表了由罗伯特·L.布莱尼和曹秋平撰写的《儿童早期教育中的有效教学》，这是国内学术期刊发表的第一篇关于有效教学的学术论文。直到6年后的1988年，约翰·托马斯和胡浩才在《中小学教育》发表了国内第二篇有效教学的学术论文——《课程管理：有效教学的关键》。90年代，我国关于有效教学的研究逐渐增多，但并未达到应有的理论高度。21世纪伊始，有效教学的研究与我国基础教育课程教学改革不期而遇，由此掀起了有效教学研究的高潮。2001 年，崔允都教授在《人民教育》先后发表了《有效教学：理念与策略（上）》和《有效教学：理念与策略（下）》，深刻论述了有效教学的理念和策略，这是有效教学研究的新起点。

（二）有效教学含义的不同理解

有效教学的含义在我国尚未形成一致的认识，我们不妨按时间顺序梳理一下几种主要的观点：

1．从“有效”“教学”的概念来解释有效教学

这种观点认为，有效教学是一种为了提高教师的工作效益、强化过程评价和目标管理的现代教学理念。其核心是关注学生的进步或发展，关注教学的效益。所谓“有效”，主要是指通过教师在一段时间的教学之后，学生所获得的具体的进步或发展。所谓“教学”，是指教师引起、维持或促进学生学习的所有行为。

2．从“效果”“效益”“效率”的概念来解释有效教学

这种观点认为，教学有效性是指教师遵循教学活动的客观规律，以尽可能少的时间、精力和物力投入，取得尽可能好的教学效果，从而实现特定的教学目标，满足社会和个人的教育价值需求。

3．从“揭示有效教学的内涵”的概念来解释有效教学

首先，从“教学”的内涵来看，有效教学是教师教的活动，即强调教学过程的有效性。其次，从“有效”的内涵来看，有效教学表现为教学有效果、有效益和有效率。有效教学是教师通过教学过程的合规律性，成功引起、维持和促进学生的学习，相对有效地达到预期教学效果的教学。

4．从“以学生发展为取向”的概念来解释有效教学

这种观点认为，凡是能够有效地促进学生的发展，有效地实现预期教学结果的教学活动都可以称为“有效教学”。

5．从“表层、中层、深层三个层”的概念来解释有效教学

这种观点认为，从表层分析，有效教学是一种教学形态；从中层分析，有效教学是一种教学思维；从深层分析，有效教学是一种教学理想。实践有效教学，就是要把有效的“理想”转化成有效的“思维”，再转化为一种有效的“状态”。

不难看出，学术界对有效教学的定义有着不同的理解，但我们可以从以下几个方面去理解有效教学的含义。第一，评判教学是否有效的标准是学生的进步和发展，主要体现在知识、技能和方法等方面的收获和情感、态度、价值观等方面

的积极转变；第二，有效果是评判教学是否有效的第一维度，如果教学没有达到应有的结果，这样的教学就是无效的教学，有效果主要是强调教学的合目的性；第三，有效益是评判有效教学的另一个重要维度，即教学要对学生的进步和发展具有积极的效用，有效益主要是强调教学的合价值性；第四，有效率是评判有效教学的第三维度，即在一定的时间内使学生获得尽可能大的进步和发展，有效率主要是强调教学的合规律性。

总而言之，要整理出一个普遍认同的有效教学的概念，目前还存在较大的难度，但要准确理解有效教学的本质，有两个核心要领是必须把握的，一是有效教学是针对学生的进步和发展而言的，虽然学生的进步和发展离不开教师的有效指导，但学生的进步和发展才是评判教学是否有效的标准；二是需从三个维度评判学生的进步和发展，其一是学生通过教学是否有进步和收获，其二是这种进步和收获是否有利于学生的成长和发展，其三是在一定时间内学生进步和发展的幅度。

（三）有效体育教学的基本内涵

1．体育教学要有效果

有效果是考察体育教学是否有效的第一维度。《义务教育体育课程标准（2011年版）》明确提出了体育课程目标：通过课程的学习，学生将掌握体育的基础知识、基本技能与方法，增强体能；学会学习和锻炼，发展体育实践和创新能力；体验运动的乐趣和成功，养成体育锻炼的习惯；发展良好的心理品质、合作与交往能力；提高自觉维护健康的意识，基本形成健康的生活方式和积极进取、乐观开朗的人生态度。为了进一步明确通过体育课程学习，学生需达到的预期学习效果，义务教育体育课程标准修订组对体育课程目标逐条进行了具体的解读和分析，这些解读和分析就是评判体育教学是否有效果的重要标准。

（1）掌握体育的基础知识、基本技能与方法，增强体能。增强体能是体育课程的重要目标。体能是指人体各器官系统的机能在身体活动中表现出来的能力，它包括与健康有关的体能和与运动技能有关的体能。前者包括心肺耐力、柔韧性、肌肉力量、肌肉耐力、身体成分等，后者包括从事运动所需要的速度、灵敏性、平衡性、爆发力、反应时等。由于学生进行体育学习的最终目的并不只在于掌握高难的运动技能，而主要在于通过运动技能的学习来实现全面、健康发展。因此，在体育教学中，教师应更多地关注与学生健康有关的各种体能。

掌握和应用基本的体育知识和运动技能是体育课程文化传承的目标之一。通过体育课程的教学，不仅要帮助学生掌握科学从事体育锻炼的原理、方法和技能，同时还要重视学生对这些原理、方法和技能在体育锻炼实践和生活实践中的应用，从而为学生实现终身体育奠定良好的知识和技能基础。

（2）学会学习和锻炼，发展体育实践和创新能力。学会运用正确的体育锻炼方法进行身体锻炼是体育课程的目标之一。体育课程高度重视学生的发展需要，从课程设计到学习评价，始终把学生的身心发展放在中心地位。学生通过体育学习，不仅能增强体能，掌握体育基本知识和运动技能，还能掌握常见的体育锻炼方法，提高体育实践能力。因此，对体育知识、技能和方法学生不但要学会，而且要会学。由“学会”变成“会学”表明了实践和创新能力的提高。只有体育实践和创新能力提高了，学生才能更好地掌握体育知识、技能和方法，并加以运用，身心健康水平就会随之提高，从而为体育学习与锻炼以及终身体育奠定良好的基础。

（3）体验运动的乐趣和成功，养成体育锻炼的习惯。养成体育锻炼的习惯是体育课程要达到的重要目标，因为学生只有真正地养成了锻炼习惯，他们才能自觉地坚持锻炼，并将体育锻炼作为生活中一个不可或缺的重要组成部分。因此，体育教师应该通过体育课程，激发、培养学生参与体育运动的兴趣，使他们形成积极的运动情感，体验成功的乐趣；使学生既喜欢体育课，又喜欢参与课外、校外体育活动。只有这样，才能使学生在一生中都坚持进行身体锻炼活动，从而为学生的体育学习和锻炼及终身体育奠定良好的基础。

（4）发展良好的心理品质、合作与交往能力。体育课程不仅要增进学生的身体健康，而且要提高学生的心理健康水平与社会适应能力，促进学生全面、健康发展。体育活动对于提高学生的心理健康水平和社会健康水平具有重要的促进作用，这是由体育活动本身的心理特性和社会特性所决定的。例如，学生在进行体育活动时，既需要交往与合作，又存在相互竞争。因此，在体育教学中，教师应通过创设良好的体育学习环境、营造和谐的学习氛围、形成融洽的师生关系，培养学生自尊、自信、坚强等良好的心理品质以及理解和尊重他人、与他人良好沟通、合作共赢的意识和能力。这些品质、意识和能力将对学生健全人格的形成产生长远和积极的影响，为实现体育课程既育体、又育人的目的奠定基础。

（5）提高自觉维护健康的意识，形成健康的生活方式和乐观开朗的人生态度。健康的生活方式对每个学生的学习效率、生活质量和身心健康都具有长远的影响。虽然健康生活方式的形成受到学校教育中多门课程的综合影响，仅靠体育课程是不够的，但体育课程可以结合本门课程的特点，从小培养学生的健康维护意识，努力促进学生形成健康的生活方式。例如心理素质较好的学生，容易形成乐观开朗、积极进取的人生态度，通过不断克服困难来逐一实现人生的各个目标，这将有助于他们形成健康的生活习惯与生活方式。

此外，发挥体育的育人功能是体育课程最重要的追求，体育课程的育人目标必须结合体育的特点，通过体育学习过程来实现，使学生通过体育学习和活动形成积极进取、不畏困难、敢于拼搏、乐观开朗、热爱生活的积极态度和爱国主义、社会主义、集体主义的观念，为学生健康地生活奠定良好的基础。

2．体育教学要重效益

体育教学要重效益是指体育教学不仅要有收获，而且这种收获要有助于学生健康成长和未来发展的需要。教学效益是指教学活动的收益、教学活动价值的实现和教学活动目标的达成。具体地说，教学效益反映的是教学活动的结果与教学目标、教学目标与特定的个人、社会教育需求是否吻合。是否吻合是对教学效益质的规定。有效教学不仅要求教学要有效果，使学生出现了变化，而且要求教学要有效益，即教学效果或结果与教学目标相吻合，满足社会和个人的教育要求。评判体育教学是否有效益或者有多大效益，一看体育教学是否满足社会发展对体育课程的需求，在多大程度上实现了体育教学的社会价值；二看体育教学能否满足及能在多大程度上满足个体的体育需求。

体育教学的社会效益主要指体育教学是否有助于满足社会政治、经济、科技文化的发展对体育教学提出的要求。从当今社会来看，“健康第一”是我国社会对体育教学的首要需求。在21世纪基础教育课程改革伊始，《国务院关于基础教育改革与发展的决定》就明确指出：贯彻“健康第一”的思想，切实提高学生体质和健康水平。增加体育课时并保证学生每天参加一小时体育活动。开展经常性小型多样的学生体育比赛，培养学生的团队精神和顽强意志。为了进一步明确“体育为健康”的目标，切实落实“健康第一”的指导思想，《中共中央国务院关于加强青少年体育增强青少年体质的意见》强调：增强青少年体质、促进青少年健康成长，是关系国家和民族未来的大事。《国家中长期教育改革和发展规划纲要》指出：坚持全面发展。全面加强和改进德育、智育、体育、美育。坚持文化知识学习与思想品德修养的统一、理论学习与社会实践的统一、全面发展与个性发展的统一。加强体育，牢固树立“健康第一”的思想，确保学生体育课程和课余活动时间，提高体育教学质量，加强心理健康教育，促进学生身心健康、体魄强健、意志坚强……促进德育、智育、体育、美育有机融合，提高学生综合素质，使学生成为德、智、体、美全面发展的社会主义建设者和接班人。从国家陆续颁布实施的政策法规来看，体育教学是否有利于学生的身心健康发展是评判体育教学是否有效益的首要指标。

体育教学的个体效益是指体育教学是否有助于学生个体的健康成长和未来发展的需要。从学校体育施教对象的特性来看，学校体育既是为了学生的今天，也是为了使学生更好地适应与创造未来的社会。从这个意义上讲，学校体育既要适应当前的现实，又应超越社会现实，走在社会发展的前面。学生身心健康发展既是我国社会进步和经济发展赋予学校体育的历史使命，也是学生学习和生活的现实需要，因此，从学生个体的角度来看，学生在身心健康方面的收获和进步，是评判体育教学效益的重要指标。运动技能既是体育课程区别于其他文化课程的重要知识体系，是学生重要的学习内容，也是实现体育课程其他方面目标的重要途径，还是学生养成终身体育意识和习惯的重要影响因素，因此，学生在运动技能方面的收获和进步是评判体育教学效益的另一个重要指标。

3．体育教学要讲效率

在我国，体育课教学从小学一年级开设到大学二年级，但学生从体育课堂教学中学到的东西究竟有多少，却是一个暂时没有答案的命题。不过，有一点是肯定的，那就是体育教学的效率并不高，一是中小学生体质健康状况持续下降的趋势并没有得到有效遏制，二是运动技能的掌握程度未能满足他们继续参加体育活动的需要。教学效率指单位教学投入内所获得的教学产出。教学的效果和效用是通过教学产生预期效果来判定的，但两者都没有考虑教学投入与教学产出的关系。如果大的、多的教学投入只获得了小的、少的教学产出，那么这种教学也不算是有效教学。因此，有效教学在保证有效果、有效用的前提下，还必须做到有效率。教学有效率是指在一定的教学投入内产生了尽可能大或多的教学产出。根据这种定义，减少投入、增加产出就成为教学活动有效率所追求的目标。

苏联教育家巴班斯基提出了教学过程最优化理论。按照巴班斯基的说法，“最优的”这一术语是指“从一定标准来看是最好的”。这里的“标准”有两个：一是教学效果，即每个学生按照所提出的任务，于一定时期内在教养、教育和发展三个方面达到最佳水平；二是时间消耗，即学生和教师应遵守学校卫生学和相应指示所规定的课堂教学和家庭作业的时间定额。所谓最优化的教学，就是在教养、教育和学生发展方面尽可能收获当时条件下的最佳成效，而师生用于课堂教学和课外作业的时间又不超过学校卫生学所规定的标准。教学效果和时间消耗是衡量教学过程是否“最优”的标准，也是教学过程组织的基本原则。

从教学过程最优化理论来看，体育教学必须尽可能提高课堂教学的密度，这是切实提高体育教学效率的前提条件。体育课堂教学的密度分为一般密度和专项密度。体育教学的一般密度是指体育课中各项教学活动合理运用的时间与上课总时间的比例。体育课中的教学活动包括教师指导、学生练习、组织教学、保护与帮助、观察与休息等 5 个方面（见表 6-1）。体育课一般密度是否合理，即是否有效合理地使用体育课的时间，直接影响体育课的效率。体育课的一般密度越大，体育教学的效率就越高。

表 6-1　体育课的各项教学活动内容表

体育课的教学活动	各项教学活动内容
教师指导	讲解、示范、演示教具、提问、纠正错误、个别辅导、培养干部、帮助、保护

续表

体育课的教学活动	各项教学活动内容
学生练习	准备性练习、专门性练习、新内容、旧内容、辅助练习、诱导练习、整理练习、游戏、比赛
组织教学	整队、队伍调动、变换地点、场地器材布置和回收
保护与帮助	有难度的动作、有危险性的动作（器械）、弱生、差生
观察与休息	学生互相观察、练习后的休息

衡量体育课教学效益的另一个的重要指标是练习密度。体育课的练习密度是指体育课中学生用于练习的时间与上课总时间的百分比。合理安排好和增大体育课的练习密度，有利于学生更好地掌握锻炼身体的技能和方法，发展体能，增强体质，实现体育课的预期效果。体育课的练习密度并非越大越好，还需要考虑练习内容运动负荷的强度。例如，队列队形练习虽然练习密度大，但运动负荷强度小，其在学生身体发展方面的效益未必高，而体育课中耐久跑的练习密度不一定很大，但对发展学生的心肺功能却有很大价值，因此，从教学效益的角度来看，体育课的练习密度要具体问题具体分析。

体育教学改革是基础教育体育课程改革的重要内容，体育教学改革的成功与否是衡量体育课程改革成功与否的重要标志。在我国学校教育的课程体系中，从小学一年级至大学二年级，体育课都是必修课程，国家也一再要求中小学校要开齐并上好体育课。在学校体育教学实践中，体育课开设的时间跨度已不算短，体育教学中教师教学用心、学生学习认真，但培养学生终身体育意识，提高学生终身体育能力及改善学生体质健康状况等方面的实际效果并不理想。因此，在新世纪基础教育体育课程改革不断深化的时代背景下，非常有必要认真审视有效教学的基本内涵，构建有效体育教学模式，使体育教学不仅教得有序，更要教得有效；不仅教得有形，更要教得有神。

二、体育教学模式研究进展

（一）关于教学模式内涵的理解

1972 年，西方学者乔伊斯和韦尔（B．Joyce & M．Weil）出版了《教学模式》一书，对教学模式这一课题进行了开创性的研究。从此，人们开始关注教学模式，并对其进行了多方面的研究。在我国，对教学模式的研究肇始于 20 世纪 80 年代中后期，并在 21 世纪基础教育课程与教学改革中呈现出蓬勃发展的态势。但由于研究角度和见解的不同，学者们对教学模式概念的界定尚未达成共识，其中比较具有代表性的观点主要有：

1．教学模式即教学过程的变式

教学模式是教学过程的变式，即教学过程的不同变式形成不同的教学模式。

其中，有两种基本的变式：一是教师向学生系统地传授书本知识的模式；二是教师辅导学生在活动中获取信息的模式，其余都是介于这两者之间的教学模式。这是我国关于教学模式的较早认识，这一概念在反映出学者的学术敏锐度的同时，也比较明显地具有教师中心和学科中心的烙印，融合了经验主义和行为主义的思想。

2．教学模式即教学结构的稳定形式

教学模式是与教学的“结构—功能”这一范畴密切相关的一个概念。如认为教学模式是人们在一定的教学思想指导下对教学客观结构做出的主观选择，是教学结构在空间程度和时间程度上的稳定形式。这是对教学模式的进一步理解，即认为教学模式必须是在一定的教学思想的指导下，在不同的教学思想指导下必然构建出不同的教学模式，这是构建教学模式的重要依据。

3．教学模式即规范化教学程序和操作体系

教学模式就是在某一教学思想和教学原理的指导下，围绕某一主题，为实现教学目标而形成的相对稳定的规范化教学程序和操作体系。教学模式实质上就是人们在实践状态下，系统而综合地组合教学过程的诸因素，整体地操作教学活动的一种相对稳定的形式。这是对教学模式概念的一种突破，因为该概念不仅明确了教学模式受到教学思想的制约，同时也具有明确的目标导向，即教学模式服务于实现教学目标的需要。

4．教学模式即基本教学范型

教学模式是在一定教学理论的指导下，通过相关教学理论的演绎或对教育教学实践的概括和总结所形成的一种指向特定教学目标的比较稳定的基本教学范型。教学模式是一种相对稳定的教学结构，它具有稳定性和可变性。一方面，教学模式一经形成，就具有相对的稳定性；但另一方面，随着教学理论，尤其是教学实践的发展，教学模式本身也在不断地变革、修正和完善。这一定义不仅阐明了教学模式的本质，而且进一步诠释了教学模式的特点。

比较上述几种关于教学模式的概念，虽然表述上各有不同，但也具有一些共同点，我们可以从以下几点去理解教学模式的基本内涵：一是教学模式都是在一定的教学指导思想或教学理念的指导下构建的；二是教学模式具有相对稳定的教学实践程式及相应的教学组织形式和教学方法体系；三是教学模式具有多样性和发展性的特点，教学模式的多样性是由教学指导思想和教学目标的多元化所决定的，而其发展性则是因为随着教学理论和教学实践的不断发展，教学模式也随之不断地变革、修正和完善。

（二）体育教学模式概念的梳理

我国体育教学模式的研究起步于20世纪90年代。目前，国内学术界对体育教学模式概念的理解还没有达成共识，需要从理论上加以完善，并在实践中进行检验。梳理我国关于体育教学模式概念的几种代表性观点，有助于深化构建关于有效体育教学模式的理论认识。

1．体育教学模式是稳定的课堂教学结构

体育教学模式是在一定的体育教学思想指导下，具有一定典型意义且相对稳定的课堂教学结构。它是人们可遵循的标准样式、标准结构。这是我国最早专门探讨体育教学模式概念的学术观点,反映了作者对体育教学模式研究的敏锐触觉。由此，关于体育教学模式的研究在我国逐渐兴起。

2．体育教学模式是体育教学活动的范型

樊临虎教授在比较了我国体育教学模式几种主要概念的基础上，认为应该把模式的定义引申到体育教学理论中来，体育教学模式既要有教学模式的共性，又要有体育教学的个性，进而提出体育教学模式是在一定的教学思想或理论指导下，设计和组织体育教学并在实践中建立起来的各种体育教学活动范型，它以简化的形式稳定地表现出来。[①]这种概念既抓住了体育教学模式的本质特点，又体现了体育教学模式多样化的特点。

3．体育教学模式是一种教学程序

我国著名学者毛振明认为，体育教学模式是体现某种教学思想的教学程序，它包括相对稳定的教学过程结构和相应的教学方法体系，主要体现在教学单元和教学课的设计和实施上。[②]类似的认识还有如下表述：体育教学模式是根据一定的教学思想、教学对象的特点、教学过程的规律以及教学条件而设计的具有相对稳定的教学过程和教学方法体系的教学程序。也有学者认为，可以把体育教学模式理解为根据一定的体育教学思想，遵循认知规律、教育规律、体育教学规律、学生身心发展规律、机体的适应性规律、动作技能形成的规律以及教学条件而设计的具有相对稳定的体育教学过程结构和体育教学方法体系的教学程序。这是对体育教学模式的进一步理解，它不仅涉及体育教学模式的思想基础，更重要的是提出了体育教学模式的实施重点在于体育教学单元和体育课。

纵观上述三种主要观点，其对体育教学模式概念的理解其实是大同小异的，因为从《现代汉语词典》解释的词义来看，结构是指各个组成部分的搭配和排列，

---

① 樊临虎．体育教学论[M]．北京：人民体育出版社，2002：235．

② 毛振明．体育教学科学化探索[M]．北京：高等教育出版社，1999：88．

范型即范式，可以作为典范的形式或样式，程序是指事情进行的先后次序。

把体育教学模式作为一种教学程序更能反映体育教学模式的本质，因为这样可以准确把握体育教学模式的要素。第一，体育教学模式是在一定的教学理论或教学思想指导下形成的，任何一种体育教学模式都有其赖以成立的理论基础或思想核心。第二，体育教学过程是体育教学模式的核心所在，它通常包括体育教学的操作程序、师生相互作用的活动方式等，是体育教学过程中比较直观的因素，不同的教学模式具有不同的教学过程结构。第三，一定的体育教学模式具有与其教学思想相适应的教学方法体系。例如，在建构主义思想影响下的体育教学模式十分重视自主学习、合作学习和探究学习等学习方式。第四，体育教学模式既要反映教学模式的共性，更要体现体育学科的特点。想要准确认识、合理构建并有效驾驭体育教学模式，把握教学模式的共同特点是非常有必要的。

随着教学理论研究的日益深入和教学实践的不断发展，出现了多种多样的教学模式。一方面，构成这些教学模式诸因素的内容和组合方式不同，适用的具体情况和范围大小也不同。不过，尽管教学模式呈现出了这种多样性和层次上的差异，不同的教学模式仍然具有一些共同的特性：简约性、整体性、操作性、发展性、指向性、探索性和个性。另一方面，体育教学的认知规律显然不同于其他文化知识的认知规律，因为强调体验和感受的运动认知和本体认知是以运动技能为知识主线的体育教学的独特之处，而强身健体的目标追求也是其他文化学科所不曾具备的。

（三）国内几种比较典型的体育教学模式

自 20 世纪 90 年代起，我国曾掀起过体育教学模式研究的小高潮，通过 20 余年的理论研究和实践探索，逐渐形成了一些比较典型的体育教学模式。当前，随着基础教育体育课程改革的深入推进，体育教学研究呈现出欣欣向荣的景象，这些体育教学模式在不同程度上能为新课程的体育教学改革带来有益的启示。

1. 运动技能传授模式

运动技能传授模式是以“主智主义”教育理论为指导思想，以传授和掌握运动技能为重要目标，以运动技能形成与发展规律为依据而设计并实施的一种相对稳定的体育教学程序。运动技能传授模式在教学思想上主要受苏联体育教育理论的影响，在教学的价值取向上十分重视学生对运动技能的掌握，将学生掌握运动技能作为教学的主要目标，并通过对运动技能的学习和掌握过程实现发展学生体能和思想品德教育等教学目标。运动技能的传授是体育教学区别于其他文化课程教学最为明显的特征，也是实现体育教学目标的重要途径。因此，运动技能传授模式在我国备受青睐，在体育教学领域中长期处于主导地位。

在教学程序的设计上，运动技能传授模式主要遵循运动技能形成与发展的规律。学生运动技能的形成与发展通常分为三个阶段，即粗略掌握阶段、改进与提高阶段和巩固与自动化阶段。在运动技能学习的不同阶段，学生的动作表现也不同，具体表现为：在运动技能的粗略掌握阶段，学生的动作表现往往比较紧张、吃力、不协调，甚至出现多余动作；在运动技能的改进与提高阶段，学生的紧张情绪和多余动作逐渐消失、动作开始变得协调、省力；而在运动技能的巩固与自动化阶段，学生的动作准确、协调，动作越来越优美，并逐渐形成运动技能的动力定型。在运动技能形成与发展的不同阶段，教师要善于根据学生的实际情况科学地设定教学目标，合理地选用教学方法，恰当地安排教学组织形式和教学手段。例如，在运动技能的粗略掌握阶段，应加强调教师的指导，主要运用讲解法、动作示范法等教学方法；在运动技能的改进与提高阶段，应注重学生的练习，主要运用练习法、分解法与完整法等教学方法；而在运动技能的巩固与自动化阶段，应强调运动技能的学以致用，应增加竞赛法、游戏法的运用。因此，运动技能传授模式对教师的教学技术水平要求较高，其教学效果在很大程度上依赖于教师的教学技能。

运动技能传授模式在体育教学实践中具有较为突出的优点，它不仅有利于运动技能的系统传授，而且有利于教师有效地组织、调控教学，并循序渐进地进行教学，使学生简捷有效地掌握运动技能。如果教师的教学技术水平较高，教法运用得当，就能在发展学生的运动技能方面取得比较满意的教学效果。不过，运动技能传授模式也存在着一些需要进一步改进的缺陷，因为该模式不利于学生认知动机的激发、主体作用的发挥和对多种运动乐趣的体验，难以处理好完整教学和分解教学的关系，难以调动和激发学生学习的积极性和创造性。

2．身体素质发展模式

身体素质发展模式是以“体质教育”为指导思想，以促进学生的体能发展为主要目标，以人体生理机能活动变化规律和超量恢复原理为依据而设计并实施的一种相对稳定的体育教学程序。自新中国成立以来，体质教育思想在我国就备受重视，有学者坚定地认为，“体育就是体质健康的教育”，体育教学大纲更是把“全面锻炼学生身体，增强学生体质”作为体育教学的首要任务。增强学生体质、促进学生体能的全面发展，是体育教学的重要目标，因此，一直以来，身体素质发展模式都是我国一种主流的教学模式。身体素质发展模式能有效地发展学生的身体素质，提高学生的体质健康水平，促进学生体格、体能和适应能力等方面的发展。不过，如果运动的负荷强度和负荷量控制不当，学生容易产生对体育学习的厌倦情绪，反而不利于激发学生体育学习的积极性。

身体素质发展模式是 20 世纪 80 年代初盛行起来的教学模式，是在重视通过体育教学进行身体锻炼，谋求学生的体质增强的教学思想指导下形成的教学模式，强调按照人体活动规律和技能变化规律来考虑教学过程。因此，这一模式在学生体质健康水平持续下降的时代背景下具有很强的实用价值。

在体育教学的实际工作中，身体素质发展模式不同于运动训练过程的身体训练，其实施过程通常围绕某一运动技能的学练来展开。在实际运用中，身体素质发展模式要求身体练习的设计要与本课运动技能的学习相适应，强调以运动技能的学习为主线，在课的前半部分以运动技能的教学为主，在课的后半部分则根据本课运动技能的特点进行身体素质练习，追求身体的全面锻炼，多采用重复练习法、循环练习法、游戏和竞赛法等。

3．情境教学模式

情境教学模式是一种以情知教学论为指导思想，教师根据教学内容的特点和学生的实际情况，通过语言、图像、音乐、视频等手段，创设一种有利于激发学生体育学习兴趣的教学情境，使学生在特定的教学情境中体验体育学习的乐趣，进而促进学生身心健康全面发展的教学模式。情知教学论认为，教学过程是情意过程与认知过程的统一。情意系统的功能起动力作用，对学习行为发挥启动、定向、维持和调节作用；认知系统的功能则承担对知识、技术、技能吸收、储存和转化的任务。两种系统同步、协调发展，相互促进，就能取得最好的教学效果。情境教学模式的局限性主要表现在以下几个方面：一是教学对象的局限性，它不太适合小学高年级学生，更不适合中学生；二是教学内容的局限性，情境教学并不适用于所有体育教材；三是教学资源的局限性，情境教学通常需要根据教学情境配备相应的教学用具、场地设备等教学资源；四是教师教学技能的局限性，它要求教师要具备较强的语言表达和表演能力，并能扮演相应的角色。

情境教学模式通常由创设情境、激发学习兴趣、情境体验、情境运用和情境收尾等教学环节组成，其中，情境体验主要着重运动技能的学练，情境运用则要求结合本课所学的运动技能设计体能练习。

情境教学法与其他教学法一样，有其自身的功能和作用，也有其运用的范围和一定的副作用。情境教学模式的运用有其特定的要求、技巧与运用频率，其使用时间、使用量和使用对象都要符合要求。判断情境教学模式运用得好不好，主要看它是否有利于教学目标的实现，是否有利于学生的身体锻炼和运动技能学习，是否有利于学生心理健康和社会适应能力的发展。任何偏离教学目标的情境教学法都应避免在当前的体育新课改中更是如此。

4．选项教学模式

选项教学模式是指在“健康第一”思想的指导下，遵循运动技能形成与发展的规律，以学生的体育需求和运动项目的兴趣为依据，结合学校具体的体育课程资源，采用选择不同体育项目进行系统学习的一种教学模式。选项教学模式虽然采用学生自主选择运动项目的形式，但运动技能的学习和掌握并非其唯一目标，而是强调以某一运动项目的系统学习为载体，全面达成运动参与、身体健康、运动技能、心理健康和社会适应等多个学习方面的目标。选项教学模式是在学生自主选择运动项目的基础上开展的，因此，有助于激发学生的体育学习兴趣，也有助于学生养成终身体育习惯、培养终身体育能力，比较适合在高中学段运用。不过，选项教学的组织与实施面临着一些现实困难：一是排课困难，因为选项教学改变了以往以行政班级为教学单位的组织形式，无论是采用同年级选项教学还是跨年级选项教学，排课难度都较大；二是课程资源方面的困难，因为选项教学对场地器材、教师专项技能的要求相对较高；三是组织管理的困难，因为选项教学模式实行动态管理，学生在修完一个模块或学期后，可以重新选择其他项目进行学习。

选项教学模式通常以某一运动技能为主线来设计课程教学步骤，其主要教学流程包括：专门性准备活动、本课主要内容的指导、学生学练、优生展示与点评、结合主教材的身体练习、游戏或竞赛。在运用选项教学模式时，要充分发挥教师的主导作用，重视讲解和动作示范等指导环节，因为讲解和动作示范是帮助学生尽快理解动作概念和建立动作表象的有效手段。此外，学生在课堂上进行了一定的练习之后，教师可让动作完成较好的学生或小组进行动作展示，并结合优生的动作完成情况进行恰当的点评。之所以选择优生进行动作展示而不是对动作完成情况欠佳的学生进行错误纠正，是因为有助于帮助学生进一步建立良好的动作表象，而且基于“赏识教育”的理念，这样也有助于强化学生的学习结果，并激发他们的学习兴趣和动机。在肯定学生动作质量的基础上，有时也需要进行适当的提醒，指出需要进一步改进的地方。

5. 体验教学模式

体验教学模式是一种以建构主义学习理论为指导思想，强调学生在运动技能学练的实践体验中学习和掌握运动技能，切实提高体质健康水平、心理健康水平和社会适应能力的一种教学模式。转变教学观念，注重学生的体验与实践，变革和优化教学方式，是 21 世纪我国基础教育体育课程改革的一个重要特征。《义务教育体育课程标准（2011 年版）》指出：“应创设民主、和谐的体育教学情境，有效运用自主学习、合作学习、探究学习与传授式教学等方法，引导学生在体育活动中，通过体验、思考、探索、交流等方式获得体育的基础知识、基本技能和方法，培养应对问题、自我锻炼、交往合作等能力，开展富有个性的学习，不断丰富体育活动经验，学会体育学习和锻炼。”[①]体验教学思想下的教学模式强调要充分体现和有效激励学生参与体育学习的主动性、探究性和合作性，这意味着即便是“教师讲—学生听，教师做—学生看，教师巡—学生练”，也应该致力于唤起学生主动学习的热情，让学生在教师的“教授”之后愿意而且能够主动地探究和积极地体验，愿意而且能够与同伴分享体育学习的乐趣，进而有效地提高学生的健康水平、健康素质和体育文化素养。

体验教学模式的创建和运用，有助于改变过去体育教学中重传技而轻认知、重形式而轻实效、重教法而轻学法、重分解而轻整合及教学方式训练化的现象。自主学习、合作学习和探究学习是体验教学模式的三种主要表现形式，它们分别有着各自的含义，也分别有着各自不同的优点和适用范围。三者相互交叉、相互促进。事实上，这种相互交叉、相互促进的关系同样也存在于“自主学习”与“他主学习”之间、“合作学习”与“个体学习”之间、“探究学习”与“接受学习”之间。新课程体育教学模式的建构，并不是要在自主学习、合作学习和探究学习之间做出非此即彼的判断，也不是要在“自主学习”与“他主学习”之间、“合作学习”与“个体学习”之间、“探究学习”与“接受学习”之间做出非此即彼的选择，更不是片面否定接受学习的重要作用，而是更加注重教学模式创建的合目的性，更加强调体育教学模式运用的有效性。

第二节　有效体育教学模式的特征与实施

一、有效体育教学模式的基本特征

（一）致力于促进学生健康成长的指导思想

合目的性是创建有效体育教学模式的首要依据。从合目的性这一视角来看，有效体育教学模式的创建必须确立致力于促进学生健康成长的指导思想。众所周知，自改革开放以来，我国中小学生的体质健康状况呈现出持续下降的趋势，造成这一现象的原因是多方面的，一是由于生产和生活方式的快速变迁，青少年学生在日常生活中体力活动越来越少；二是由于一些学校片面追求升学率，没有按国家规定开齐上好体育课，课外体育活动流于形式；三是由于独生子女普遍受到溺爱，部分学生意志品质和吃苦耐劳思想的缺失。因此，扭转青少年学生体质健康状况持续下降的趋势是当前我国学校体育工作的首要任务，促进学生健康成长理所当然应该成为创建体育教学模式的指导思想。

① 教育部．义务教育体育课程标准（2011 年版）[M]．北京：北京师范大学出版社，2012：44.

（二）致力于提升体育教学有效性的教学理念

如果说体育教学模式是一种外在的教学程式，那么，有效体育教学模式的核心理念就是致力于提升体育教学的有效性。体育教学的有效性可以分为三个层次和三个维度。体育教学有效性的第一个层次是体育教学是否有效果，即通过体育教学学生是否有收获；第二个层次是体育教学是否有效益，即通过体育教学学生是否发生了积极的变化；第三个层次是体育教学是否有效率，即在相对固定的时间内通过体育教学学生是否获得了尽可能大的进步。考察体育教学有效性的第一个维度是体育教学是否有助于学生体质健康水平的提高，强身健体始终是体育教学的本质追求，也是体育课程实施过程中落实“健康第一”指导思想的基本要求；第二个维度是体育教学是否有助于学生运动技能和方法的掌握，因为运动技能既是全面达成体育课程目标的重要载体，也是激发学生体育兴趣，养成终身体育习惯的依托所在；第三个维度是体育教学是否有助于学生的心理健康和社会适应，体育教学对于培养学生优良的心理品质和社会适应能力具有独特的作用。总而言之，全面提升体育教学有效性是创建和运用有效体育教学模式的重要理念。

（三）综合发挥各种教学方式优势的教学方法体系

教师教学方式的变革和课堂教学行为的重建是我国基础教育体育课程改革的重点和难点问题，也是本次课程改革的热点和亮点。强调学生的主体性发展及创新精神和实践能力的培养是新课程教学方式变革的重要特征，在新课程的课堂教学改革中，学生的主动参与是实现其学习方式转变的核心。也就是说，教师应树立主体性教学思想，真正落实学生在课堂教学中的主体地位，改变学生以往被动、机械的学习状态，形成多样化的学习方式，积极引导学生进行自主性学习、有意学习和发现学习。在此基础上，不仅要使学生掌握系统扎实的基础知识和基本技能，形成良好的情感态度和价值观，而且要具有较强的创新精神和实践能力。在主体性教学思想和建构主义学习理论的影响下，不少一线教师对自主学习、合作学习、探究学习等教学方式进行了积极的尝试，也积累了许多有益的经验。不过，体育教学方式的变革应该避免形式化和绝对化，不应过分强调自主学习、合作学习、探究学习的优点而贬低接受性学习的作用。体育教学方法具有多样性，它们分别适用于不同的教学对象、教学目标及不同的教学内容，没有哪一种教学方法是万能的，因此，有效体育教学模式应摒弃那种非此即彼的片面取舍性思维，建立能综合发挥各种教学方法优势的教学方法体系。

（四）既考虑体育教学效果的迟效性，也注重体育教学效果的长效性

体育教学很难收到“立竿见影”的速效，无论是运动技能和方法的习得，还是学生体能的发展，都需要一个循序渐进和逐步积累的过程。运动技能的学习要

经历习得、保持和迁移的过程，运动技能的形成是指通过练习从而逐渐掌握某种外部动作方式并使之系统化的过程，可以分为认知阶段、联系形成阶段和自动化阶段。运动技能是在大量练习的基础上获得的，因为大量的练习往往意味着过度学习，而且在练习过程中常凭借外部和内容反馈信息来不断校正动作。因此，经过过度学习的任务是不易遗忘的。研究表明，运动技能越复杂，练习量越多，遗忘发生得越少；运动技能越简单，练习量越少，遗忘越明显。由此可见，学生运动技能和方法的掌握需要经历一个漫长的过程。有效体育教学模式既要从局部考虑一节体育课、一个体育教学单元或一个选项教学模块给学生带来的收获和进步，也要从整体上考虑一个学段甚至学生的整个学校学习生涯的体育学习成效；既要看学生在某一局部时间内体育学习的阶段效果，也要从终身体育的角度看学生体育学习的长远效果。

（五）既考虑体育教学效益的普遍性，也注重体育教学效益的个体性

如果说体育教学效果注重的是通过体育教学学生发生的变化，那么体育教学效益则强调这种变化是积极和有价值的。毋庸置疑，体育课程的价值具有普适性，它对所有学生都具有提高体质健康水平、学习和掌握运动技能和方法、促进心理健康和社会适应能力发展的积极作用。不过，体育课程的普适价值具有较大的差异性，这种差异性主要表现在三个方面：一是地区之间的差异。我国幅员辽阔，各地经济、文化、教育、体育、习俗等存在着较大的差异，而且文化和习俗等方面的差异是难以消除的，因为文化具有多样性；二是学校之间的差异。教育资源的不平衡是当前我国教育发展的一个普遍现象，城市学校与农村学校、重点学校与一般学校在体育课程资源方面的差异是相当明显的；三是学生个体之间的差异。学生在身体发育、运动能力、体育需求、性格和气质等方面的差异是客观存在的。因此，有效体育教学模式既要发挥体育课程的普适性价值，也要注重体育教学效益的个体性，使每一名学生都学有所获，学有所成。

（六）既考虑体育教学效率的相对性，也注重体育教学效率的综合性

体育教学效率是指在某一时段内学生进步和发展的程度，学生进步大、发展快则意味着效率高，而学生进步小、发展缓慢，则意味着效率低。一方面，体育教学效率具有相对性，不同的任课教师、不同的教学内容、不同的教学方式很可能有着不同的教学效率。体育教师对体育教学有效性的理解及教学方式、教学组织形式、教学手段等教学策略的设计和运用，在很大程度上决定着体育教学的效率。练习密度是衡量体育课堂教学效率的一个重要指标，因为身体练习既是学生习得运动技能和方法的必要条件，也是发展体能的重要保证。如果教师能根据教学目标和教学内容的特点恰当地选用教学方式和教学组织形式，恰到好处地做到精讲多练，就可以提高练习密度，获得相对较高的教学效率。另一方面，体育教学效率还具有综合性，这是由体育课程价值的多元性所决定的，因此，有效体育教学模式要注重发挥体育教学的综合效应。体育课程的多种价值是相互促进、相辅相成的关系，只有正确处理好身体发展、运动技能和方法的习得、心理素质和社会适应能力的培养等各种主要价值之间的关系，才能切实提高体育教学的综合效应。

二、有效体育教学模式的实施

有效体育教学模式的实施主要包括分析体育教学情境、明确体育学习目标、精选体育学习内容、实施体育教学过程、开展体育学习评价等 5 个主要环节。

（一）分析体育教学情境

全面、准确地分析学校的体育教学情境是运用有效体育教学模式的起点，也是因材施教、因校制宜的需要。因材施教体现了主体性教学思想，体现了新课程“以学生发展为中心”的理念；而因校制宜则是落实新课程“关注地区差异和个体差异，保证每一位学生受益”理念的要求。体育教学情境分析主要包括学生主体情况的分析和学校体育教学资源的分析，其中，学生主体情况分析是因材施教的基础，是避免以学科为中心或以教师为中心的重要保证；而学校体育教学资源分析则是因校制宜的前提条件，主要是分析学校可供利用的运动场地、体育器材和设备及学校的体育传统等。

学生主体情况的分析通常简称为学情分析，是指对学生身体、心理、体育基础、班级情况等方面情况的分析。学情分析可以从两个层面进行：一是从宏观层面分析不同学习水平学生在身体形态、身体机能、身体素质、心理素质等方面身心发展的年龄特征；二是从微观层面具体分析授课班级在体能状况、运动技能基础、心理素质与社会适应能力、兴趣爱好、组织纪律等方面的具体情况。学生身体素质发展的特点和不同年龄阶段学生的心理特征是学情分析的两个重要方面，其中，身体素质方面主要分析学生身体素质发展规律、敏感期及力量、速度、耐力、协调、柔韧等各项身体素质的年龄差异；而心理特征方面主要分析学生在注意、思维、意志三方面的心理特点。例如，有学者把小学、初中、高中三个不同学习阶段学生意志力的特点进行了归纳（见表 6-2）。

表 6-2　不同年龄特征学生意志力的特点

小学生的意志特点	初中生的意志特点	高中生的意志特点
目的性和独立性差，盲目性、受暗示性和独断性较为明显	目标的短期性和独立意识增强，表现性明显	目的性明确，有自己的主见

续表

小学生的意志特点	初中生的意志特点	高中生的意志特点
果断性表现随年级升高而不断发展，但不稳定	果断性有所提高，但表现出一定的摇摆性	果断性处于较高水平，但对局面的正确把握不够
自制品质逐步发展，抗内外诱因的能力增强	自制性不强，仍需外界的督促	自制能力显著提高，并表现出一定程度的冲动性
坚韧品质迅速发展，但各阶段不平衡	坚韧性逐渐增强，但不够稳定	坚韧性达到一个新阶段，但易受外界影响的现象依然存在

（二）明确体育学习目标

在传统的体育课程目标体系中，体育学习目标通常以“教学目标”的方式来表述，主要是体现教师的教与学生的学的共同目标。从国内外当代体育课程理念来看，体育课程的最终目标是要服务于学生发展的需要，因此，以体育学习目标来表述更为恰当。体育学习目标是体育教学活动期望达到的预期结果，它在有效体育教学模式中具有十分重要的作用，是评判体育教学有效性的重要依据。

首先，体育学习目标的制定要从体育课程的总目标出发，服务于学生健康成长的体育需求。《义务教育体育课程标准（2011 年版）》指出：体育课程对于实施素质教育，培养学生的爱国主义、集体主义精神，促进学生德、智、体、美全面发展具有重要的意义。通过课程的学习，学生将掌握体育的基础知识、基本技能与方法，增强体能；学会学习和锻炼，发展体育实践和创新能力；体验运动的乐趣和成功的喜悦，养成体育锻炼的习惯；发展良好的心理品质、合作与交往能力；提高自觉维护健康的意识，基本形成健康的生活方式和积极进取、乐观开朗的人生态度。体育教学作为体育课程实施的核心路径，理应为实现体育课程的总目标服务。

其次，有效体育教学模式下体育学习目标的制定要体现学生主体的理念，学习目标的表述要强调行为主体是学生，即通过体育教学学生所获得的进步和发展。在体育课程的总目标下，新课程划分了 4 个学习方面，明确指出学习方面目标是指期望学生在运动参与、运动技能、身体健康、心理健康与社会适应 4 个学习方面达到的学习结果，即期望学生通过体育课程的学习在这些方面发生良好的变化。4 个学习方面的目标是课程目标的具体描述和体现。也是水平学习目标确立的依据，在课程目标和水平学习目标之间起着承上启下的作用。需要强调的是，《义务教育体育课程标准（2011 年版）》的“标准”和“目标”，都是针对学生而言的，即期望学生通过体育课程的学习最终达成的学习结果，因此，无论是水平教学计划、学年和学期教学计划，还是单元和课时教学计划，都应使用学习目标这一概念。

最后，在制订最为具体的体育课堂学习目标时，应注重课堂学习目标的全面性、明确性和层次性。虽然新课程划分为运动参与、运动技能、身体健康、心理健康与社会适应 4 个学习方面，但这 4 个学习方面是一个密切联系的整体，不能割裂开来进行教学。体育课堂学习目标不一定要面面俱到，但需要注意学习目标的全面性，即既要有运动技能学习方面的目标，又要有身体健康学习方面的目标，还应有心理健康与社会适应学习方面的目标。体育学习目标的明确性则是指所制订的学习目标要明确具体，不要用类似“发展学生体能”“掌握××运动技能”这样笼统的表述，建议用如“进一步学习箱上前滚翻的完整动作，80%的学生能在保护帮助下完成”“通过各种各样的跳绳练习，发展下肢力量、协调性、灵敏性等身体素质”之类的表述。体育学习目标的层次性则是指学生的体育课堂学习目标要有主次之分，即课堂教学要使学生重点要在哪一方面发生良好的变化。

（三）精选体育学习内容

体育学习内容是为实现体育学习目标而选用的体育知识和运动技能，它是有效达成体育课程目标的重要载体。《义务教育体育课程标准（2011 年版）》指出：“运动技能是指学生在体育学习和锻炼中完成运动动作的能力，它反映了体育课程以身体练习为主要手段的基本特征，是课程学习的重要内容和实现其他学习方面目标的主要途径。”[①]由此可见，运动技能的传授和学习在体育课程中具有十分独特的地位。由于“课程标准”改变了以往“教学大纲”以运动技能为主线进行编制的形式，在各个学段没有列出具体的运动技能要求，曾引起了新课程要“淡化运动技能”的误解。事实上，运动技能不仅本身是新课程的一个重要学习方面，而且是实现运动参与、身体健康、心理健康与社会适应等其他学习方面的重要载体。因此，在有效体育教学模式的运用中，教师要善于精选有助于实现课程目标的运动技能，并优化运动技能的教学过程。

选择和设计体育学习内容是在有效体育教学理念下编制体育教学计划的重要步骤，因为“课程标准”并没有规定具体的教学内容，这使得运动技能的选择成为一个必不可少的步骤。《义务教育体育课程标准（2011 年版）》中将运动技能分为 6 大类，即田径类、球类、体操类、游泳或冰雪类、武术类、民族民间传统体育活动类。6 大类中，每一大类包括若干运动项目，每一运动项目中又包括多种运动技能，因此，尽管《义务教育体育课程标准（2011 年版）》在每一大类中都列举了许多的项目，但这是“列举”，不是要求“必学”，主要目的是供学校和体育教师参考，学校和体育教师可以根据学校的实际情况，对每一大类运动中的项目进行选择，所选的项目应该教什么技能，怎样教技能，完全由学校和体育教师

[①] 教育部．义务教育体育课程标准（2011 年版）[M]．北京：北京师范大学出版社，2012：7.

决定。运动技能学习的选择性在高中阶段更为突出，因为普通高中体育课程标准在把运动技能划分为球类项目、体操类项目、田径类项目、水上或冰雪类项目、民族民间体育类项目、新兴运动类项目等 6 大系列的基础上，实施选项教学。

在有效体育教学模式的运用中，不仅需要对体育学习内容进行选择，而且要对所选择的学习内容进行课程化改造。竞技运动是广大中小学生喜闻乐见的体育活动，具有很高的体育课程价值，但不能把竞技运动生搬硬套地移植到体育课堂教学中，而需要进行适当的改造。竞技项目课程化改造的目的是要避免学生对所喜爱的竞技运动“叹为观止”，使其在体育学习过程中体验到学习的乐趣，强化内心的成功体验，真正变“要我学”为“我要学”。体育学习内容改造的总原则是使之适合学生学习的需要，可以从以下几个方面着手：一是改变成人化的场地器材规格，二是改变竞技化的竞赛规则，三是改变规范化的组织形式。

（四）实施体育教学过程

体育教学过程是实现体育学习目标的实践性环节，它是学生在教师有目的、有计划地组织和指导下，学习体育基本知识、基本技能和方法的过程。体育教学过程在很大程度上决定着体育教学的有效性，体育教学效果有多少、教学效益有多大、教学效率有多高，往往取决于体育教学的实施过程。

1．体育教学过程的步骤

课堂教学是体育教学的基本单位，依据人体生理机能活动变化的规律、运动技能形成与发展的规律、学生心理活动过程的规律、认知规律等，可把体育课堂教学的基本过程划分为激趣热身、技能学练、提高拓展、放松收课 4 个主要步骤，每个步骤分别具有不同的学习目标，分别采用相应的教学方式及教学组织形式（见表 6-3）。

表 6-3　体育课堂教学过程分解表

教学环节	激趣热身	技能学练	提高拓展	放松授课
主要目标	1．激发学习兴趣	1．学习运动技能	1．运用运动技能	1．做好放松活动
	2．明确学习目标	2．提高学习热情	2．发展体能	2．小结学习效果
	3．做好准备活动	3．培养学习能力	3．情感教育	3．引导延伸学习
主要方法	讲解法、示范法、练习法、自主学习等	讲解法、示范法、练习法、合作学习法	练习法、游戏法、竞赛法、探究学习等	讲解法、练习法、自主学习等
主要特点	以集体学习为主，可结合分组练习，重视专门性准备活动的作用	在教师指导的基础上，学习运动技能，分组练习与集体练习相结合	结合本课主教材拓展练习，学会运用运动技能，发展体能和心理健康与社会适应	以舞蹈等放松性练习为主，肯定优点，找准努力方向，引导课后练习

体育课堂教学过程的各个步骤是一个有机联系的整体，之所以分解成 4 个主要步骤，主要是为了加深对有效体育课堂教学实施过程的认识。需要说明的是，表 6-3 中各教学环节所阐述的“主要目标”和“主要方法”是“主要”，在实际教学中并不仅局限于此。

2．技能学练的主要环节

技能学练作为有效体育教学过程的核心环节，还可细分为教师指导、体验练习、优生展示和强化练习 4 个小环节。

3．实施体育教学过程把握好的体育教学策略

体育教学策略是指为实现体育学习目标而创设并付诸实践的教学方法、教学手段和教学组织形式等，它是提高体育教学有效性的重要保证。教学策略在国外早有研究，但在我国起步较晚，至今没有形成统一的定义。有学者提出：教学策略具有动态的教学活动维度和静态的内容构成维度。在动态的教学活动维度上，它是指教师为提高教学效率而有意识地选择筹划的教学方式与灵活处理的过程，其明显特征是：第一，对学习目标的清晰意识和努力意向；第二，具有对有效作用于教学实践的一般方法的设想；第三，在目标实现过程中对具体教学方法进行灵活选择和创造。教学策略的静态内容构成是动态教学活动维度的反映。具有三个层次：第一层次指影响教学处理的教育理念和价值观倾向；第二层次是对达到特定目标的教学方式的一般性规划的认识；第三层次是具体的教学手段和方法。这一描述呈现了一幅关于教学策略的生动的“全息图像”，有效地避免了盲人摸象式的分解式定义，对教学观念、一般方式、具体方法三个层次的划分也十分准确、清晰。不过，具体到有效体育教学模式的创设与实施，可以着重从教学方法、教学组织形式、教学手段三方面入手，寻求能切实提高体育教学有效性的教学策略。

第一，注重体育教学整体效益的获得是当代体育教学改革的一个重要趋势。体育教学方法、教学组织形式、教学手段等教学策略的创设和运用要有利于学习目标的达成。体育教学方法包括教师教的方法和学生学的方法，教师要从教法和学法的有机结合、多种教学方法的综合运用上考虑教学方法的有机整合，从而谋求体育教学的整体效益。

第二，体育教学策略的创设和运用要处理好教师的教和学生的学之间的辩证关系。体育教学是一种有目的、有计划、有组织地培养人的社会实践活动，其基本功能是把人类积累的体育知识与运动技能转化为学生的体育文化素养，促进他们身心健康的全面发展，使他们成为具有创新精神和实践能力的高素质人才。在这一过程中，体育教师受过专门的职业训练，具有较高的体育运动技术水平和教学技能，具备正确引导学生接受良好体育教育的能力。也就是说，体育教师在体育教学中起着主导作用。但是，体育教师的主导作用并不是万能的，而是有条件的。首先，无论体育教师对学生采用哪种方法进行教学（如讲解法或动作示范法、分解法或完整法、游戏法或竞赛法），都必须通过学生的独立思考、理解与练习才能转化为他们自身的体育知识和能力。例如，无论体育教师具备多么高超的运动技术水平，也无论体育教师的讲解多么精彩、动作示范多么优美、教学技能多么娴熟，只有唤起学生的学习热情，才能真正发挥体育教师的主导作用。其次，体育教师的主导作用必须从学生身心发展水平的实际出发，适应他们身心发展的规律，如体育学习目标的制订、学习内容的选择及教学方法的设计与运用等，都必须根据学生的身心发展水平来确定。简而言之，只有充分调动学生的积极性、主动性和创造性，真正落实学生在体育教学中的主体地位，才能有效发挥体育教师的主导作用。

第三，体育教学策略创设和运用在强调学生主体性的同时，不能片面否定体育教师的主导作用，否则就会矫枉过正，从重教轻学滑向重学轻教的另一个极端。学生是教学过程中的主体，学生的主体性就是学生在课堂教学中表现出来的选择性、自主性、能动性和创造性。不过，学生作为课堂教学的对象，作为成长中的主体，还具有受动性、依附性和模仿性等特征。

（五）开展体育学习评价

有效体育教学模式的评价是从教学效果、教学效益、教学效率三个维度对体育教学计划、体育教学过程及体育教学结果进行的评估判断。有效体育教学模式的实施要注重发挥评价的诊断功能和调控功能。从诊断功能来看，评价是对教学结果及其成因的分析过程，借此可以了解体育教学各个方面的情况，从而判断教学的成效和缺陷、矛盾和问题。全面而准确的体育学习评价不仅能评估学习目标的达成程度，而且还能揭示教学效果不良的原因，它如同进行体格检查，可以对教学现状进行严谨的诊断，进而为教学决策和改进提供反馈。从调控功能来看，学习评价的结果必然会得到一种反馈信息，从而使教师和学生能及时了解自己教和学的情况，从而为教和学的策略调整提供依据，进而有效地改进教学。在有效体育教学模式的实施中，教师要善于根据评价所反馈的信息，更加准确地分析体育教学情境，及时修订教学计划，改进教学过程，以进一步提高体育教学的有效性。

第三节　有效体育教学模式的实施决策

一、切实提高运动技能教学的有效性

（一）正确认识运动技能教学的重要性

运动技能教学在有效体育教学模式中具有十分重要的作用。一方面，它是体

育课程区别于语文、数学、英语等文化课程的一个重要特征，是体育课程重要的学习内容；另一方面，运动技能也是实现体育课程其他学习方面目标的主要途径。为了防止个别专家或体育教师的误解或误导以及一些体育教师在体育教学中存在淡化运动技术教学的倾向，突出强调运动技能教学的重要性，《义务教育体育课程标准（2011 年版）》十分明确地将体育课程的性质规定为：本课程是以身体练习为主要手段，以学习体育知识、技能和方法为主要学习内容，以增进学生健康，培养终身体育意识和能力为主要目标的课程。这更加有助于体育教师明确体育的知识、技能和方法是必须教的。当然，这句话强调的另一层意思是，体育教师不仅必须教运动知识和技能，还要重视教学生体育学习和锻炼的方法，促进学生学会体育学习和锻炼，培养学生的体育学习能力，从重运动知识和技能的传授向重学生体育学习和锻炼能力的培养转变。发达国家体育课程改革的一个重要特征是，既把运动技能的学习当作一个重要目标，又把运动技能教学当作一种重要手段，注重通过身体练习来掌握运动技能，进而实现其他学习方面的目标。

（二）合理构建运动技能教学的内容结构

在正确认识运动技能教学重要性的同时，新课程的实施要特别注重运动技能内容结构的合理构建。众所周知，“课程标准”较之以往“教学大纲”的一个重要变化是再也没有直接规定各学段各年级的具体教学内容，这给体育教师根据学校具体的教学情境实施个性化教学创造了条件，也使运动技能的选择与设计成为一种必需。这种变革曾经给许多一线教师带来了诸多不适应。强调根据具体的体育教学情境实施运动技能的个性化教学，无疑是基础教育体育课程改革的一个重要进步。我国幅员辽阔，各地经济、文化、教育、体育、气候、习俗等差异巨大，只有从各地各校的实际情况出发，密切联系学生的生活，充分考虑学生健康成长和未来发展的需要，精心选择运动技能，合理构建学习内容体系，才能切实提高体育教学的有效性。例如，在发达地区高级中学的留学预备班中开设棒球选项课或橄榄球选项课，让学生学习西方国家的体育项目，有助于学生出国学习期间的锻炼和交流，对他们来说，棒球或橄榄球的学习就是有效的；而对于一些少数民族地区的学生来说，民族传统体育项目则可能更有趣、更有效一些。

体育学习内容的设置曾引起过比较广泛的争议。例如，为什么要在小学三年级设置跳远教材？为什么要在初中阶段设置侧向滑步推铅球教材？诸如此类的问题，似乎至今仍未找到最佳答案。事实上，可替代性是体育教学内容的一个重要特点，正是基于这一特点，新课程提出了“目标引领内容和方法”的教学实施思路。这就要求体育教师应具备合理构建运动技能学习内容结构的能力，如果在高中阶段还在教学生前滚翻这类简单动作，显然是不合适的。只有掌握了人类动作发展的基本规律，对人类动作发展进程有了清晰的认识，知道了学生各个年龄阶段最合适他们发展的那些体育知识、技术，同时又知道这些体育知识、技术在学生身上是遵循怎样的规律发展的时候，才能有信心地说：这样的体育知识、技术，在这个年龄进行教学是最适合学生发展需要的。总而言之，体育学习内容的选用，既要考虑学生的年龄特征，又要考虑学生的生活实践；既要考虑到学校的现实条件，又要考虑到学生的传统文化；既要考虑到运动技能教学的有效性，又要考虑到全面实现体育课程目标的有效性。

（三）熟练把握运动技能教学的基本规律

运动技能形成与发展的规律是体育教学必须遵循的重要规律之一，只有熟练把握运动技能教学的基本规律，才能切实提高体育教学的有效性。通常认为，运动技能的形成与发展包括三个阶段，即体验尝试阶段、改进提高阶段、建立动力定型阶段。在运动技能形成与发展的三个阶段，学生有着不同的心理活动特征和动作表现，教师需要根据实际情况设定适宜的学习目标并选用恰当的教学方法（见表 6-4）。

表 6-4　运动技能教学分解表

	心理活动特征	动作表现	主要学习目标	教学要点
体验尝试阶段	大脑皮质神经活动处于泛化阶段，内抑制力较弱，活动中主要依靠视觉控制调节动作	动作的准确性、灵活性差，经常出现多余的、错误的动作，动作表现为慌乱、呆滞、不协调；学生对运动中的错误动作或正确之处不能作自我分析	在教师的有效指导下，通过体验和尝试，建立正确的动作概念和动作表象	强调教师的主导作用，讲解简明扼要，动作示范准确优美，充分调动学生学习的积极性，有效地引导学生进行体验和尝试
改进提高阶段	大脑皮质神经活动逐渐形成分化性抑制，兴奋和抑制过程的转化，在时间上显示为合理而有规律，在空间上也趋于准确	运动中的紧张、慌乱现象，多余、错误动作逐渐消除。学生在完成一项运动动作之后，自己已能对动作完成的质量和正确与错误之处进行分析评估，并在下次练习中改进	经过分解和完整的反复练习，不断提高运动技能水平，初步形成运动技能	教师主导与学生主体相结合，精讲多练，强化练习的重复性和规范性，帮助学生逐步形成正确的本体感受，强化运动记忆
建立动力定型阶段	大脑皮质内兴奋与抑制过程更加集中，神经运动过程更为精确，运动技巧达到“自动化”程度	动作精确熟练，轻松协调，能充分表现人体动态的美；学生能对自己或他人完成动作的质量进行适当的评价	通过反复练习不断地巩固运动技能。逐步建立动力定型，最后上升为运动技巧	注重学生的自主体验，通过变换练习方式及游戏法与竞赛法的运用，不断改进和提高动作质量，体验成功的乐趣

运动技能的学习和掌握具有较强的复杂性，在学生学习和掌握运动技能的每

个阶段，教师都要恰当地使用引导、表扬、激励、批评等方式和方法，及时地反馈给学生运动技能学习过程中所出现的各种信息，激励学生学好运动技能，使不同水平、不同层次的学生学有所得，学有所乐，也使学生及时对自己的学习进程进行调整，提高自我学习、掌握运动技能的能力。从运动技能形成与发展的规律来看，运动技能的学习和掌握需要反复进行大量的练习，以加深学生的本体感受，最终形成动力定型。当然，上述运动技能形成与发展阶段的划分，是相对同一运动技能而言的，不同运动技能的形成与发展所需要的时间是不一样的，动作难度大、比较复杂的运动技能所需要的时间相对长一些，反之，则短一些。此外，学生学习和掌握运动技能的进程也存在个体差异，有的学生学得快一些，而有的学生则可能慢一些。因此，教师要善于分析运动技能的特点和学生的实际情况，以切实提高运动技能教学的有效性。

（四）合理组织好运动技能教学的练习

练习是学生学习和掌握运动技能的重要条件，教师要在优化运动技能学习指导的基础上，分析影响练习效率的因素，恰到好处地组织好练习活动。

1．要明确练习的目标和要求

这是影响练习效率的最重要的因素。练习目标明确，要求具体，可以调动学习者的学习热情，提高练习的主动性和积极性，使练习常处于意识控制之下，排除干扰，克服困难。同时，具体明确的练习要求、难度适中的练习目标对提高练习效率有更大的促进作用。

2．要合理分配好练习时间

运动技能的学习需要充足的时间进行练习，因此要制订出合理的时间分配表。根据时间分配上的不同，可以把练习分为集中练习和分散练习两种。集中练习是指长时间不间断地进行练习，直到掌握某种运动技能为止，中间不安排休息时间；分散练习是指把练习分成若干阶段，在各阶段之间插入适当的休息时间。运动心理学实验表明，分散练习的学习效果要优于集中练习。这就要求体育教师要安排好运动技能的教学单元，循序渐进，逐步掌握运动技能。

3．要合理运用完整练习和分解练习

获得运动技能的练习方法主要有完整练习法和分解法。所谓完整练习，是指把要学习的运动技能作为一个整体重复加以训练的练习形式；而分解练习则是把一整套完整的运动技能分解成同时或具有先后次序的练习形式。采用完整练习还是分解练习，应视运动技能的性质及复杂程度而定。一般认为，当运动技能的各部分独立性大或运动技能较为复杂时，采用分解练习的效果好；而当运动技能较

为简单或运动技能的结构严谨、完整，需要细心整合时，则采用完整练习的方式效果更好一些。

4．给学生提供及时的反馈

学习者只有及时从自己的动作或动作结果中得到反馈信息，才能了解自己动作的正确与错误，通过练习把正确动作巩固下来，舍弃错误动作，以提高练习效果，从而促进运动技能的学习。因此，简单机械的重复练习不可能改善运动技能的学习，在练习过程中及时把练习中的各种信息反馈给学习者，是促进运动技能学习的重要外部条件之一。学习者一般通过视觉、听觉、触觉、动觉和平衡觉来获得练习的反馈信息。在通常情况下，在练习初期主要通过外部反馈获取练习效果的信息，即学习者大多是通过视觉通道或听觉通道来获取反馈信息，在练习后期则主要通过运动感觉来获取反馈信息。教师为学生提供的反馈信息应该以正面的信息为主，即多肯定练习的正确之处，以激发学生学习的积极性。

二、合理运用新课程倡导的学习方式

（一）新课程倡导教学方式的多样化

基础教育体育课程改革的成功与否，在很大程度上取决于体育教学改革的突破和进展，取决于中小学的实际教学能够在多大程度上彰显体育教学方式改革的时代特征。20 世纪后半叶，在建构主义学习理论日趋成为世界各国教学领域主流教学理念的背景下，教学方式的改革与发展呈现出一些新的特点，这些新的特点正在越来越深刻地影响我国体育课程与教学的改革。21 世纪教学方式改革与发展的新趋势主要表现为以下几个方面：注重发展学生的智能，培养学生的创造力；以学论教，重视对学习方法的研究；重视学生情感在教学中的作用；强调学习方式的整体化和综合化。变革体育学习方式，既是我国基础教育课程改革的大势所趋，也是体育课程与教学改革的本意所在。新课程提出，必须高度重视教学方法的改革，注重学生的学法研究，引导学生学会学习，提高学生自学、自练的能力，教师要给学生营造合作学习的氛围，要为学生提供机会，培养他们的创造能力。

转变教学观念，促进教学方式的变革与优化是当前体育课程改革的重要工作。体育教学方式的变革与优化，意味着要充分体现和有效激励学生参与体育学习的主动性、探究性和合作性，意味着即使是“教师讲—学生听，教师做—学生看，教师巡—学生练”，也应该致力于唤起学生主动学习的热情，让学生在教师的“教授”之后具有主动探究并与同伴分享体育学习乐趣的意愿和能力，进而有效提高学生的健康水平、健康素质和体育文化素养。新课程强调，要改变过去过于强调接受式教学的教学方式单一化现象，倡导教学方式的多样化。于是，注重培养学生创新精神和实践能力的自主学习、合作学习、探究学习等学习方式，在体育课程实施中受到了前所未有的重视。

（二）学习方式的多样化要立足于全面提升体育教学的有效性

体育教学方式的变革是新课程体育教学改革的重要内容，新课程倡导的自主学习、合作学习、探究学习等新型学习方式对激发学生的学习兴趣，培养学生的创新精神和实践能力具有接受式学习方式所不具备的优势。不过，任何教学方式的创设和运用都是以实现学习目标为出发点的，以促进学生发展为最终归宿。教学方式是否得当，直接影响着体育教学效果的好坏、教学效益的大小及教学效率的高低，在较大程度上决定着体育教学的有效性。因此，体育学习方式的选择与运用，应在充分体现新课程育体与育人相结合理念的基础上，致力于促进学生体育的知识与技能、过程与方法、情感态度与价值观的整体目标的实现，发挥体育促进学生全面、健康发展的重要作用。体育学习过程，不仅是身体锻炼、提高体能的过程，也是陶冶情操、锻炼意志、感受人生的过程。有效的体育教学方式，能够使学生真正融入体育的学习中去，为其今后的学习、工作、生活等多方面的发展奠定良好的健康基础。

自主学习、合作学习和探究学习分别有着各自的含义。自主学习是指通过教师的激励和指导，充分调动学生的积极性和主动性，使学生在自我练习，自我体验、自我评价与相互评价的过程中掌握体育的基础知识和运动技能，学会锻炼身体的方法，并养成终身体育意识和行为习惯的一种学习方式。自主学习的主要特征是：教师指导但留给学生较大的自主学习空间；学生参与确定学习目标，选择学习内容并确定进度、方法、策略，参与学习的监控和效果评价；学习过程有积极的情感投入、情感体验与内在动力的支持。

合作学习是以学习小组为基本形式，利用动态因素的互动促进学习，以团体成绩为标准，共同完成体育学习目标的一种学习方式。合作学习不仅有助于发挥群体的积极性和创造性，提高学习质量，而且对培养能力、发展良好的人际关系具有独特作用。它主要包括同学间紧密配合完成各种动作和技战术，在相互保护帮助中学习，在相互观察、评价中学习，在共同分析、讨论、研究中学习等。合作学习、练习的基本要素包括合作意识、合作目标、合作的形式、分工与互动、合作与独立活动结合等。

探究学习是指学生在教师的引导下，利用资料或情境自觉主动地探索，从而不断发现问题、解决问题，培养独立思考能力和实践能力的教学方式。运用探究学习方式有利于激发学生学习的内在动机，有利于培养学生主动探索、独立思考的能力和习惯，有利于训练学生解决问题的技能和技巧，有利于学生有效地获取和巩固体育的基本知识和基本技能。运用探究学习方式，要求确立学生的主体地位，营造师生和睦的气氛；创设问题的情境，增强学生的问题意识；善于引导，讲求实效。

自主学习、合作学习和探究学习三种学习方式是相互交叉、相互促进的。自主学习相对于被动学习，是一切有效学习的核心特征，自主性是以学生的主体性为前提和依据的。合作学习相对于个人学习，是学习的一种组织形式。探究学习相对于接受学习，是学习的一种展开方式。所有能有效地促进学生发展的学习，都一定是自主的学习，但并不是所有的学习都需要合作的形式，也不是所有的学习都要用探究的方式。

（三）重视体育学习方式选用的针对性和实效性

1．要从教学对象的主体条件出发

新课程倡导学习方式的多样化是一个宏观且略显抽象的概念，在实际的运用过程中却要面对十分具体的教学对象。因材施教的教学原则指的就是要从学生的实际出发，根据不同对象的具体情况，采取不同的方法，进行不同的教育，从而促进每个学生都能在各自原有的基础上得到充分的发展。

2．要善于有针对性地选用学习方式

新课程倡导的自主学习、探究学习和合作学习，以“发扬教学民主，着重培养学生的能力、陶冶学生的情感和促进学生人际交往和社会性提高”为出发点，是针对“单纯以运动技术传授为主体的教学方法”的补充和修正。在选用体育学习方式的过程中，要根据学习目标进行理性的分析和选择，因为不同的学习方式对于实现不同的学习目标具有不同的作用，这也正是新课程提出的“要以目标的达成统领教学内容和学习方式的选择”的依据所在。要避免错用和滥用新的学习方式的倾向，要把“各地、各校和教师可以选择多种不同的内容、采用多种不同的形式和方法去达成课程学习目标”的精神落实到日常的课堂教学中。

3．要充分考虑教材的特点

不同体育教材的教学都有其相适应的或相对适应的学习方式，并不是什么方法都可以运用的。例如，探究学习就比较适用于有一定深度、原理性比较强的教材，而不适用于那些浅显的介绍性和锻炼性教材；合作学习比较适合于球类和游戏等教材。如果在选用学习方式时不充分考虑教材的特点，就难以收到理想的教学效果。

（四）正视各种学习方式的局限性，避免形式化和绝对化

任何学习方式的运用都不是毫无限制的，再好的学习方式也不能滥用。例如，自主学习在活跃教学气氛、激发学生的学习兴趣、帮助学生体验教材的乐趣等方面有其特殊的作用。但是，即使是这样的好方法如果使用无度，整堂课甚至整个

学期都让学生自主学习，就可能淡化教师的主导作用。再如，如果过度使用探究学习，就可能使教学效率降低，甚至可能把体育课上成了科研课。此外，自主学习、合作学习、探究学习在促进学生的体能发展和技能掌握方面的效果并不见得比接受式学习方式更加显著，这也是我们需要正视的问题。实际上，只有充分认识各种学习方式的利弊，根据教学目标、教材特点等合理选用学习方式，才能扬长避短，真正提高教学效果。

在体育教学的实际工作中，要避免将新课程倡导的教学方式形式化和绝对化，要正确认识各种教学方式的适用范围和局限性（见表 6-5）。

表 6-5　几种新的体育学习方式的比较

教学方式	自主学习	合作学习	探究学习
运用目的	通过建立学生的“自我学习目标”和有意地安排一段“自我练习时间”让学生独立自主地学习	通过建立学生共同拥有的学习课题，建立适合学生交流的学习形态，促进学生在互帮互学中共同提高	让学生通过探究性学习过程对某些难题进行理解，并通过典型的探究过程帮助学生学会学习
优点	有利于学生进行适合于个性特点的学习，培养学生的主体性和思维能力	有利于学生之间的相互交流和取长补短，培养学生的社会性和集体性	有利于学生认识学习的过程，培养学生发现问题和解决问题的能力
缺点	教学不容易组织，要求学生有很强的自觉性和学习能力，安全方面有一定的隐患	学习效率不太高，要求有很好的集体基础。对教师的教学能力有很高的要求	学习效率不高，不可多用，对教材的加工和教师的教学能力有很高的要求
适用对象	掌握了一定基础技能、明确了学习目标、有一定学习自觉性的学生	已经形成了一定集体意识和具有交流意识的学生	具有一定知识基础、有一定发现和归纳问题能力的学生
适用教材	难度不大、以练习为主、比较安全的教材	集体性项目，或需要集体进行学习、有一定深度的个人性项目教材	有典型意义和学习深度（通常是有一连串问题）的教材

体育教学无疑需确立学生的主体地位，因为体育课程的最终目标是要促进学生的发展。不过，只有正确理解学生的主体地位，才能切实提高体育教学的有效性，进而促进学生的有效发展。第一，学生是身心发育尚未成熟、处于发展中的主体，他们已有的体育知识和经验是有限的，他们的运动兴趣需要体育教师去激发和培养，他们的体育需求需要体育教师去启发和引导。第二，学生主体的发展程度主要来自教育所施加因素的影响，那种打着“自主学习”的旗号，让学生喜欢学什么就学什么，爱怎么学就怎么学，能学到什么程度算什么程度的做法，实际上是违背教学规律的。第三，学生是以接受前人经验为主的学习主体，是教育

信息的能动接受者。在培养学生体育学习能力和运用“探究学习”时，不要排斥或否定接受式学习。绝不是所有的体育知识和运动技能，都要让学生通过所谓的“合作学习”或“探究学习”去“发现”、去“建构”的。

三、有效体育教学模式的实施要点

（一）准确把握有效体育教学的八大“外部事件”

学生体育学习需求的多样性、学习目标的多元性、学习内容的丰富性和可选择性及体育教学情境的随机性和多变性，决定了体育教学过程的复杂性和创造性。有学者认为，有效教学的实质，就是要促进学生形成有效学习，即“有意义学习”的过程，有效教学的要素就是与有效学习的八大要素（情境、个性、动机、选择、建构、应用、计划、评价）“相当精确地保持一致”的起促进作用的八大“外部事件”。[①]事实上，这八大“外部事件”同样是实施有效体育教学所必须把握好的。

第一，精心创设良好的学习情境，营造良好的学习氛围；第二，全面掌握学生的个性特征，了解学生的个体差异；第三，善于激发学生的学习动机，点燃并保持积极的学习意愿；第四，及时引导学生的选择性注意，帮助学生明确学习指向；第五，合理促进新旧知识的联系，加强新知识意义的领悟；第六，注重体验学习，促进学生对新知识的理解、巩固和迁移；第七，巧妙指导学习计划，提高学生的“元认知”水平和能力；第八，重视指导评价反馈，提高学生自控学习的意识和能力。

（二）全面践行有效体育教学的五大关键行为

美国学者加里·D. 鲍里奇在他的著作《有效教学方法》（第四版）中归纳了促成有效教学的 5 种关键行为，即：第一，清晰授课；第二，多样化教学；第三，任务导向；第四，引导学生投入学习过程；第五，确保学生成功率。[②]他在该著作中还进一步阐释了每一种关键行为在教学活动中的具体表现。表 6-6 是根据鲍里奇著作中的主要观点进行整理的，表 6-6 中所陈列的五大关键行为及其教学表现也是实施有效体育教学需要全面践行的。

表 6-6　有效教学五大关键行为的教学表现

清晰授课	多样化教学	任务导向	引导学生投入学习过程	确保学生成功率
1．告诉学生课时目标	1．使用吸引注意的技巧	1．制订的单元和课时计划，能反映课程目标	1．在教学刺激之后立即诱发理想行为	1．所建立的单元和课时内容反映先前学习内容

① 陈厚德．基础教育新概念：有效教学[M]．北京：教育科学出版社，2000：96-119.

② 加里·D．鲍里奇著；易东平译．有效教学方法[M]．南京：江苏科学出版社，2002：8-16.

续表

清晰授课	多样化教学	任务导向	引导学生投入学习过程	确保学生成功率
2．为学习者提供先行学习材料	2．通过变化目光接触、语音和手势来展示热情和活力	2．有效率地处理行政事务性干扰	2．在一种非评价性的气氛中提供反馈机会	2. 在最初的回答之后立即给予纠正
3．上课开始时，检查与学习任务相关的先前学习内容	3．变化讲解、示范、练习等呈现方式	3．以最小的扰乱课堂的代价制止或阻止不当行为	3．必要时使用个人活动和小组活动	3. 把教学刺激划分为容易消化的小块
4．缓慢而明确地发出指令	4．混合使用奖励和强化物	4．为教学目标选择最合适的教学模式	4．使用有意义的口头表扬，引导学生积极投入学习过程并保持积极性	4. 应该以容易掌握的步骤安排向新材料的过度
5．知道学生的能力水平，教学适应学生的当前水平或略高于当前水平	5．把学生的想法和参与纳入教学的某些方面	5．用明确限定的事件逐步准备单元成果	5．监督课堂作业，在独立练习期间频繁地检查进展情况	5. 变换刺激的呈现节奏，并持续不断地为教学高潮或者关键事件做准备
6．用举例、图解或示范等方法来解释和澄清	6．变化提问类型和试探性的问题			
7．在每一节课结束时进行回顾总结				

（三）把有效教学理念真正落实到体育教学过程中

体育新课程在课程理念、课程内容的呈现形式及教学方式的选用等方面发生了显著变化。这些变化在给体育教师创造性地开展体育教学提供广阔舞台的同时，也给体育教师的有效教学造成了困惑。一方面，体育教师需要从新课程的视角重新审视体育教学的有效性，因为传统教学理念下的有效体育教学在新课程的视阈中不一定是有效的；另一方面，体育教师需要详尽地分析本校的体育教学资源和学生的体育学习需求，独创性地设计体育教学过程。

在新课程的理念下，教学过程被界定为“师生交往，积极互动，共同发展的过程”。在教学活动中，人与人之间的关系不再是单向的“输出—接受”关系，也不是被动的“刺激—反应”关系，而是一种相互作用、相互交流和沟通的双向互动关系。这样，教学交往实践与传统的教学活动相比，它不再是单一教学主体与教学客体之间两极摆动的抽象过程，而是对现实的教学活动中多极教学主体之间相互作用、相互影响的真实反映和生动刻画，是教学主体之间相互以共同客体为中介的一种对话、交流和沟通的过程。体育教学过程具有一般教学过程的共同特点，基于交往实践观念的体育教学过程要落实好如下要点：第一，创设宽松、和谐、平等、充满活力的教学氛围；第二，使学生明确一节课、一个单元的学习目标；第三，鼓励学生在达成目标的过程中挖掘自己的潜能；第四，帮助学生发展学习经验，给学生提供相互交流的机会；第五，鼓励学生积极与教师对话；第六，启发学生积极思考完成学习任务的不同途径，学会学习；第七，当学生提出的假设与事实有矛盾时，鼓励学生相互探讨；第八，鼓励学生大胆地表现自我，展示自我；第九，在保证安全的前提下，鼓励学生向自我挑战，并具有一定的冒险精神；第九，在活动中引导学生运用已有的运动经验进行动作组合与创新练习方法；第十，给学生时间在相关媒体中寻找答案，并创造自己的想法；第十二，无论学生成绩如何，要让学生感到教师在关心他，并用富有感情的方式对待学生的每一点进步。

第七章　体育网络课程开发模式

第一节　体育网络课程及其开发现状

网络传媒的特性以及现代网络课程的兴起，体育网络课程成为体育教学领域的一种尝试。体育网络课程在我国部分院校的实践情况，譬如开展的规模、管理现状、评级标准等，并指出了存在的不足。针对体育网络课程实践中存在的问题，提出了体育网络课程的开发模式、管理模式及模式的构建。

一、体育网络课程概述

（一）体育网络课程的概念

什么是体育网络课程呢？至今，体育教育界并没有一个统一的概念。体育网络课程是学校根据一定社会对体育教育目的、要求，以教育技术和媒体手段为课程载体，结合体育网络教学设计思想而组成的，适合体育网络教学内容和教学活动的总和。它包含了体育网络教育目标、教学内容、教学活动乃至评价方法在内的广泛的概念。体育网络课程除了要考虑课程建设的一般要求外，还要考虑教育信息的传播方式发生改变而产生的教育理念、教育模式、教学方法等的诸多变化。在这特别需要说明的三点是：第一，我们不能把体育网络课程看成是整个体育网络教学系统的代名词。第二，必须整合课程的教学内容与教学支撑的环境。第三，我们必须搞清体育网络课程是“软件课程”还是“课程软件”的问题。否则，我们无法界定体育网络课程的具体形态，容易造成实践中的技术至上和体育网络教学支持平台的低水平重复开发，也很难进行标准化的网络课程质量评价与管理。

要开发体育网络课程，就必须了解体育网络课程的特征，根据其特征选择最佳开发模式。那么，体育网络课程的特征是什么呢？这需要我们首先了解体育网络课件的特征。

（二）体育网络课程的特征

1. 体育网络课程的教学特征

（1）运动动作图像化。受体育专业教学方式的影响，直观教学作为体育专业传授技艺和学习技能的重要手段之一越来越被重视。从 20 世纪 50 年代起，我国体育专业领域就有人把专业运动员在比赛或训练中的场面用电影摄像机拍下来，再放给运动员看，用以纠正运动员的动作。体育网络课程资源开发的过程中，教师可以通过对运动数据的捕获、生理生化和心理数据的采集，图示化训练效果分析，提高体育网络课程资源的有效性及其质量。它的最大特点是能够稳定或慢速甚至重复显示动作的方向、位置、路线以及身体各部分的相互关系，便于突出动作的关键部分，有利于观察和分析技术和战术。

（2）图象动作仿真化。从运动技术这一视角来看，运动成绩要获得提高或者突破就必须在运动技术研究方法学上完成两个转变，即从传统的主要基于人眼观察到基于高精度运动捕捉与分析的人体运动技术测量方法的转变；从基于包含太多的感情色彩的经验方法到基于程序化的人体运动模拟与仿真的人体运动分析方法的转变。运动技术仿真是要通过虚拟现实技术（Virtual Reality Technology）再现学生的技术动作诸细微环节、教练员的训练意图以及训练过程。运用虚拟现实技术，可以细化体育术课动作的展示，例如对同一姿势，学生就可以从不同的角度去观察动作要领。

（3）动作仿真微格化。随着计算机辅助教学技术的进步，体育教学的一个重要内容是讲解技术动作的分解变化过程、与技术动作相关的步伐或姿势变化过程、集体项目战术配合中的队员位置及运动线路变化过程等。到了 20 世纪 80 年代中后期，由于摄像机的普及，在专业运动训练领域，采用微格教学近似的方法来纠正运动中的错误动作和技术的现象比较普遍。20 世纪 90 年代以后，在一些体育院系，就开始针对体育教育专业进行提高课堂教学技巧的微格教学活动。

2．体育网络课程的学科特征

（1）技艺性。从当前人们对体育课程的学科性质与特征所持的基本共识可以知道，体育课程是通过身体活动进行教学和教育，是一门“技艺性”的学科。这就决定了体育网络课程不同于一般文化课程的认知过程，是一种身体认知，也就是说，体育网络课程既要使学生掌握必要的体育理论知识，同时要通过多媒体课件，演示体育运动动作，把教师很难示范清楚的技术环节，用动画或影像采用慢动作、停镜、重放等方法表现出来，并给予必要的分析和讲解。例如：以球类（羽毛球）网络课程为例，制作羽毛球技术动作图。在授课之前，教师要让学生看懂并理解图中的动作，初步建立动作概念，学生通过看图并想象网前勾对角线技术动作，使学生头脑中的技术动作形象更加逼真。采用慢动作、停镜、重放等方法重复多次，使动作概念逐渐由模糊到清晰。当然，技艺性特征中也内涵了体育网络课程的目标、课程的功能等方面。

（2）动态性与非线性。动态性是指体育网络课程的学习内容是及时更新的、可生长的。它可以不断吸收本学科领域最新的科技成果和前沿信息，保持鲜活的学习内容；也可以在教学过程中，通过教师和学生不断扩充新的内容。非线性是指体育网络课程的内容结构方式是非线性、超链接的，这是由 Web 本身的特性所决定的。非线性的信息表达方式有助于培养学生的联想式、发散式思维。

（3）多维性与多元性。多维性是指体育网络课程内容表现形态的多维性。网络课程的内容可以通过文字、图形、图象、声音、动画和视频等多媒体形式来表现，可以二维模拟、三维仿真，还可以通过虚拟现实实现多维的教学信息传递。多元化是指体育网络课程具有多种文化特性，体现了多种不同文化的集合。一方面，由于体育网络课程的开放性和扩展性，通过 Web 实现跨地区、跨国界的网站链接，使得体育网络课程的内容构成上具有多种文化的成分；另一方面，在教学活动过程中，不同地区、不同国家、不同文化背景的人共同参与网络课程的学习、讨论、交流和协作，他们具有不同的思维方式和表达方式，使得教与学的过程充满了不同文化的融合和碰撞，从而形成了多元文化的特性。

（4）整合性。整合性是指体育网络课程体现了信息技术、信息资源、信息方法、人力资源、课程内容和现代教育思想的整合，是一种新型课程模式。

（三）体育网络课程的目标

课程目标是课程开发的起点和归宿，它直接影响整个课程的设计、开发方向，决定着课程的实现与收效。明确体育网络课程的目标不仅可以兼顾课程教学内容的逻辑体系，而且可以兼顾教师的教与学生的学. 兼顾课程的内容与社会的需求关系。我们以体育教学论网络课程为例：体育教学论网络课程的目标就是要结合体育学科本身的特点、教育目标、培养目标、学生特点以及社会需求而制定。包括以下四个目标：第一，使学生掌握体育教学基本规律，指导其当下的专业学习以及今后的体育教学实践工作；第二，使学生把握体育教学的基本要素，客观地认识体育教学本质，建立起宏观与微观、局部与整体、理论与实践对立统一的整体体育教学观；第三，使学生掌握体育教学方法，提高教学技能；第四，推动体育教学研究、完善体育教学理论。

（四）体育网络课程的重点及解决办法

作为一门理论课程，体育教学论网络课程的重点是理论部分的教学；作为一门“实践性”非常强的理论课程，体育教学论网络课程的教学又离不开体育实践。针对体育专业本科学生理论比较薄弱的难点，理论课教学要直观化、层次结构化、案例化；针对本科学生缺乏大量教学实践经验的难点，构建体育教学论的理论结合实践的校内平台，使学生的理论学习成果实现有效及时的迁移和运用，为此需要建立教师协作组织，将实践课程教师纳入进来，使专业教师首先掌握和随时运用“体育教学论”；针对学生了解一线教学实际不够的难点，我们建立学生课外理论结合实践的校外平台，布置课外实践观摩作业，提高理论结合实践的能力和水平。

二、体育网络课程开发的现状

(一) 体育网络课程开发的规模

从 1999 年教育部启动新世纪网络课程开发以来，体育网络课程的规模和数量得到了快速的增长，为推动体育网络教学起到了不可估量的作用。从开发的规模来看，国家级体育网络课程的开发，通过政策激励、资金扶持等措施，取得了突破性进展，并且有逐年递增的趋势；从开发的范围来看，从体育院系发展到公共体育教学部。

体育网络课程开发课程数虽然达到了一定的数量，但其开发课程科目并不广，仍旧集中于少数科目上。体育网络课程的开发，在数量与规模发展的同时，必须增加其开发的广度与课程的门类。

(二) 体育网络课程开发过程中的质量问题

1. 质量意识淡薄

质量意识是对质量重要性的认识，是质量观的基础理念。提高体育网络课程质量意识也是体育远程教育与学校体育教育永恒的主题和生命线。目前，虽然学校已经感到质量对体育网络课程意味着什么，但是上至学校领导，下至课程开发的具体教师，也没有搞清究竟要达到什么样的质量要求。学校只注重课程的开发，对质量工作重视程度不够，质量意识在体育网络课程开发中只是一种潜在意识。针对体育网络课程的特殊性，应该具有的质量评价指标不明确，这就导致了目前这种没有明确的质量方针和具体质量目标意识现象的出现，也导致了手工作坊式的开发模式与经验型管理方法的出现。

2. 教职员工参与度不够

体育网络课程质量管理，是一个系统的工程，它不是学校某个部门，也不是某个教师就能做到的。它涉及学校的方方面面，涉及一大批参与的教职员工。因此，它要求所有与体育网络课程开发和质量管理有关的人员必须高度重视，学校也必须要让每一个人都清楚自己所在岗位的工作标准或质量定义，并充分参与，才能确保最高管理者所做出的各种承诺得以实现。而实际情况是，体育网络课程的开发几乎全部转移到课程申报负责人身上，其他教职员工参与程度很低。

3. 管理责任不明确

建立体育网络课程质量管理体系，其中一个重要的任务就是要落实管理责任问题。保证体育网络课程质量，落实各级管理人员责任，尤其是领导责任，这是一个长期的、持续的过程。应该说管理责任落实，贯穿于整个体育网络课程开发的全过程，尤其是进入实质性开发阶段，能否克服各种困难和阻力，严格按质量要求办事，关键在于各级管理责任的落实。目前体育网络课程的质量管理，虽然也突出领导统领全局及教师责任的作用，但由于没有把职责切实分解和落实到每一个部门和岗位，使学校对课程的质量管理工作流于形式。

4．质量管理方法落后

目前，绝大多数学校的管理活动局限于以行政评价为主，对结果的评估、质量检验仍是控制质量的最常用的手段。也就是说，对体育网络课程的质量管理，仍旧停留在事后检验阶段，对开发过程中的质量要求，基本转移给具体的开发教师，而开发教师只能说是有一定的质量意识，就如何系统地进行质量管理并没有一个具体的方法。况且，很多质量管理的事情，也不是开发教师所能够做到的。从这个方面看，体育网络课程的质量管理，已经明显地落后于企业的管理水平。

5．持续改进动力不足

事物是发展的，会经历不完善的过程。在体育网络课程开发中，学生对于课程的要求也在不断地变化和提高。因此，学校必须建立一种持续改进机制，使学校适应这种变化。现有的情况表明，很多学校只注重短期效应，期望立竿见影，并没有在开发前期依靠学校的组织资源、人力资源建立一种持续改进机制，即使有这样的文件存在，也很少在开发的过程中以及后续的开发中得到落实。不然的话，就不会出现课程没有更新，学生随意乱用的情况。持续改进动力不足，给学校体育网络课程的发展留下隐患。

第二节　体育网络课程的开发模式

一、体育网络课程开发理论基础

（一）体育教学设计论

体育教学论网络课程的开发，只有坚持体育教学设计论，才能有效地依照体育教学的原则，通过体育教学目标设计、教学策略设计、体育教学方法和手段的设计达到体育教学论网络课程教学的最优化。把体育教学设计论作为体育教学论网络课程的理论基础，其目的在于防止在开发过程中一味地追求网络教育的特性而忽视体育教育的特殊性。

（二）建构主义学习理论

建构主义学习理论认为，学习者应在一定的情境中获得知识，以“学”为中心进行学习环境设计。体育教学论网络课程的开发正是基于建构主义理论而开发和实施的。因此，它要求教师在依据建构主义学习理论进行课程开发与实施的时候，强调和注重情景、问题、学习资源、协作、互动、交流、引导等支持自主学习的教学策略的设计，设计多元而又富有个性的学习内容和学习方式，给学生提供一个自主学习的环境，让学习者借助资源、交互、协作等外界帮助，通过自己的经验解释和情境关联使自己的学习适应一个特定情景的实际。

具体到体育网络课程教学中，建构主义学习理论对体育网络课程教学策略起到不可低估的作用。以体操教学为例。情境设计：体操项目多、内容丰富、可利用的器械多，而且可以采用不同的辅助练习手段，便于设计情景。独立探索：在体操教学中并不是直接告诉学生该动作应该怎样做、技术要领是什么，而应该先让学生根据自己现有的知识、技能和掌握的信息去独立探索，老师在这个过程中要注意引导。协作学习：体操练习必须采用保护与帮助，通过这一手段不仅能进一步提高学生对动作技术的理解，同时也加强了学生之间的协作精神和团结友爱、共同提高的氛围。会话交流：体操动作技术细腻，技术环节多，容易出现技术上的不同错误，教学中的会话交流能有效地敦促学生运用现有的知识和技能开动脑筋，便于教师引导和学生讨论交流。意义建构：体操课的意义建构就是我们的体操教学目标建构主义模式中的情境设计，教学策略都是为它服务的多样化、兴趣化的建构主义教学策略，又易于体操教学的目标达成。因此，采用建构主义教学模式能有效地展现其模式中的情景、协作、会话、意义建构这四大属性。

（三）人本主义学习理论

以美国心理学家卡尔·罗杰斯为代表的人本主义学习理论认为，学习不是刺激与反应间的机械联结，而是个人潜能的充分发展，是自我的发展，是一个有意义的心理过程。学习是以个体的积极参与与投入为特征，在自我实现的倾向中产生的一种学习，学习者可以自由地去实现自己的潜能，求得自己更充分的发展。[①]因此，体育教学论网络课程开发在坚持建构主义学习理论的同时也必须注意到人本主义学习理论对体育教学论网络课程的影响，重视以学生为中心，重视创设真实的问题情境和协作学习模式，注重以培养学生主动学习、创造性学习为导向，调动学生主动参与学习过程，让学生充分获得自己想要的体育知识，实现自己的潜能。

二、体育网络课程开发一般原则

（一）科学性原则

体育教学论网络课程开发是一个庞大的系统工程，它涉及面广，影响大，因此其科学性原则要求相当高。科学性原则在体育教学网络课程的开发过程中主要

① 王应红．构建网络课程的观念和原则[J]．成都教育学院学报，2003（7）：4-6．

体现在两方面：一是体育教学论网络教学内容的科学性，二是体育教学论网络课程平台的科学性。

（二）开放性、协作性与交互性并举原则

能让教师方便、及时地对课程的体系和内容进行调整和更新，首要的问题就是实现其开放性。体育教学论网络课程的开放性必须从技术的层面和内容的层面进行开放。技术的开放要求其设计者留有必要的技术接口以备技术升级；内容的开放要求教师调动多方面的积极性，充分利用教学资源对体育教学论网络课程不断充实、完善。开放性的体育教学论网络课程体系中，协作性原则就显得尤为重要了。从网络课程开发的层面来讲，一个强大的网络课程体系，不可能依靠某一个教师来完成，它要求课程开发者协调工作，积极地参与到建设过程中；从学生学习的层面来讲，学生在学习过程中通过网络来支持学生与学生、学生与教师之间的协作，才能更好地协同完成学习任务。协作性观念提出的同时也对交互性提出了要求，教师通过交互可以使他们更全面、更及时地了解各个层次学生的学习情况，及时调控自己的课程教学；通过交互学生可以选用不同的路径、不同的方式进行自主学习，并及时地对学习结果做出反馈。开放的体育网络课程为体育网络课程体系搭建了一个平台，在这样一个平台中通过协同工作，多向互动，充分实现师生之间、学生之间和人机之间的信息交流，使体育课程教学成为一种多向的信息流动过程。三者的有机统一是体育教学论网络课程开发的根本要求。

（三）可持续发展的原则

高校体育网络课程出现开发各自为战、教师盲目开发、学生用之寥寥、课程开发流于形式等不良现象，亟待我们本着可持续发展的战略思想，用科学的理论，发展的办法构建体育网络课程质量管理体系的学科规划，精心组织才能消除上述的不良现象，带动体育网络课程开发的进一步发展，最终实现体育网络教育的可持续发展。体育教学论网络课程的开发同样如此，必须本着可持续发展的原则，搭建现在的学习与未来的体育教学实践之间的桥梁。

三、体育网络课程的开发流程

目前，网络课程开发，大体分两种模式：一是教师课题组模式，二是商业公司制作模式。前者只注重了从教学设计上开发网络课程而忽略了网络课程的开发，也必须把软件工程设计思想贯穿于整个网络课程开发，导致了网络课程的开放性、协作性与交互性能力不强；后者只注重教材，缺乏对先进的教学设计思想、有效教学内容的组织及丰富教学活动的实现。考虑到这两种模式的局限性，以及体育网络课程要实现远程教学的特点，结合教育部高等教育司颁布的《现代远程教育

资源建设技术规范》中关于现代远程教育资源系统体系结构图，对体育教学论网络课程开发流程提出一种既考虑软件工程设计思想，又考虑体育教学设计原则以及教学支撑环境的开发模式（见图 7-1）。

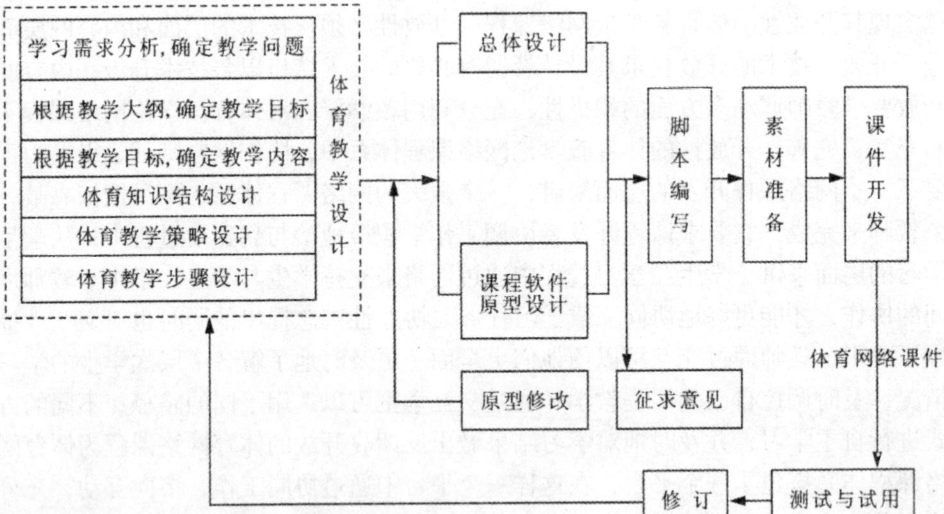

图 7-1　体育网络课程开发流程

从开发流程中我们可以看出，在开发过程中运用模块化的设计思想将体育教学论网络课程建设的各个部分进行划分，形成了一个稳定的开发过程和框架结构。

四、体育网络课程的教学设计

体育教学论网络课程教学设计的好坏决定了整个课程质量的高低。传统体育教学设计的弊端在于以教师为中心，只强调教师的“教”而忽视学生的“学”，使学生处于被动接受状态，学生的主动性、积极性难以发挥。体育网络课程能有效克服传统体育教学设计的弊端，突出以“学”为中心，强调和注重情境创设、协作、互动等支持自主学习和协作学习的体育教学策略设计，使教学设计在整个体育网络课程的教学过程中发挥前导和定向功能。同时，教学设计的每一个环节要落到实处，离不开教师的主导作用。只有把教师主导作用的发挥和学生主体地位的体现有机地结合，才能有效地达到体育网络课程所要达到的“主导与主体结合”的教学设计思想（见图 7-2）。

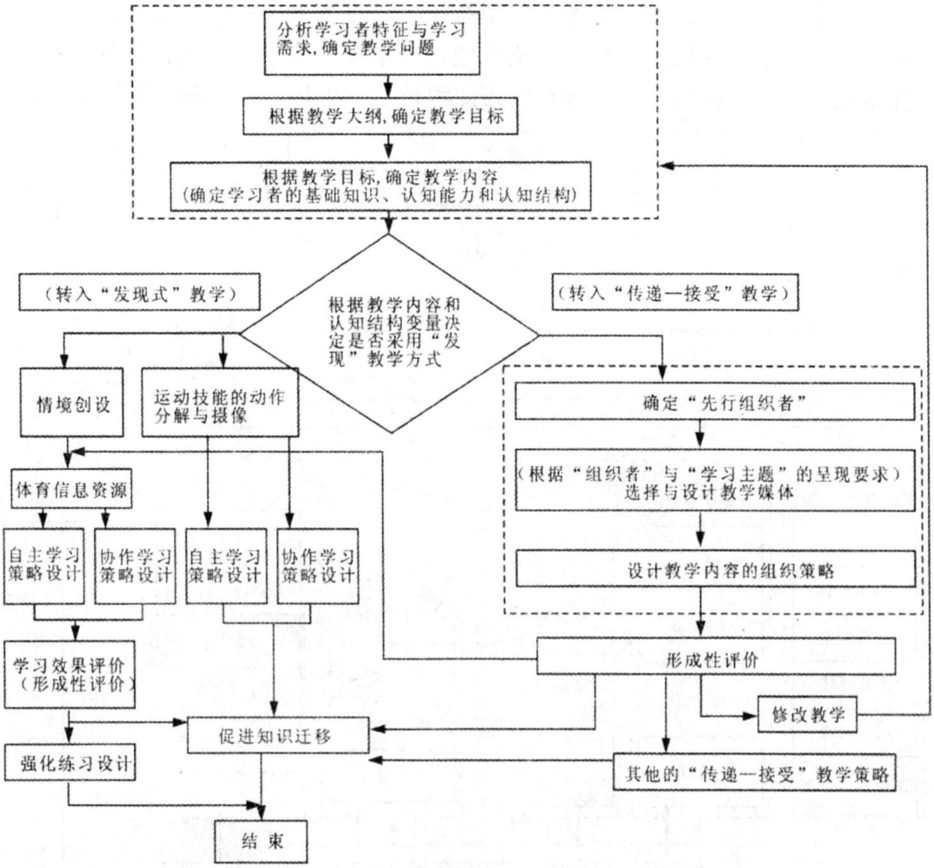

图 7-2　“主导—主体结合”教学设计流程

五、体育网络课程实践教学的设计思想

体育网络课程实践教学设计贯彻“围绕课程内容，将理论运用于实践，将实践提升到理论”的思想。体育网络课程所有带有“实践性”的内容，其问题解决不可能在有限的理论课中解决，特别是能力的培养极大地依赖课外的训练。在理论课的教学中，我们也改变过去由体育教师一言堂的教学形式，运用现代教育技术手段，采取多种实践性教学模式，如参与讨论的模式、案例教学模式等。

六、体育教学论网络课程支撑环境的整体设计

体育网络课程支撑环境是指支持体育网络教学的软件工具、教学资源以及在网络教学平台上实施的教学活动。课程开发过程中要遵循的所有原则，都应该在这里得到充分体现。因此，体育网络课程教学支撑环境的设计是体育网络课程开发的一个最重要环节。一个完整的体育教学支撑环境的设计应该由体育课程管理

子系统、作业管理子系统、试题管理子系统、讨论答疑子系统以及功能设计五个子系统组成。结合《现代远程教育资源建设技术规范》中关于现代远程教育资源系统体系结构图，我们提出了体育网络课程教学支撑环境结构图（见图 7-3）。

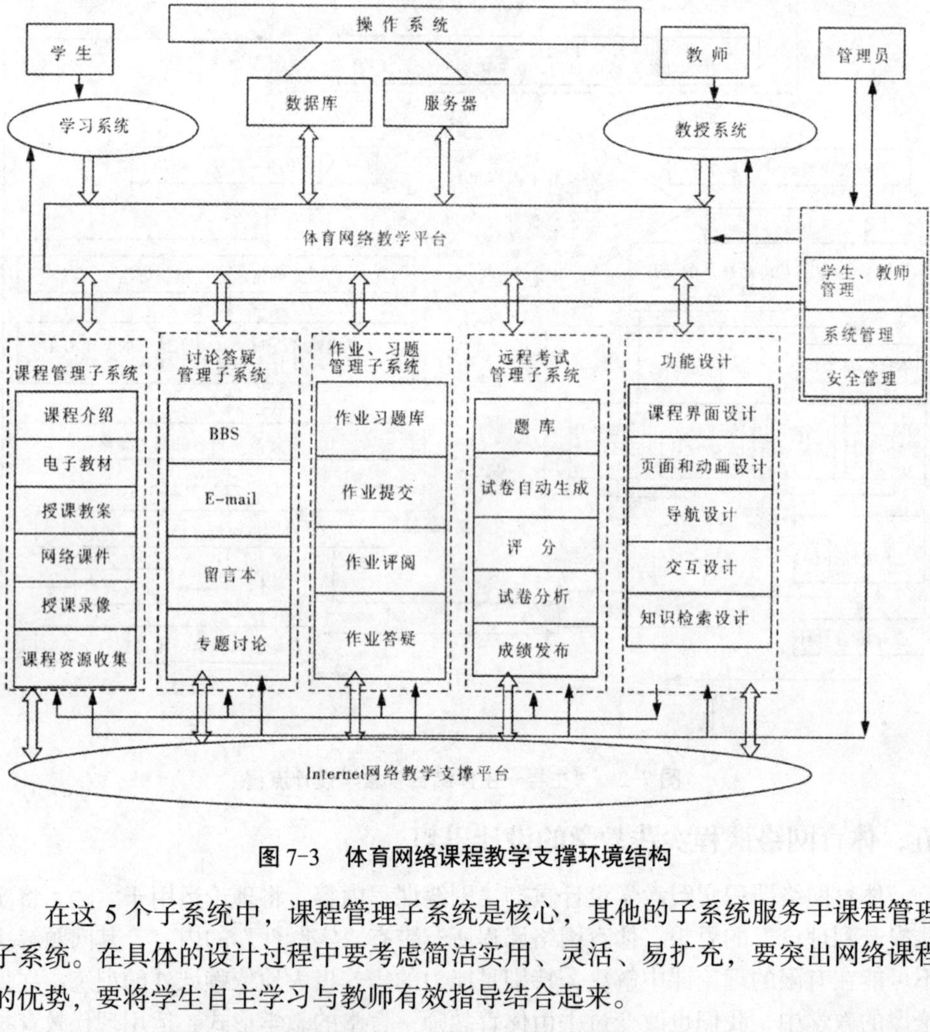

图 7-3　体育网络课程教学支撑环境结构

在这 5 个子系统中，课程管理子系统是核心，其他的子系统服务于课程管理子系统。在具体的设计过程中要考虑简洁实用、灵活、易扩充，要突出网络课程的优势，要将学生自主学习与教师有效指导结合起来。

七、体育教学论网络支撑环境中的各子系统功能

体育课程管理子系统包括课程介绍、电子教材、网络课件、授课教案、授课录像、课程资源收集 6 个部分。课程管理子系统是体育网络课程的主体部分。课程的内容要以知识的逻辑关系（如教学章节）或认知规律为线索构建知识系统，要以学生为主体进行优化配置。为了让学习者扩充自己的知识，了解到更多的相关体育知识，进入更深层次的研究，在课程管理子系统部分特意增加了体育课程

资源收集模块。

讨论答疑子系统的设计目的在于发挥教、学两方面积极性，活跃气氛和鼓励创造性思维的发展，学习者和教师可以在此畅所欲言，就学习、生活、实践中遇见的重点、难点、热点问题进行交流、答疑解惑。

作业、习题管理子系统是为教师检查学生对教学内容的理解而设计的学生在线完成的习题，可即时得到成绩，同时计算机会自动将学生做题情况发给教师，及时向教师反馈每个学生的学习情况，教师根据作业完成情况，提供必要的作业答疑，以方便学生理解和掌握。

远程考试子系统包括题库、试卷自动生成、评分和试卷分析四大模块。考试是考察教学效果的有效手段之一。试卷必须在确定体育课程知识点的结构基础上，让计算机按一定的题型、难度系数和区分度，合理地生成试卷。试卷分析模块应该分析每次考试的效度、信度、得分分布等信息，针对试卷分析的结果，及时调整教学内容，以便提高以后的教学质量和教学水平。

最后一个模块是体育网络课程的功能设计，主页面上采用导航按钮或导航图标，章节导航采用下拉菜单的形式，这样设计的目的在于方便学生在各个页面或各个知识点之间实现跳转。由于体育网络课程的特殊性，在这一模块中增加了动画设计，教师可以把体育运动技能的动作用动画的形式进行分解，采用慢放、回放等形式，方便学生掌握运动技术。

第三节 体育网络课程质量管理体系的构建

一、体育网络课程质量管理体系构建的基本理念

理念是指一种观念，思想和意识。体育网络课程质量管理的基本理念需要从开发与管理两个层面看。从课程开发的本身来看，应该坚持，课程决策民主化的基本理念。只有首先坚持课程决策民主化的基本理念，才能使课程的开发有多方的参与，特别是一线体育教师的广泛参与，而一线教师是直接和学生接触的，最能了解学生对课程的实际需要。同时，课程的开发才不至于是某个教师，或者学校某个部门的事情，这就必须以质量为本，坚持全员、全过程质量管理理念。

（一）课程决策民主化的基本理念

“决策”是指为了达到某一种目的而进行的有意识、有选择的行为。课程决策（Curriculum Decision）可以界定为：在一定的人才质量观指导下，为达到一定的教育目的（主要是人才的培养目标），在一定的信息，知识和经验的基础上，依据一定的人才培养模式，选择或确定一个合理的课程体系构造方案的分析、判断、

决策的活动。由此而形成的决策结果，一是课程设置决策，教学科目的设置是其主要内容；二是课程实施决策，比如课程教学时数、课程教学极度和教学资源配置等等；三是体育网络课程内容选择上要体现民主。因为，体育课程内容包括了知识、经验、和身体练习三个要素的知识资源——知识资源、经验资源和身体练习资源。长期以来，受传统教育思想的束缚，认为课程决策只是教育行政部门的事情，教师没有参与决策意识或者参与意识不强。课程决策在基本价值取向上要体现课程的发展方向,也就是一定权力主体对其理想或需要的课程所做出的决定。民主化是现代社会的本质特征，也是现代社会得以维持其秩序的保障。民主化的本质在于权力的公正、合理分配，并保证大众广泛参与与其切身利益相关的社会事务的决策。课程决策主体正随着国家与社会民主化进程的加速而呈现出多元化的态势。体育网络课程开发决策民主化，意味着发挥参与开发的团体、学生以及利益相关方的作用的管理策略，课程的决策分享由统一化走向多样化，其实质在于权力分享以及与之相应的责任分担，保证体育网络课程开发过程中，众多权利主体广泛参与来寻找自己的立足点，构建自身课程特色，以期更好地发挥体育网络课程的功效。体育网络课程开发决策民主化应当更多地反映体育教育自身的种种内在需要，构建一套体现众多权利主体意志的决策机制，这种决策的机制应是一种基于分权理念、民众主权理念的自下而上的机制。在不否定学校需要完成的教育目标的前提下，强调体育网络课程决策权利的下移，运用集中管理，授权与分权相结合的方式进行开发。体育网络课程开发的决策过程就应该是民主的，应该遵循体育网络课程初步定向、价值评估、征求师生、家长和专家意见等必要的民主程序，尊重学校的独特性、师生的差异性，突出学校的课程特色，使之满足学生的学习需求，又能发挥学校的体育教育资源优势，以便能集思广益，达到体育网络课程开发的最优化。当然，决策的民主化，不是要否定体育网络课程中的集权，也就是说，民主决策的过程中也要体现一定的集权理念，这样才能使体育网络课程有标准化的组织结构、标准化的管理方法、标准化的管理程序。

（二）以质量为本的理念

市场的竞争归根结底是质量的竞争，企业的竞争能力与生存能力主要取决于它满足社会质量需求的能力。学校是如此，体育网络课程的开发也同样如此。我们要想在体育网络课程这片领域得到发展，那就必须把质量放在第一位，走以质量求生存、求发展，以特色取胜的内涵式发展道路。从这个意义上来讲，体育网络课程必须以“质量为本。比如，我们以体育学习内容的质量为例。体育学习内容的选择实际上是一个根据教学目标对各类运动素材分析判断的优选过程。在实施这一过程时，首先要根据体育课程的目标，对有关运动素材进行价值判断，分析这些运动素材在促进学生身体发展、基础运动技能学习，体育科学文化知识的传递、运动情感体验、良好心理品质培养方面有什么价值，进而分析他们对完成体育学习总体目标的贡献到底有多大，是否具有典型性的学习意义，然后根据学习条件判断其实施的可能性，根据学习者身心特点分析这些学习内容的价值是否都有可能被学习者内化，学习内容的难度是否适宜。总之，从体育网络课程的运动素材—体育网络课程的教学目标—价值的判断—典型性分析—实施条件—学习内容，这一系列的内容都应该体现出以质量为本的理念。

（三）全过程管理理念

任何产品或服务的质量，都有一个产生、形成和实现的过程。从全过程的角度来看，体育网络课程质量产生、形成和实现的整个过程是由多个相互联系、相互影响的环节所组成的，每一个环节都或轻或重地影响着最终的质量，应识别并管理所采用的过程以及过程的相互作用，并进行连续的控制，保证和提高其质量就必须把影响质量的所有环节和因素都控制起来。也就是说，要保证课程的质量，必须从立项开发到最后的交付都要质量管理。要把质量形成全过程的各个环节或有关因素控制起来，形成一个综合性的质量管理体系，做到以预防为主，防检结合，重在提高。根据这一基本道理，全过程管理理念要求把管理工作的重点，从“事后把关”转移到“事前预防”上来；从管结果转变为管过程因素，实行“预防为主”的方针，把不合格品消失在它的形成过程之中，做到“防患于未然”。这就要求体育网络课程在开发过程中，必须防止不合乎质量要求的各个过程流入下道工序，并把发现的问题及时反馈，防止再出现、再发生。

（四）全员的质量管理理念

从纵向的组织管理角度来看，对企业而言，质量目标的实现有赖于企业的上层、中层、基层管理物乃至一线员工的能力协作，任何一个环节，任何一个人的工作质量都会不同程度地直接或间接地影响着产品质量或服务质量。产品质量人人有责。体育网络课程的开发也是如此，人人都必须做好本职工作，与之相关的全体教职员工参加质量管理。要实现全员的质量管理，应当做好两个方面的工作。

首先，必须抓好与之相关的全体教职员工的质量教育和培训。教育和培训的目的有两个方面：第一，加强教师的质量意识，牢固树立“质量第一”的思想；第二，提高教师的技术能力和管理能力，增强参与意识。在教育和培训过程中，要针对课程开发过程中，各教师的职责与权限，有针对性地开展教育和培训。各级教职工是学校的根本，只有他们的充分参与才能使他们的才干为学校带来收益。让每一员工了解自身贡献的重要性及其在组织中的角色，接受所赋予的权利和职责并解决各种问题，每个人根据自己各自应承担的目标评估其业绩。在全校教职工人员中营造一种集体责任感、使命感，充分调动全体教职员工的积极性。

其次，要制订各部门、各级各类人员的质量责任制，明确任务和职权，各司其职。体育网络课程的开发，不是学校某个教师的事情，而应该是整个学校的事情。学校应该依靠学校的人力资源，协调管理，密切配合，以形成一个高效、协调、严密的质量管理工作的系统。因此，学校应该统筹规划，制订各部门、各级各类人员的质量责任制，明确任务和职权，各司其职。在明确职权和职责的同时，还应该要求各部门和相关教师对于质量做出相应的承诺。并将质量责任同奖惩机制联合起来，确保责、权、利三者的统一。

二、体育网络课程质量管理体系构建的基本原则

（一）以学生为关注焦点

ISO9000 标准中指出：组织依存于顾客。因此，组织应当理解顾客当前和未来的需要，满足顾客要求并争取超越顾客的期望。这里所说的组织即学校，顾客即学生。学校依存于其学生。体育网络课程的开发最终都要落实到学生的身上，也是为学生服务的。从学生的需求出发，为学生提供满意的产品和服务，同时把学生的需求信息及时向课程开发等部门进行信息反馈，为课程的开发、政策调整、质量的保证提供第一手的信息资料，则是每一位课程开发人员践行“一切以学生为关注焦点”的原则的具体体现。在标准中，以学生为关注焦点原则体现为一个完整的管理过程：确立以学生为关注焦点的经营理念将这一理念传达到课程开发及其他相关方，识别并确定学校的目标顾客、识别、分析学生的需求并制定学生满意目标,将学生需求转换为学校对产品/服务的要求通过产品/服务实现满足学生的要求，调查学生满意度及完成目标情况，分析改进，识别学生新的需求并进入下一个 PD 以循环。因此，学校不应孤立地理解以学生为关注焦点这一原则，应将其作为一个完整的过程进行贯彻落实，应该把“以学生为关注焦点”作为体育网络课程开发的导向，贯穿到体育网络课程开发的整个生命周期。

（二）领导作用

ISO9000 标准中指出：领导者确立本组织统一的宗旨及方向。他应该创造并保持使员工能够充分参与实现组织目标的内部环境。领导者将体育网络课程开发的宗旨以及内部环境统一起来，并创造使开发人员能够充分参与实现课程开发目标的环境。由于领导者使课程开发的最高管理者与管理层是课程开发的决策层，对课程开发制定正确的发展规划、落实各项质量措施、协调和控制各开发部门的工作职能与活动有重要作用。

（三）全员参与

ISO9000 标准中指出：各级人员都是组织之本，只有他们的充分参与，才能

使他们的才干为组织带来收益。体育网络课程的开发强调课程的决策应由实施的教师作出，并且这些决策应该由决策结果要涉及的所有人员参与。也就是说，在体育网络课程开发的过程中，以教师为主体，形成一个由校长，教师、学生共同开发课程的一个合作共同体。体育网络课程质量管理同样如此不仅需要领导者的正确领导，同时还有赖于学校的全员参与。因此，我们在建立质量管理体系过程中，要结合各岗位的工作职能，将体育网络课程的质量目标进行分解，将每个环节的工作流程编写成相关支持性文件，直接规范到每个岗位的工作行为。

（四）过程方法

ISO9000 标准中指出：将活动和相关的资源作为过程进行管理，可以更高效的得到期望的结果。所谓“过程方法”就是：识别体育网络课程开发质量管理体系所需的过程及其在组织中的应用；确定这些过程的顺序和相互作用；确定为确保这些过程的有效运行和控制所需的准则和方法；确保可以获得必要的资源和信息，以支持这些过程的运行和对这些过程的监视；监视、测量和分析这些过程；实施必要的措施，以实现对这些过程策划的结果和对这些过程的持续改进。

（五）管理的系统方法

ISO9000 标准中指出：将相互关联的过程作为系统加以识别、理解和管理，有助于组织提高实现目标的有效性和效益。应该看到体育网络课程质量是使体育网络教育服务质量符合教育法规提出的人才培养的社会要求。利用管理的系统方法，确定体育网络课程开发过程中，各机构、各部门、各岗位的职责与权限，加强课程开发各内部层次的沟通，分析各个工作过程的接口，不断改进，提高各过程间的协调与效率。

（六）持续改进

ISO9000 标准中指出：持续改进总体业绩应当是组织的永恒目标。质量管理的实践表明，只有那些将持续改进作为质量管理的一项基本原则，积极寻找不足与差距，积极发现改进的机会，采取有效的改进措施的组织，才能不断提高质量水平，保持稳定的、较高的质量水平。体育网络课程的开发同样要求不断地寻找不足，按照 PDCA 循环的要求，寻求改进，并在新的基础和水平上提高改进的目标，制定相应计划，组织实施，才能不断提高体育网络课程的开发质量。持续改进是通过对过程的识别、控制、分析、纠正等来实现的，它是一个永恒的循环过程，也就是体系中所说的 PDCA 循环。

（七）基于事实的决策方法

ISO9000 标准中指出：有效决策是建立在数据和信息分析基础上。这一原则强调有效的决策必须依据客观实际，尊重客观事实，尽量用数据说话。真实的数据既可以反映客观事实，又可以定量描述客观事实，给人以清晰明确的数量观念，更好的分析问题、解决问题。尽量减少决策不当，避免决策失误，确保决策科学有效。体育网络课程开发的有效决策应充分占有和分析有关信息为基础（对学生满意度信息的调查、工序能力分析等等），充分重视统计分析技术在决策和质量管理的作用。只有通过“决策—实施—再决策—再实施”和连续不断的循环过程，才能使学校与开发部门做出政策有效的决策提供必备的前提。

（八）与供方互利的关系

ISO9000 标准中指出：组织与供方是相互依存的，互利的关系可增加双方创造价值的能力。学校开发体育网络课程就必须与学生进行必要的沟通，建立清晰开放的沟通渠道，通过与学生的交流与合作，促使学校提高课程开发质量，满足学生的需求与期望。

三、体育网络课程质量管理体系构建的基本策略

策略，即对策，是人们为实现某个目标，面对某件事物或某项任务时所采取的态度、方法或对策。体育网络课程开发质量管理的策略，就是为了提高体育网络课程的质量，而采取的相应的对策。体育网络课程开发质量管理的策略，应该从学校组织与课程开发的本身两个层面来看待。从课程开发的本身来看，第一，必须坚持整体规划与分步推进相结合的策略；第二，坚持体育网络课程软件生命周期与体育网络课程开发流程结合的开发策略。从学校的层面来看，首先，学校必须统一认识 ISO9000 质量管理标准的作用，通过全员参与、全程管理，使对体育网络课程质量意识成为每个教职员工自觉的行为；其次，力求使体育网络课程质量管理制度化、标准化、文件化；再者，强调对体育网络课程质量管理的持续改进，建立一个自我完善和改进的机制。落实职能部门并进行职责分配，以便以后协调各部门，各人员开展质量管理工作；从项目开发组来看，必须坚持整体规划与分步推进相结合策略，按照体育网络课程软件生命周期与体育网络课程开发流程进行。

（一）整体规划与分步推进相结合的策略

1．系统分析

系统分析是体育网络课程软件开发过程中必不可少的一个环节，它为高质量体育网络课程软件平台的开发奠定了基础，其目标是将对课程的应用系统的需求转化成实际的物理实现。若想开发出高质量的体育网络课程，必须要有对该软件项目进行系统分析。

2．运用策略

（1）简单—复杂—简单。这是技术型分析人员经常碰到的情况，认为分析出错综复杂的关系，花哨的图表才能显示出分析水平高，其实，分析经常要经历简单—复杂—简单的过程，前一个简单表现为分析人员“认为简单”；随着分析的深入，原以为简单的问题会越来越复杂；最后，经过概括、消化、分解，使得需求简单明了。要提高体育网络课程开发的质量，也必须运用这样的策略，首先整体设计，然后分布设计，最后在综合设计。

（2）软件复用技术。新开发的课程软件，要从一开始就考虑其可演化性，以便以后的再工程和构件提取。随着软件复用技术的不断发展，对学校而言，进行体育网络课程的开发，从头开始的软件大量减少，使用的遗产系统相应增多，这就避免了重复的工作，使得已完善的模块遗传下去。

（3）模块化概念。模块化可以增强系统的独立性，使耦合度降低，实现“高内聚—松耦合”对于模块的内部，使其高度集中，而模块与模块间的联系相对减少，这样使系统各模块独立的进行运行。

（二）体育网络课程软件周期与体育网络课程流程结合的开发策略

系统的总体设计是形成软件系统设计总体思路的过程。坚持体育网络课程软件生命周期来开发，首先要求按照软件工程学的一般步骤进行，也就是按计划、开发、运行工艺流程从需求分析、设计、编程、测试、运行从总体上设计规范。具体内容本文将会在体育网络课程项目质量管理一节中详细规划设计。

按照上面总体设计规划，具体到体育网络课程开发过程，又必须坚持体育网络教学设计思想，从学习需求分析确定教学问题、根据教学大纲确定教学目标、根据教学目标确定教学内容、体育知识结构设计、体育教学策略设计与体育教学步骤设计来确定课程开发的路线。

1．全员参与、全程管理的策略

学校通过对教职员工进行全员培训和骨干培训，使每位员工了解学校体育网络课程的质量方针与目标，熟悉自己的岗位职责和工作程序。力求把对 ISO9000 标准感性的东西上升到理性的层面，上升到可以操作的层面。即目标提出来后，还必须有实现目标的途径。就一所学校来说，必须统一认识 ISO9000 质量管理标准的作用，贯彻 ISO 通用管理模式，通过全员参与、全程管理，使对体育网络课程质量意识成为每个教职员工自觉的行为。具体来说，就是要学校把每一项要求细化和落实，使每一位教职员工都知道体育网络课程总的质量方针与目标是什么，然后在明白大目标下自己的小目标是什么，以便减少开发的盲目性，提高开发的自觉性。比如说做每一件事都要求有计划、有记录、有追溯，这对体育网络课程质量的提高是很有帮助的。

2．制度化、标准化、文件化策略

体育网络课程质量管理的其中一个重要的问题，就是要依托一个科学、合理、精干、高效的组织结构，用文件化、制度化和标准化的管理模式，完善有效的职责管理、资源管理、课程实现并努力实现持续改进，最终建立体育网络课程质量管理体系。通俗地说，就是在确立了质量方针、目标后，为了达到这个方针、目标，写你所做的—做你所写的—记录你所做的—查验你所做的—更改不符合的。依靠这种文件化、制度化和标准化的管理方式，不断在开发实施中完善，提高其质量。

3．自我完善与改进并举的策略

ISO9000 标准是一个动态标准，对体育网络课程质量完善与改进也应是动态的。因此，针对体育网络课程的开发，学校必须不断地进行内部质量审核、管理评审和采取预防、纠正措施，开展由学校最高管理者、内审员实施和参加的，并通过具体改进措施加以落实质量改进活动，及时发现问题并采取纠正或预防措施对质量文件进行不断修改、完善、改进，形成闭环管理。当然，学校也必须在组织体制、运行机制、人员素质、体育网络课程开发与实现等方面进行改进，改善总体业绩、提高竞争实力，才能使体育网络课程持续、健康的发展。

四、体育网络课程项目开发的质量管理流程

项目管理一般指，在规定的时限和投资强度下，为使被实施的项目达到规定的性能指标而对有限的资源进行管理、分配，对项目的进程进行计划、调度、监视和控制。这个过程覆盖了项目开发中的各种活动，涉及人的因素、项目组织、资源管理、质量管理、项目进度计划和控制、报表与文档、交付验收等诸多方面。项目管理的质量管理就是将质量融入项目管理核心过程，并进行管理的过程，而不是事后简单地使用质量工具检验和评估工作。体育网络课程项目的质量管理是一个系统的过程。为了让体育网络课程项目的顺利进行，达到预期的质量要求，我们有必要按照一定的规范或规章制度，依据体育网络课程项目的生命周期（从立项、分析、设计、编码、测试、运行、验收、维护全过程），对项目进行指挥、协调与控制。体育网络课程项目生命周期模型（见图 7-4）。

体育网络课程项目的质量管理是围绕体育网络课程的质量所进行的指挥、协调和控制等活动，其目的是按照项目既定的质量方针与目标去实施，确保课程开发按照规定的要求满意的实现。因此，它要求项目各参与者、教职员工必须保证其工作质量，做到工作流程化，标准化。本课题的研究主要是依据体育网络课程项目生命周期，从立项、计划、实现、交付四个部分来谈课程开发的质量管理。

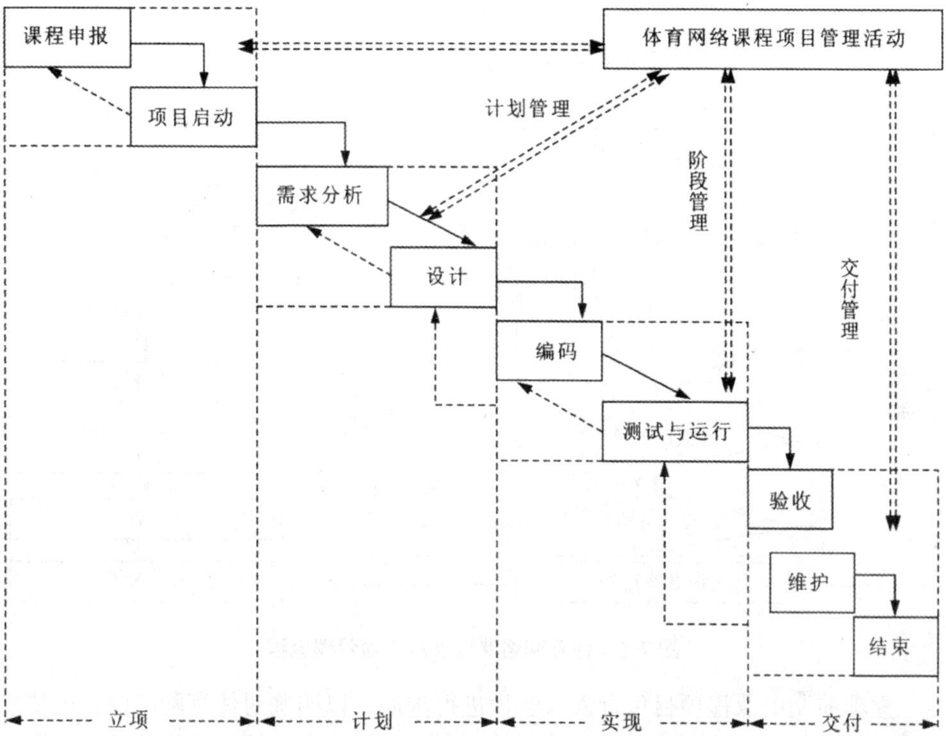

图 7-4　体育网络课程项目的生命周期模型

（一）立项管理

体育网络课程项目的立项管理包括了立项流程、管理要求以及记录的文档。立项工作包括三个方面：立项申请、项目的评审项目启动。项目立项申请阶段主要考虑项目的立项问题，具体任务是完成问题的定义与项目的可行性分析、研究与论证工作。项目的评审通过项目的可行性分析研究确定项目是否立项。项目启动阶段：当项目的可行性研究表明项目可行后，就应该立即启动（见图 7-5）。

以湖南师范大学为例，体育网络课程的申报主要是选择在体育学院连续开设三年以上，建设基础较好、学生受益面较广的课程。课程评审条件主要是以下五方面：第一，本科专业已连续开设 3 年以上的课程；第二，课程主讲教师具有教授或副教授职称；第三，教学大纲、教案、习题、实验指导、参考文献目录等教学文件齐全；第四，选用高水平教材；第五，有一个能满足教学需要，年龄结构、知识结构和学历结构合理，教学整体水平较高的教师梯队。

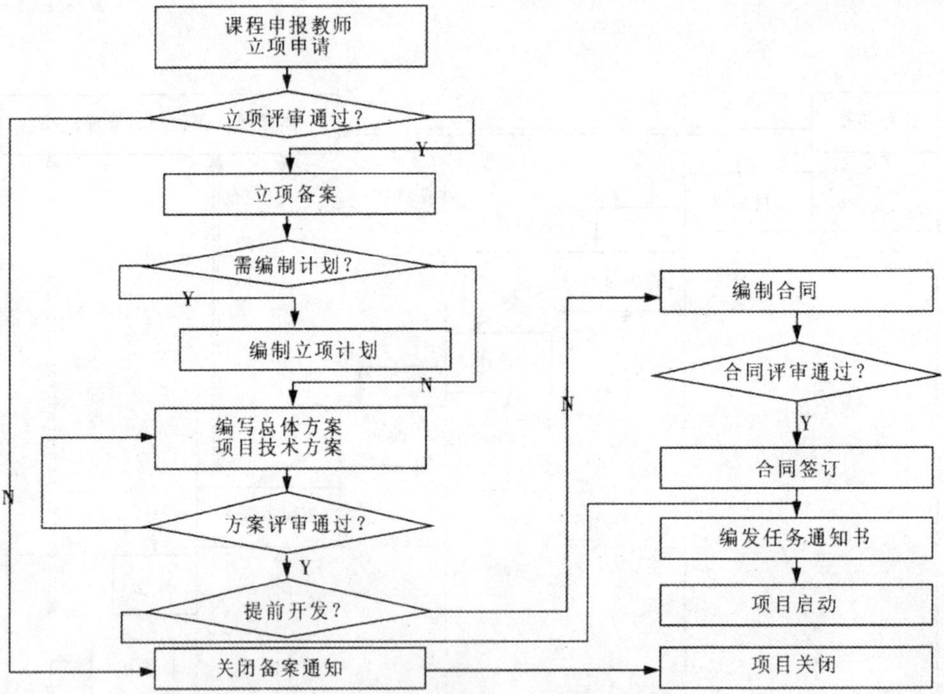

图 7-5　体育网络课程项目立项管理流程

立项前期由课程项目负责人与学生进行沟通，以明确对体育网络课程的要求与期望；项目启动阶段包括项目计划的制定、系统开发环境与运行环境的确定，项目团队的计划和组织、各种合同的签订等一系列项目开发前的准备工作和基础性工作。项目启动以任务通知书下达为标志，任务通知书由课程负责人填写，并及时地把任务通知书下达到课程开发组和质量管理负责人，同时编发任务通知书后应向财务部、综合部、和质保部报备；任务通知书下达项目组后，课程负责人需在规定的时间内完成项目策划，并从下达之日起开始向质保部提交项目周报，以便学校用来监控计划进行程度。总之，立项阶段要根据学校对体育网络课程的质量方针来制定课程的质量计划，涉及从项目立项到项目结束各个阶段的质量保证活动，计划一定要做到细致全面，涉及项目开发的每个阶段，每一个任务，每一个过程。所以说，在项目立项阶段课程质量负责人的工作必须做到位。

（二）计划管理

体育网络课程项目计划管理在开发过程中之所以处于十分重要的地位，因为项目计划体现了对学生需求的理解，而且为项目的管理和运作提供可行的计划，是有条不紊地开展项目活动的基础和跟踪、监督、评审计划执行情况的依据体育网络课程项目计划管理大体上可以由以下几种计划组成，项目开发进程计划、项目变更控制、配置管理计划、项目质量计划、项目集成计划、测试或确认计划。项目的质量计划是整体项目管理计划中的一部分，是针对项目开发的全过程，规定由谁做，何时做，应该使用哪些程序和相关资源的文件。体育网络课程项目的质量计划，主要是由课程申报的负责人及其项目组成成员制定。质量计划是经过工作分解结构得来的。利用树状图表技术，分解成更低一层的活动，一直到项目的质量能被识别为止。（见图 7-6）。

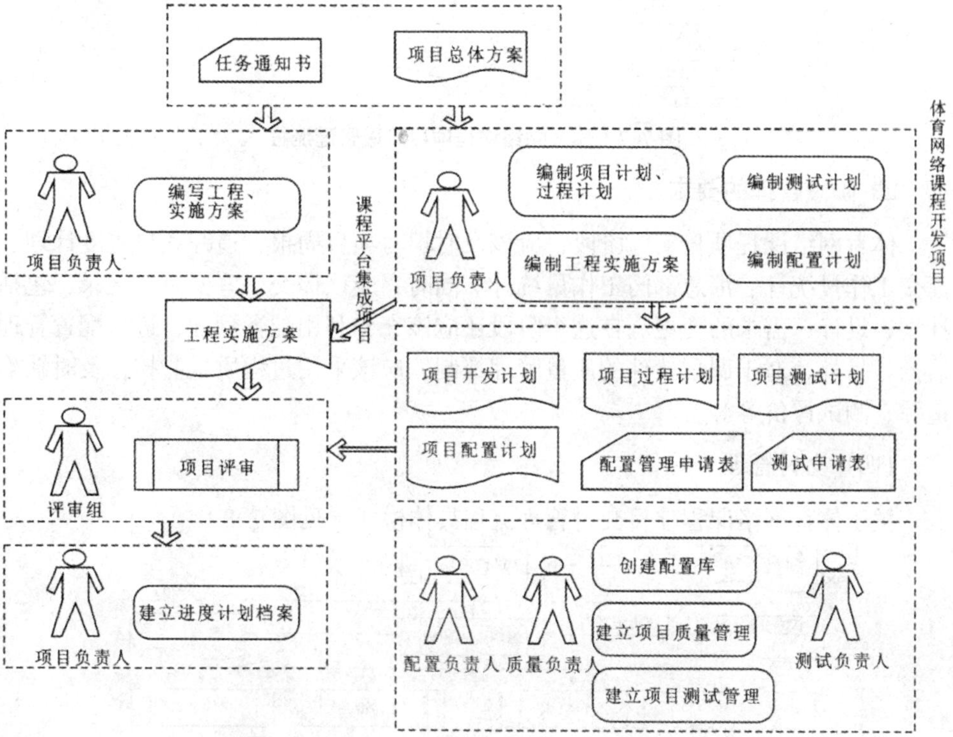

图 7-6　体育网络课程项目计划管理流程

（三）阶段管理

1. 阶段管理的流程

阶段管理在项目开发的生命模型中，项目被分阶段进行开发，在通常情况下，首先开发最重要的功能。阶段性交付并不能减少软件产品研发所需要的时间，但是它能充分降低软件研发中的风险，而且能够提供管理层评价项目状态时所需要的标记（见图 7-7）。

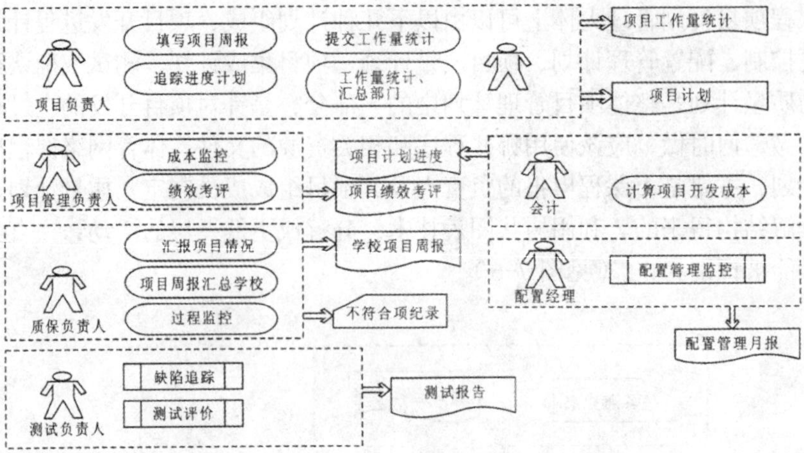

图 7-7　体育网络课程项目阶段管理流程

2. 阶段管理的要求

体育网络课程项目实施阶段，应该及时填写项目周报、追踪项目进度计划、提交工作量统计、汇总部门工作量统计。同时，应该提交一些变更的记录，包括计划、设计、需求的变更。在这个阶段还应该充分利用配置管理，进行配置管理监控。另外，对于课程软件的质量管理控制，应该采用过程质量监控，及时缺陷追踪、测试评价等等。

(四) 交付管理

关于体育网络课程项目交付管理流程具体模式（见图 7-8）。

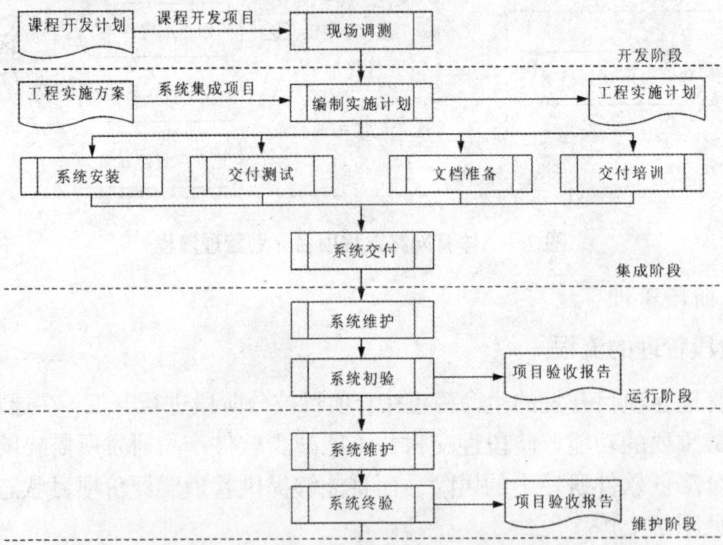

图 7-8　体育网络课程项目交付管理流程

五、体育网络课程质量管理体系的策划

策划是对未来的一种构思。质量策划是为确定质量和质量管理体系要素的应用的目标和要求的活动，即为使产品、项目满足要求而采取的方法。质量体系策划是为最终建立并完善质量体系的系统、全面的谋划。质量管理体系策划是实现质量目标的保证，是设定质量目标，规定必要的操作过程和资源的活动。体育网络课程质量管理体系策划在学校尚未建立质量管理体系而需要建立时，或虽已建立却需要进行重大改进时，由学校最高管理者根据学校所处的外部环境、内部资源以及未来的体育网络课程发展的方针与战略，围绕课程质量，落实质量管理的职责与权限，制定体育网络课程质量方针与质量目标，并规定必要的运行过程和相关资源以实现体育网络课程的质量目标而进行的一种事先的安排和部署。体育网络课程质量体系策划，要求明确学校、学生及其相关方的要求和期望，建立或完善以学生为中心的组织运作机构，明确体育网络课程开发管理职责与权限；建立质量方针和目标；分析和建立内部运作流程，明确内部、外部顾客的概念，并在运作中转化和分解顾客要求。在落实质量管理的职责与权限上，如果在体育网络课程项目开发某一个过程中，所涉及的质量管理的职能不能明确，没有文件给予具体规定，这种情况事实上是常见出现的，也是责任得不到落实，出现相互推诿混乱根源；在质量方针上，应突出重点、简明扼要；在质量目标应当具体明确、切合实际。通过对质量管理体系的策划确定质量管理体系的适宜性、充分性和完整性，以保证体系运行结果有效。

（一）质量管理体系策划的人员及其职责

质量管理体系策划是一项十分复杂的工作，不仅需要有专门的机构和人员来进行，而且需要组织所有的部门和全体员工予以配合。质量管理体系策划的人员包括了，最高管理者、管理者代表、策划领导小组、具体策划人员以及与体育网络课程相关的全体教师。

1. 最高管理者

一般来说，对质量管理体系的策划，必须由学校最高管理者亲自主持。因为，很大程度上，学校的最高管理者对质量体系策划态度的好坏，决定了学校对质量重视与否，是学校对质量态度的代表。其职责为：第一，决定进行质量管理体系策划，启动质量管理体系策划的开关；第二，为质量管理体系策划提供必要的资源，包括人员和聘请专家顾问等；第三，制定质量方针，明确质量目标；第四，对策划中机构设置、人员调动、质量职能分配等问题做出最终决定；第五，学校对策划形成的方案和计划进行评审，并进行最后的审定和批准。

2．管理者代表

管理者代表由学校最高管理者指定，专门负责提议网络课程质量管理的人员。在质量管理体系策划中，他代表最高管理者实施学校的权利，必须自始至终参与策划。也就是说，整个策划过程都由他来负责组织，直接由他来负责策划。其具体职责为：第一，向学校最高管理者提供建立或改进质量管理体系的建议，建议启动质量管理体系策划；第二，组织质量管理体系策划小组，研究和制定质量管理体系的方案；第三，提出质量方针和质量目标预案，供最高管理者决策；第四，在职权范围内解决学校机构调整、人员调动，质量职能分配等问题；第五，负责编制策划方案和计划，并提交最高管理者组织评审。

3．策划领导小组

领导小组参与策划，对策划形成的方案和计划进行评审，重点在于两个评审：一是对策划的输入进行评审；二是充分利用他们的知识和经验，对策划形成的方案和计划进行评审，对所产生的矛盾和问题，得以早日解决。

4．具体策划人员

质量管理体系策划人员负责具体的策划工作，负责编制方案和计划，参与具体策划的人员可以组成一个小组，由管理者代表任组长，必要时还可以聘请有关专家顾问指导或参与策划。

5．与之相关的全体教师

体育网络课程的开发，质量管理体系的建立，都需要全体相关教师的参与，其策划过程当然也不能将这些教师完全排斥在外，而应当吸引他们参与，使策划过程民主化。学校应采用必要的形式，向教师宣传建立和保持质量管理体系的意义，并深入实际调查，广泛听取教师的意见，将其中合理的部分吸收到方案之中，必要时，还可以将质量方针、质量目标和有关质量管理体系的要素等方案，公开向教师征求意见；当策划的方案需要进行试验验证时，要动员学校教师予以配合，以验证方案的可行性。体育教师是高校体育课程建设中，开发人力资源的主力军、先锋队，是核心力量，在编写教材、教学大纲、制定教学计划、体育课程的组织与实施等多种环节中，都倾注了教师大量的精力，均离不开体育教师一系列的教研活动。

（二）体育网络课程质量体系策划的要求

ISO9000 标准要求，组织进行质量管理体系策划时应识别质量管理体系的总要求，识别质量管理体系所需要的过程及其在组织中的应用；确定这些过程的顺序和相互作用；确定为确保这些过程的有效动作和控制所需的准则和方法；确保可以获得必需的资源和信息，以支持这些过程有效动作和监视；测量、监控和分析这些过程；实施必要的措施，以实现对这些过程所策划的结果和对这些过程的持续改进。

（三）体育网络课程质量管理体系策划的任务

通过对质量管理体系策划，使体育网络课程质量能满足学生及其相关方的要求，并识别和计划所需的作业过程与资源，从而实现体育网络课程质量目标，确保质量管理体系的持续改进。体育网络课程质量管理体系策划的任务是：第一，根据质量方针，建立明确的质量目标；第二，确定质量管理体系所需的过程，并按过程方法管理质量管理体系；第三，确定所需要的资源、文件。资源包括教师、体育教学资源、资金、技术、方法等等；第四，确定所需的测量、监控、分析活动；第五，质量管理体系的持续改进。

六、体育网络课程质量管理体系的过程方法

每个组织都有自己的产品，顾客要求产品应当具有满足其需求和期望的特性，同时组织也面临技术不断发展，顾客期望和需求的不断变化的情况，在组织的产品实现过程中这些都将通过产品规范来促使组织持续改进其产品。体育网络课程质量管理体系的建立和实施就是提高质量管理体系的有效性与持续改进的框架，提供学生满意的体育网络课程，帮助学校增强学生满意度与向学生提供信任。

（一）质量管理体系方法的说明

质量管理体系方法是为帮助组织致力于质量管理，建立一个协调的、有效运行的质量管理体系，从而实现组织的质量方针和质量目标而提出的一套系统而严谨的逻辑步骤和运作程序或方法。体育网络课程质量管理体系方法在于鼓励学校分析学生及其相关方要求与期望，规定满足学生及其相关方要求的实现过程及相关的支持过程，并使其受控，以实现并提供学生满意的课程，帮助学校建立一个适合学校并能有效运行的体育网络课程质量管理体系，从而提高体育网络课程实现过程能力，为持续改进提供基础，最终得到学生与其他相关方满意。它包含了系统的运用八项质量管理原则的内涵，为质量管理体系的构建提供了总体框架，也体现了“PDCA”循环应用于体育网络课程质量管理体系研究的结果。体育网络课程质量管理体系方法的逻辑步骤是首先分析学生的需求和期望，建立学校对体育网络课程的质量方针与目标；确定实现质量目标必需的过程和职责，提供实现质量目标必需的资源，规定测量每个过程的有效性和效率的方法并应用这些测量方法确定每个过程的有效性和效率；防止不合格并消除产生原因的措施；建立和应用持续改进质量管理体系的过程。

（二）质量管理体系过程方法的引入

过程是通过利用资源和管理，将输入转化为输出的一组彼此相关的资源和活动。体育网络课程质量管理体系采用过程方法，按项目管理的方式，从立项管理、计划管理、阶段管理一直到最后的交付，确保各个阶段影响过程质量的所有因素，同时从职责、资源、课程实现、分析改进各大过程以及各大过程中的小过程处于受控状态。其开发它的优点在于对过程系统中单个过程之间的联系以及过程的组合和相互作用进行连续的控制，体现其目标定向性以及预防与持续改进的原则。

（三）过程方法的运用

1．识别过程

识别过程，首先要突出主要过程，并对其进行重点控制这对体育网络课程质量管理来说尤为重要。一般要求学校下一级的管理层对过程的定义比上一级更准确些；其次是要将主要过程分解为较简单的小过程。比如：在体育网络课程质量管理体系中，首先将整个复杂的过程分为若干个主要过程，如管理职责、资源管理这就是主要过程，然后在这些主要过程中间分解出若干个小过程。比如资源管理中，教师资源，体育教学资源等等。突出主要过程，再分解主要过程，这样做是为了便于管理并进行质量改进。

2．制定执行过程的程序并落实职责

要使过程的输出满足规定的质量要求，必须制定执行过程的程序。对体育网络课程质量管理体系的主要过程和关键过程的程序要求形成书面文件。同时，任何一个过程都必须规定由谁去“做”，而且这种规定必须严格执行，对各相关部门责任人执行规定的结果应当进行适当的监督、检查。

3．控制并改进过程

控制的目的是为防止运行的过程出现异常。比如：如果在管理职责过程中，不对其进行控制，就容易造成责任得不到落实现象的出现。改进过程主要是针对过程存在不足，比如：未能充分发挥所投入的资源的潜力，通过测量和分析来发现问题，并采取措施来解决，达到持续改进的目的。

七、体育网络课程质量管理体系的总体设计

在充分认识将 ISO9000 标准用于体育网络课程质量管理的必要性与可行性的基础上，结合体育网络课程项目管理，学校解决体育网络课程在质量管理方面普遍存在问题是实现体育网络课程质量管理体系的系统化。也就是借鉴 ISO9000 标准，以过程管理为基础，对组织所进行的统筹规划、系统分析，从管理职责，资源管理，产品实现，测量、分析和改进四个方面提出设计方案的过程（见图 7-9）。

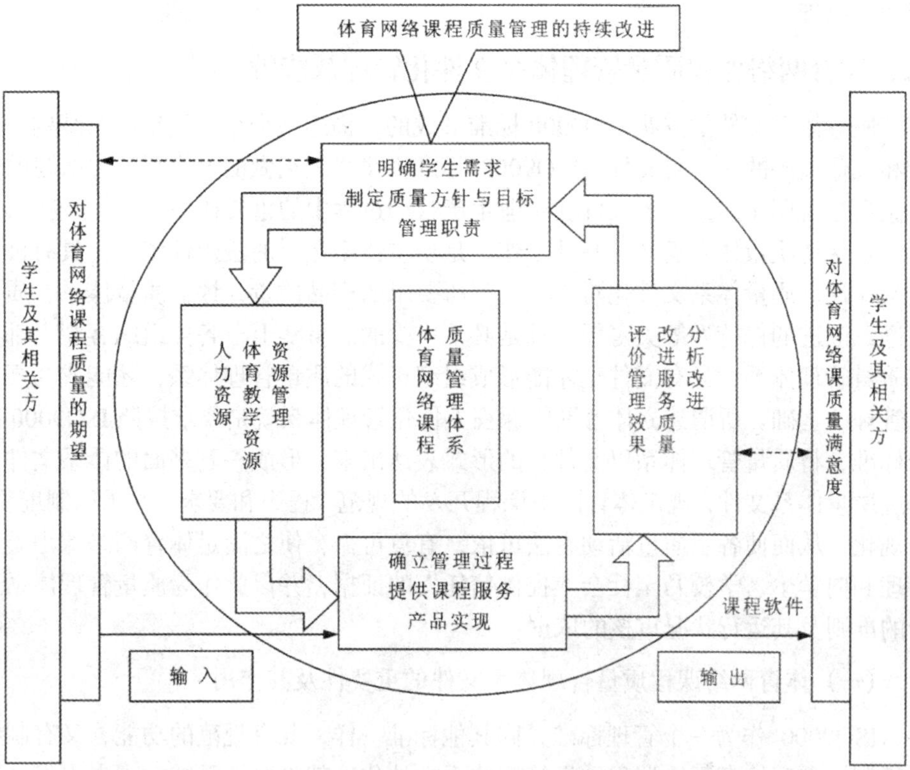

图 7-9　基于过程模式的体育网络课程质量管理体系

从图 7-9 中可以看出，质量管理体系的四大过程“管理职责”“资源管理”“产品实现”和“测量、分析和改进”有其内在逻辑联系，通过四个箭头彼此相连，形成闭环。管理职责与学生需求之间以及评价改进与学生感受之间存在一个双向虚线箭头，表明它们之间存在双向信息流，大箭头表明体育网络课程质量管理体系的所有过程都应得到持续改进。

总体来看，在管理职责这一过程中，体育网络课程开发的最高管理者对学生及其相关方做出满足其要求的承诺，以学生为关注焦点，制定相应的质量方针和质量目标，并为达到质量目标进行职责、权限与沟通，规定所需要的资源，通过资源管理过程，提供质量管理所需的人力资源、基础设施、体育教育资源及其相应的其他资源，作为对体育网络课程实现过程的支持。在课程实现过程中学生及其相关方的需求与期望成为课程实现过程的输入，这些输入是作为设计和开发的依据。课程得到应用以后将对其学生及其相关方的意见反馈，给学校的测量、分析，作为体系持续改进的一个依据。在新的阶段，“管理职责”过程把新的决策反馈给学生及其他相关方后形成新的要求，通过新的循环使组织的质量管理体系得到持续改进。

八、体育网络课程质量管理体系文件化管理及步骤

质量体系文件是按照 ISO9000 标准形成的，描述一个企业质量体系结构、职责和工作程序的一整套文件。ISO9000 标准主张“怎么做的怎么写，怎么写的怎么做”，这说明了质量体系文件在企业生产管理过程中的重要作用，它是企业设计、建立、保持质量体系运作的基础工作，是质量体系运行的法规性依据，具有极强的操作性。质量体系文件化对于“达到所要求的产品质量，评价质量体系，质量改进，改进的保持”等关键任务都是必不可少的。事实上，各类组织客观上都存在质量管理体系，只有文件化才能形成组织正式的质量管理体系，才能成为规范化管理的基础。所谓建立体育网络课程文件化管理体系就是要求按照 ISO9000 系列标准，将质量管理体系以文件化的形式表达出来，形成一套书面的体系文件，通过质量体系文件，规定体育网络课程开发的规范、程序和要求，并予以制度化、法规化，从而使各项质量活动有法可依，有章可循，使之满足体育网络课程质量管理和向学生、学校乃至社会“提供信任”的证据，并以此作为质量管理体系运行的准则及其运行状况审核的依据。

（一）体育网络课程质量管理体系文件的重要性及其作用

ISO9000 作为一个管理标准，同其他标准一样，既有规范的功能，又有制约的机制。实现体育网络课程质量管理体系文件化，就是要从系统的观点出发，基于课程开发的实际，建立体育网络课程质量管理全过程、各层次的文件结构，保证各类文件的层次性及相互的协调性。同时要对文件本身实行严格的管理和控制，保证需要文件的场所使用的都是现行有效文件。文件化的质量体系经最高管理者批准后，成为组织的法规，本身具有强制性和法规性；即对组成质量管理体系的组织结构、职能、过程和资源的文字说明；体育网络课程质量管理体系文件是评价体育网络课程质量管理体系的依据，也是持续进行质量改进的一种有效支持手段。其作用主要有以下几方面：

1．设计作用

设计作用是指编制体育网络课程质量管理体系文件必须对体系进行构思、规划与设计。

2．协调作用

协调作用是指编写质量文件，如质量职能分配及程序文件等，特别强调各部门间的接口和协调。质量文件对一项质量工作由谁负责，谁配合，质量信息如何传递等都要做出明文规定，从而避免混乱现象，使各部门配合默契，协调顺畅，

提高效率。

3．固化作用

固化作用是指针对体育网络课程开发过程中常出现的问题，要严格按标准作业，当经过努力使质量状况转好后，要总结经验，将成功的做法和成功纳入质量标准并加以固化，避免“旧病复发”。

4．契约作用

契约作用是指质量管理体系文件化后，管理者要求操作者做什么，怎么做，达到什么标准，都要明确规定。这样在管理者与操作者之间，通过各类文件，像“契约”一样规定双方的责、权、利等工作关系。使管理者与被管理者之间的工作关系明确化，简单化。

（二）体育网络课程质量管理体系文件层次

从某种意义上讲，体育网络课程质量的改进总是伴随质量体系的创新，而这些都必须在文件化质量体系上操作。体育网络课程文件化的质量管理体系分为三层。第一层次是战略性文件，即质量手册；第二个层次是战术性文件，包括技术、管理规范和程序；第三层次是执行性文件，它包括计划方案和措施，鉴定与评价报告和记录。三层文件呈“金字塔”形构造（见图 7-10）。

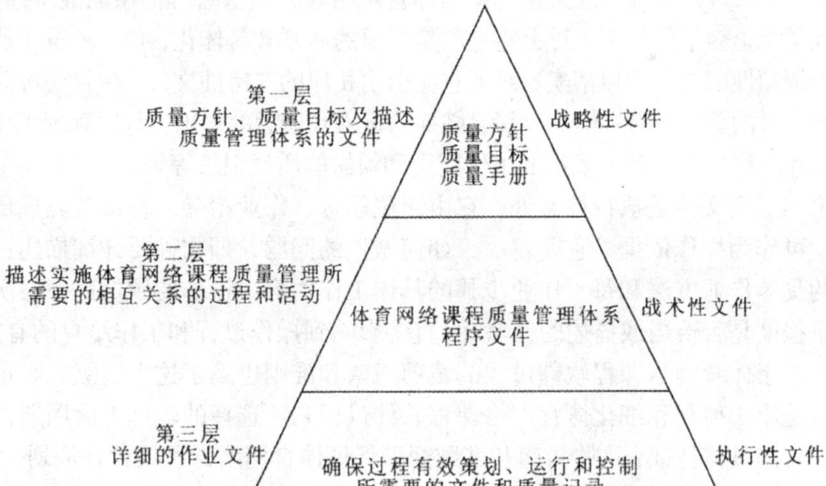

图 7-10　体育网络课程质量管理体系文件层次

第一层文件“质量手册”。对于体育网络课程质量体系而言，质量手册是质量体系中正式发布的与质量有关的组织总的意图和方向，通过对质量手册的制定和实施，可以连续恰当的控制和保证体育网络课程质量体系的有效运行；质量手册按照质量方针和目标以及适用的标准描述组织要建立的质量管理体系，向组织的内部和外部提供关于组织质量管理体系的整体信息。其内容包括组织的概况、方针、目标、建制、职责和工作原则，属战略性文件。其内容主要包括体育网络课程质量方针、质量目标、组织机构、质量管理体系的范围、管理者代表任命书及职责、影响质量的管理、执行、验证或评审工作的人员职责、权限和相互关系。学校主要工作过程及过程之间的相互作用的简要描述等内容。由于质量手册的重要性，其编制着严格的程序。一般由学校最高管理者主持，体育网络课程质量体系建设小组参与制订，由学校聘请专家审核，学校党委会、校务会审批后执行。

第二层文件是以程序文件、技术规范形式出现。质量体系程序中应提供完成体育网络课程开发活动所涉及的具体细节文件，例如教材建设、教学大纲、教学计划、教案、试题库等等，同时还包括了课程软件涉及的具体细节文件以及学校的体育网络课程软件过程以及软件生命周期的描述，也包括从立项到最后交付的实施程序等等；程序文件详细规定质量管理体系要求所涉及的各部门的活动和权责，规定了质量体系中某个过程的具体实施办法，为学校提供如何完成课程开发的一致性信息。其内容包括 4 个 W——做什么（What）、何时（When）、何地（Where）、谁（Who）来做，属战术性文件。作为体育网络课程质量管理体系的战术性文件，它起到了承上启下的作用。对上它是质量手册的展开和具体化，使得质量手册中原则性和纲领性的文件得以落实；对下它应引出相应的支持性文件。包括明确开展各项活动的目的、责任者、操作步骤、必要的输入和最后的输出；每项管理工作的操作流程和工作接口，有关人员的工作职责和须做的质量记录等等。

第三层次文件是执行性文件。它由岗位职责、作业指导、各级各类规章制度组成，可作为操作依据，它要解决“如何做”的问题，即文件要详细描述过程和活动的具体作业方法和每一作业步骤的具体工作内容或操作要领。这一层次文件的详略程度是否恰当或描述的针对性，直接影响到操作过程和工作结果的有效性。同时，对于体育网络课程软件过程的裁剪指南和准则也属于这个层级。制定指南主要也是用于剪裁和细化体育网络课程软件过程和所选择的软件生命周期，使之适合项目的具体特征，这些指南和准则帮助保证体育网络课程项目在策划、实施、测量、分析和改进过程时有一个共同基础。因此，这一层次的文件往往统称为执行性文件，是一个学校体育网络课程质量管理体系运行的基础。

总体上来看，上层次文件比下层次文件覆盖范围广，但内容简洁；下层次文件是上层次文件的支撑文件，内容比上层次文件更具体详细，适应范围窄，针对性强。

（三）体育网络课程质量管理体系文件系统的建立

目前很多学校通过了 ISO9000 质量管理体系的认证,都建立了上述三层文件，用以指导学校的质量管理。本人认为，质量管理体系不应当是一堆文件的简单堆砌，特别像体育网络课程这样的质量管理体系的建立，不应该就是一些纯粹的文件来指导，而应该是一个有机的文件系统。文件系统是指学校在进行质量管理活动中，用于确定目标，指导过程，积累和应用经验的以文字和图形为载体的系统。

当然，体育网络课程质量管理体系的文件系统，应该按其上述对应的层次，从上到下按照战略性文件（如：质量方针质量目标质量手册）；战术性文件（如：软件开发过程，立项管理过程等等）；执行性文件（如：代码编写规范，模板检查表质量记录等等）来逐级展开。这就可以为体育网络课程项目在制定、裁剪、维护和实施软件过程时提供系统的指导。

第八章　体育课外活动实施模式

第一节　课外体育活动及我国课外体育活动的实施现状

一、课外活动及课外体育活动概述

（一）课外活动

关于课外活动具体含义，不同的学者和教育学著作对此有不同的阐释。

《中国大百科全书·教育》“课外活动”词目的释义是：“学校在各科教学大纲范围以外，对学生进行的多种多样的教育活动。它是班级教学的必要补充，是全面发展教育的重要组成部分。”

张念宏主编的《教育学辞典》指出课外活动是在课余时间，学校对学生进行的各种各样的教育活动。它是班级教学的补充，是全面发展教育的重要组成部分。德育方法之一。

顾明远主编的《教育大辞典》则认为课外活动是指学校在各种教学大纲范围以外，由学生自愿参加的多种教育活动的总称。

邵宗杰主编的《教育学》认为课外活动是指学校在教学计划的范围和教学大纲的要求之外，对学生进行的多种多样的教育活动。

可见，“课外活动”这个看起来一目了然的概念，若要清晰界定和取得一致认识并不容易。主要的难点在于范围及性质的确定。因而，我们不能简单用一句话对“课外活动”下定义，只提出关于课外活动范围与性质的几点认识，藉以明确这一概念的含义。

1．课外活动中的“课”指的是课程

课外活动中的“课”指的是课程，如果是“课堂”的话，“课外活动”一词的英语就应该是 out of class activities。所以，课外活动是指以学科为中心的教学活动以外的，从教育内容的结构方式上把两者区分为课内与课外，前者以课程中的学科为单位，内容受教学计划和教学大纲规定；后者不受教学计划明确规定，或者不在教学计划之列，内容不受教学大纲限制，也不一定以学科为核心组织活动内容。所以统称为“课外活动”。课外活动不限于由学校组织，还可以由各种校外文化机构组织或学生自发进行。学校课外活动的地点一般在校内，但也有在校外的，凡是由学校组织的课外活动，不管在校内还是在校外开展，都称之为学校课外活动。

2. 课外活动的内容和形式呈丰富多彩状

从内容角度看，主要有三类：一类是经常性的、普及性的文娱、体育活动，为调节学生的学校生活和身心健康服务；第二类是部分学生参加的兴趣小组、学科小组或社团活动，这类活动主要目的是发展学生的兴趣爱好与特长，培养学生的独立活动能力。第三类是传统的节假日活动，如国庆节、儿童节、青年节、校庆口、学校文化节等庆祝活动，暑假的夏令营活动等。在组织形式上，以活动小组、社团和班级为主，校际性、全校性、年级性活动为辅，后一种活动通常由学校与全校性的学生组织，如学生会、少先队大队部、共青团委等联合举办。但是，课外活动的全局性安排由学校行政部门负责，班主任或其他任课教师承担具体执行、配合组织与管理学生等方面的工作。

3. 课外活动主要由学生自愿选择参加

部分旨在培养某方面“尖子”人才的课外活动小组的成员，通过双向选择确定，学生自愿报名在先，指导教师及有关人员对报名的学生考试挑选在后。以群众性文娱、体育活动为主的课外活动，为了保证学生的身心健康，一般规定每个学生都要参加，但具体参加哪一项活动由学生自决。

（二）课外体育活动

课外体育活动是相对于体育课而言的。它是指学生利用课余时间参与的，以锻炼身体、愉悦身心为目的的体育活动。课外体育活动作为体育课的补充、学校体育的组成部分和教育的手段，已有近百年的历史，在世界上已成为一种教育制度，且在内容和形式上都有新的发展。

李祥主编的 2000 年（高教版）《学校体育》教材中界定为：课外体育（活动）是学校体育的重要组成部分，它与体育课教学一道共同构成了学校体育的总体。课外体育（活动）包括课外体育锻炼、课外运动训练和课外运动竞赛三个方面。

潘绍伟、于可红主编的 2005 年（高教版）《学校体育》教材中界定为：课外体育活动是指，课前、课间和课后在校内进行的，以全体学生为对象的，以保健操，健身活动为主要内容，以班级为基本组织单位，以满足广大学生多种身心需要为目的，促进学生身心需要为目的，促进学生身体、心理和社会适应能力和谐发展的体育锻炼活动。其 2008 年版中的界定，又在此前加入了：课外体育是在体育课程以外，以健身、保健、娱乐为目的的体育活动，以提高运动技术水平为目的的课余体育训练，以及为丰富学生课余文化生活而举办的课余体育竞赛等的总称。

周登高主编的 2004 年（人体版）《学校体育》教材中界定为：课余体育是指学生在课余时间里，运用各种身体练习和多种方法，以发展身体、增进健康、提高运动技术水平和丰富业余文化生活为目的而进行的多种形式内容的体育教育活动。它主要包括早操、课间操、班级体育活动、课余训练、课余竞赛以及校外体育、家庭体育等多种组织形式和内容。

以上可鉴，课外体育活动乃是一个相对的概念，且在不断发展的概念。由于人的理念的不同、视角差异，对概念的理解也不尽相同。在此，我们也仅提出几点关于课外活动范围与性质的认识，藉以明确这一概念的含义。

1．从范畴而言

从范畴而言，传统的广义课外体育活动是相对于体育课课堂内的体育活动而言，包括体育课堂教学的延续和补充部分，如教师课堂上布置的课下练习、体育作业等；义的课外活动是相对于体育课程而言，不包括体育课堂教学的延续和补充部分。

2．从内容而言

涉及以健身保健为目的的体育锻炼活动，以提高运动技术水平为目的的课余体育训练以及以检验课余体育训练成果、丰富学生课余文化生活为目的的课余体育竞赛等，内容丰富。

3．从组织管理角度而言

从组织管理角度而言，以学校统一规划与学生自主选择相结合，并以最大限度发挥学生自组织性为基本原则；并且既可以是学校为主组织管理的，也可是校外为主组织管理的，但主要是以学校为主组织管理的。

4．从活动目的方面而言

从活动目的方面而言，从活动目的方面而言，以满足广大学生多种身心需要为目的，促进学生身体、心理和社会适应能力和谐发展。

（三）学校课外体育活动

课外活动形式多样、内容丰富，课外活动也因其内容及形式的区别，而具有不同价值、地位及意义。课外体育活动随着社会、科学技术、经济、教育等的发展，内容、形式、方法、手段、场地环境等也更为丰富，然而，不同形式、内容的课外体育活动也功用各异；更由于体育活动的特异性，不同的组织形式、开展目的，甚至不同的活动地点、环境，其活动效果也差异较大。因而，为了研究的便利，对于学校课外体育活动概念的界定十分必要。

“课外活动”这一概念在引入国内之前就曾颇经争议，但最终却还以“课外活动”这一称谓引入国内，且在含义、定位等相当层面上达到了较为普遍的共识，虽然在进入中国学校教育几十年后，又经历过认识、称谓等的多种争论，最终却还是以“课外活动”这一称谓沿用下来，因而，充分说明了“课外活动”这一概念的科学性与特定性。更由于“体育”这一概念的界定虽然也经历了多年的喋喋争议，最终也未有实质定论，好在大家也似乎基本明确其所指、所示，所以，本书在此仅对学校课外体育活动的性质、范围等给予说明，藉以明确这一概念的含义。

1．学校课外体育活动中的“课”，指的是体育课程

（1）现代学校课外活动产生的历史证明。从课外活动引入现代学校教育计划的历史来看，课外活动并不是现代学校教育本来具有的，而是学生自发开展的活动，后引起教育研究者注意并研究之后，为了弥补原来学校教育的缺陷，更好地完成学校教育任务，才把它逐渐纳入学校教育计划。从此，课外活动在学校教育中的地位、作用、价值、意义等，不断得到深刻认识及重视程度加深，逐渐确立下来其不可或缺的地位。后虽经不断加强其计划性及管理，但并未改变其本质。

（2）教育学家的观点。课外活动”一词的英语之所以不是“out of class activities”，正是因为，课外活动是指以学科为中心的教学活动以外的教育实践活动。它与教学活动相对，主要不是从活动空间上，而是从教育内容的结构方式上把两者区分为课内与课外，前者以课程中的学科为单位，内容受教学计划和教学大纲规定；后者不受教学计划明确规定，或者不在教学计划之列，内容不受教学大纲限制，也不一定以学科为核心组织活动内容。所以统称为“课外活动”。

2．学校课外体育活动是指学校教育计划之内

尽管，课外体育活动不限于由学校组织，还可以由各种校外文化机构等组织或学生自发进行。但本书则特指由学校有意识、有目的、有计划安排的课外体育活动，其原因如下：

（1）当前中国社会及教育现实环境下，唯有在学校，有严格时间计划、具有相当强制限定性的条件下的课外体育活动，才最有教育、锻炼实效及意义。

（2）离开学校的课外体育活动，从严格定义而言，当属于“社区体育”“社会体育”“家庭体育”等范畴；从社会现实角度而言，既有相当不确定性，更无从谈及实效性。

3．学校课外体育活动是面向全体学生的活动

学校课外体育活动指的是，课外时间面向全体学生的体育活动，针对少数学生的运动队训练等虽属其范畴，但绝不能替代。

4．学校课外体育活动具有丰富的内容和多彩的形式

运动项目种类繁多、形式多样，即使许多项目校园内不具备开展条件，但也不能给予学生过多不利于学生运动的限制条件，学校应该积极创造一切条件，使学生积极、快乐、充分的运动起来。

5．学校课外体育活动是学生自愿参加的活动

无论课外体育活动项目、参与形式等，都应是学生自愿选择的，学校不能强制性统一，更不该限定，不得影响学生的积极性。

二、我国课外体育活动的实施现状

（一）我国课外体育活动开展现状

1．我国历来重视课外体育活动

考察我国学校课外体育活动的现实运作实情，应根据课外体育活动的特性，从应然（理想）与实然（现实）两个层面进行。应然是实然的前提和基础，实然是对应然的验证与发展，应然层面和实然层面的契合程度越高，课外体育活动的开展程度也越高。

我国政府在不同时期颁发的有关决定、报告、暂行规定、通知、条例、意见等一系列文件，都十分重视学生的体质健康问题，都强调保证课外体育活动的时间，发挥课外体育活动在增强学生体质方面的积极作用。

1951 年 7 月，政务院通过了《关于改善各级学校学生健康状况的决定》，其中规定："学生每日体育、娱乐活动或生产劳动的时间，除体育课及晨操或课间体育活动外，以 1～1.5 小时为原则。"1964 年 8 月，国务院批转了国家教委、国家体委、卫生部《关于中小学学生的健康状况和改进学校体育、卫生工作的报告》，要求学校体育面向广大学生，首先上好每周 2 节体育课，同时坚持做早操和课间操，安排好每周 2 次课外体育活动。1982 年，国家体委又发出了《关于保证中小学生有 1 小时以上的体育活动的通知》，要求学校开展多种课外体育活动，保证每个学生每天有 1 小时以上的体育活动。1990 年，经国务院批准，国家教委和国家体委联合颁布实施的《学校体育工作条例》第三章"课外体育活动"明确规定，普通中小学、农业中学、职业中学每天应当安排课间操，每周安排 3 次以上课外体育活动，保证学生每天有 1 小时体育活动的时间。

2005 年 8 月 19 日，教育部印发了《关于落实保证中小学生每天体育活动时间的意见》（以下简称《意见》）。《意见》明确阐述了贯彻落实学生每天 1 小时体育活动的重要意义，提出了贯彻落实学生每天 1 小时体育活动的基本要求。

2020 年 8 月，教育部针对在政协十三届全国委员会第三次会议中，关于要保证青少年体育锻炼活动时间的提案做出回应，确保学生每天锻炼 1 小时，严禁挤占体育课和学生校园体育活动时间。

总之，我国历来十分重视课外体育活动，在不同的历史时期制定了相应的法规文件，也提出了具体的落实意见。但从课外体育活动的实际情况看，国家的有关规定并没有得到真正的落实。

2. 我国课外体育活动的实施状况不理想

根据我国学者对各级各类学校学生参加课外体育活动的时间、项目、内容的调查研究表明，我国课余体育活动现状不容乐观。在学生参加课外体育活动项目内容方面，表现为项目内容选择面过窄，学生参加课余体育活动的体育项目，男生主要是乒乓球、羽毛球、篮球、足球、游戏和长跑项目；女生主要集中在羽毛球、游戏、乒乓球、跳绳、踢毽球和跑步项目。除此之外，从课外体育活动开展的形式看，一是“放羊式”，长期无人管理，学生自己活动；与“放羊式”相反的是“专制式”，主要表现为管得太死，大大扼杀了学生体育锻炼的积极性。

虽然大多数学生对课余体育锻炼抱有兴趣，锻炼价值取向具有多元化特征，而且学校课余体育锻炼已成为相当一部分学生课余生活的重要活动方式，学生在总体上参与课余体育锻炼的面较宽，但其活动量相对不足，锻炼的方式、场所及锻炼项目等存在较明显的集中。

事实上，如果想了解我国课外体育活动的现状，只需到一所普通的中小学校去看看，就会发现我国课外体育活动的状况确实不容乐观。在通常情况下，课间操在各级各类学校中基本上都能得到保证。问题是那种重形式、轻实效的课间操无助于体能的发展，因为决定锻炼效果的重要因素是运动负荷，而课间操无论是负荷量还是负荷强度都仅仅能起到调节身心活动和热身的作用。至于激发学生的体育兴趣，培养学生终身体育的意识，促进健康生活方式的养成，更是无从谈起。毛泽东曾经说过:“故愚观现今之体育，率多有形式而无实质。非不有体操课程也，非不有体操教员也，然而受体操之益者少，非徒无益，又有害焉。教者发令，学者强应，身顺而心违，精神受无量之痛苦，精神苦而身亦苦矣，盖一体操之终，未有不貌瘁神伤者也。”说课间操一无是处也未必尽然，只是课间操对于促进体育课程目标的达成作用确实有限。

课间操姑且可以得到保证，而有关条例规定的课余体育锻炼时间在大多数中小学校基本上是有名无实。中小学校普遍存在着重体育课而轻课余体育锻炼，重早操、课间操（包括眼保健操）而轻课外体育活动和班级体育锻炼的现象。这其中，固然有经费不足、场地器材物质条件欠缺、学生体育意识淡薄等因素，但根本的原因还是受困于应试教育的影响，又缺乏必要的强有力的监管措施，最终导致“有令不行”,“每天锻炼 1 小时”成为一句空头口号。

课外体育活动出现的这些问题，导致“学校不亲，学生不爱”的尴尬困境，学生没有对课外体育活动产生兴趣与激情，因而参与课外体育活动的时间较少。当前，我国课外体育活动出现了较大发展困境，这迫切地需要找出我国课外体育活动开展不力的原因并加以解决，以保障我国青少年体质的提高。

（二）课外体育活动开展不力的原因

体育课毕竟只占学生体育活动的少数时间，而更多的学生体育活动时间是在课外，因此，学生体质健康的提高在很大程度上是课外体育活动的职责，但对于学校课外体育活动不管从社会、学校甚至是教育者都没有给予应有的重视。我们在对待学校体育工作问题上，出现了“本末倒置”的做法，在当前学生体质健康状况不断下滑的今天，我们是不是该认真地思考，体育教学究竟出了什么问题？也许思考的结果会很多，课外体育活动开展不力是造成学生体质下滑的一个重要原因。造成我国学校课外体育活动开展不力的原因有多方面：

1．学校不重视课外体育活动

课外体育活动开展的实际情况并不乐观，根据教育部的调研显示：全国仅有21.95%的中小学能保证学生每天锻炼1小时。另据教育部对部分省份的抽查显示，小学体育课开课不足率达到56%，31%的小学不组织课外体育锻炼，初中体育课开课不足率达到了76%，有83%的初中学校从来不组织课外体育锻炼。

可见，我国许多学校对课外体育活动对学生体质健康的作用并没有重视，我国的课外体育活动尚未摆脱体育课，是体育课的“影子”，是体育课再延续的框框。因此，出现课外体育活动开展不力的结果也就无法避免了。

2．课外体育活动与社会生活两者之间断裂

长期以来，我国学校受“应试教育”思想的影响，通常采取的是封闭式或半封闭式的教育模式，课外体育活动大都是在学校内进行的，而没有完全渗透到学生的课外生活中去。学生与社会接触很少，以至于目前我国学校体育与社区体育严重脱节。正确协调好两者的关系是学校体育教学改革的当务之急。为此，要变“应试教育”为“素质教育”，打破学校与社会的界限，实行开门办学的新思路，充分调动学校的体育资源，分时段对外开放，使学校体育深入社区体育之中，加强社区体育的开发与管理，弥补社区体育资源的不足，积极构建学校体育与社区体育互动发展的互动模式。

3．升学率的压力所致

我国大多数中学为了追求升学率，忽视了课外体育活动的作用，延长了学生早晚的学习时间，压缩了学生的课外活动时间，这样不仅增加了学生学习压力，还导致学生的体质下降，不利于学生的健康成长。大多数中小学校校长对体育课不重视，对“每天锻炼1小时”更不重视，只抓分数和升学率，造成学生课业负担重，体育课常被占用。说到底，问题的根源还是应试教育，教育改革不触及这个顽疾，落实每天锻炼1小时和体育回归教育都是空谈。

从课外体育活动的现状可以看出，造成课外体育活动发展困境的原因尽管有

多种，在组织形式方面也出现了不同程度的问题，但主要原因是学校体育同社会生活隔离，致使我国课外体育活动的开放性较差，对社会资源利用较少。要想改善当前我国课外体育活动的现状，迫切需要一种新的体育活动内容和组织形式来激发学生的课外体育活动参与意识和热情，即迫切需要建立一种校外课外体育活动实施模式，以改变当前我国课外体育活动开展不力的现状。

第二节　课外体育活动的实施途径

课外体育活动在我国经过了几十年的摸索和发展，逐渐形成了一些比较固定的实施模式，其中，有些实施模式曾经发挥过积极的作用，但从实施新课程的角度看逐渐表现出一定的局限性；有些实施模式一经提出便深受师生们的欢迎，呈现出蓬勃发展的态势；而有些实施模式虽然具有很好的作用，但实施难度太大，目前还只能当作发展方向。

一、两操

实际上，当今对广大学生影响最大的日常体育活动莫过于“两操”，即早操和课间操。课外体育活动内容除国家规定的课间操外，广播体操是我国各级学校开展最持久、最有效，也是最形式化、最单一的课外体育活动内容之一。但课间操有其无法回避的弊端，课间操都是上午、下午两套操，一年四季一成不变，学生越做越没兴趣。课间操的时间和地点都是规定好的，学生没有自由活动的时间和空间，也没有喜欢的活动内容。长此以往，很难达到锻炼的效果。

二、代表队训练

从 1978 年起，国家体委会同国家教委共同抓“传统校”的建设。同年召开的全国体育工作会议要求全国中小学要“根据自己的特点，抓好重点项目，形成传统”。同年，国家教委与原国家体委联合下发了《全国学生体育运动竞赛制度》，强调实施全国学生体育运动竞赛制度的目的是为了更好地贯彻执行党的教育方针，检查体育教学训练工作，交流经验，相互学习，更有效地推动体育运动的普及与提高，通过比赛，培养运动员胸怀祖国，放眼世界，具有敢于攀登世界运动技术高峰的雄心壮志，坚毅勇敢精神和共产主义道德作风。也正是从那时起，学校代表队的课外体育活动模式得到了确立和巩固。

代表队训练没能很好地发挥课外体育活动应有的作用，究其原因主要是这种课外体育活动模式的实施是出于促进我国高水平竞技运动发展的角度考虑，因此，在实施过程中还是同体育课一样，更多地注重学生技能水平的提高，忽视了课外体育活动本身的规律和特点，注定了这种模式的局限性。

进入21世纪随着社会的发展和学生家长观念的转变，越来越多的学生加入到学校代表队的课余运动训练中。不过，家长把孩子送进学校代表队训练的目的，并不仅仅是要把学生培养成运动员，而是更加注重课余体育训练强身健体的作用，重视发挥学校体育课余训练的课程价值。

三、体育俱乐部

俱乐部模式是指按学生的运动特长与兴趣，以自由加入的方式，把学生组织起来，纳入各类专项俱乐部中去，进行有组织的训练和比赛，如篮球俱乐部、足球俱乐部等。俱乐部由学生自行组织和管理。各种运动俱乐部之间的比赛可以在一所学校内进行，也可能在不同学校的运动俱乐部之间进行。体育俱乐部是一种以学校体育场馆为依托，以体育教师为顾问，公益性和有偿性相结合的体育活动形式。体育俱乐部活动形式灵活多样，内容丰富多彩，除组织各种体育锻炼、体育活动外，还可以举办各种形式的体育实践活动，推动阳光体育运动有效开展。

（一）课外体育活动俱乐部模式的主要特征

1．具有培养学生自主选择的权力

学生可以根据自己的兴趣、爱好，选择参加具体的项目和俱乐部，发挥特长，提高体育专项运动能力，弥补体育课堂教学的不足，这也给了学生一个自主选择的权利。

2．具有丰富校园体育文化的效果

俱乐部特定的环境与氛围有助于增强学生参与体育活动的欲望，达到经常锻炼，实现“每天锻炼1小时”的目的，进而丰富校园体育文化。

3．具有培养学生独立自主的能力

学生自行安排参加课外体育活动，有利于培养学生独立自主的能力。这种模式要求学生具有一定的组织能力，适合于高年级学生。

课外体育活动俱乐部是以俱乐部的形式组织管理学生进行课外体育活动的。学校及学校的体育部门将课外体育活动的组织以各活动项目的内容为名称成立各个俱乐部，学生自愿选择自己喜欢的俱乐部参加课外体育活动。课外体育俱乐部是普通高中“体育与健康”课的延伸和补充，以拓展学校体育功能、培养学生良好的体育习惯和行为、培养学生终身体育的意识为主要目标。

（二）课外体育活动俱乐部模式具体实施方案

1．准备阶段

第一，对学生展开相关问卷调查并对问卷调查进行整理分析；第二，师资培训，接受专家指导；第三，成立俱乐部领导组与俱乐部活动实施组。

2．研究实施阶段

第一，成立俱乐部，学生根据自己的兴趣爱好，运动习惯和身体素质情况，选择俱乐部。建立健全俱乐部的各项制度，并制定俱乐部章程，根据教师的专长安排俱乐部教练；第二，做好课外体育活动俱乐部场地器材、时间的安排；教练根据项目与学生情况，拟定俱乐部课程计划及内容，探索构建俱乐部评价体系；第三，由俱乐部教练指导学生有计划、有目的、有组织地开展运动技术的学习，提高运动技术水平，并在学习运动技术的同时，引导学生学会科学锻炼身体的方法，学会自我锻炼的能力。同时教练随时做好解决学生在锻炼中遇到的各种问题，做学生的良师益友；第四，俱乐部定期开展竞赛活动，具备一定的水平可以建立各自运动代表队，参加校内外各项比赛，推动各项运动竞赛的广泛开展；第五，充分重视俱乐部中运动技术水平相对较高的学生，为高一级学校和国家源源不断地输送体育后备人才。

四、社区体育模式

关于社区体育概念的界定，广大学者随着对社区体育实践认识的不断深化而逐渐形成了不同形式的定义。社区体育是指基层（微型）社区为区域范围，以辖区自然环境和体育设施为物质基础，以全体社区成员为主体，以满足社区成员的体育需求，增进社区感情为主要目的，就地就近开展的区域性体育活动。吕树庭教授等认为：社区体育是社区成员以社会感情为契机，以自发性为原则，以一定的地域空间为依托，利用人工（设施）或自然环境，在行政的支援下，以推进《全民健身计划》实施为目的，有计划进行的组织化的体育活动。现阶段，我国城市社区体育主要指在人们共同生活的一定区域内（相当于街道、居委会辖区范围），以辖区的自然环境和体育设施为物质基础，以全体社区成员为主体，以满足社区成员的体育需求，增进社区成员的身心健康，巩固和发展社区感情为主要目的，就近就便的开展区域性大众体育。

从上面学者对社区体育的界定中不难看出，社区体育具有自主性、公益性、多样性、有趣性和服务性等特点。社区体育的产生和发展与学校体育社会化有着密切的关系。20 世纪 50 年代，随着世界各国经济文化、科学技术的迅速发展和人民生活水平的日益提高，体育由学校扩展到社会，走进千家万户，逐渐深入到社会的每一个角落，成为人们日常生活中一个不可缺少的重要组成部分。其内容和形式不断丰富，其影响与作用远远超出了学校中身体教育的范畴。于是，体育的外延被扩大，社区体育应运而生。正因为学校体育与社区体育有着这样的联系，学生既是学校的主要成员，也是社区的主要居民，学生除了在学校以外，在社区的时间更多。

目前，我国正处于经济、社会、文化转型期的关键期。经济、社会、文化事业发展的“不和谐”现象已经显现。学校体育、社区体育作为发展人、完善人的途径成为社会关注的热点。然而，作为转型期的学校体育、社区体育已经不能满足人们日益增长的需要。社区体育的发展明显滞后于学校体育，出现了“不和谐”态势。面对新形势下出现的新问题，要致力于探索学校体育与社区体育“双效互动、资源共享”和谐发展的机制，促进学校体育与社区体育相互有效推动，实现相互间的人力、物质、文化资源共同的利用，形成以学校为中心的社区体育发展的新模式，探索学校体育改革的新路子，从而促进我国社区体育与学校体育的和谐发展。

五、升华校园体育文化的体育节

节日意味着喜庆、欢乐、祥和，体育节是以体育活动为主题，全体师生共同参与的节日。体育节意味着获胜不再是唯一的目的，意味着由敬而远之到亲身体验，意味着由竞赛到健身、育心、休闲、娱乐的转变，意味着以人为本的体育教育思想的回归，意味着校园体育文化的升华。体育节践行“重在参与”的奥林匹克精神，其目标在于促进全体学生的健康成长，提高学生的体育文化素养，形成具有校本特色的校园体育文化。

随着我国体育课程改革的不断深入，以田径运动会为代表的学校运动会的种种弊端逐渐为人们所认识，用体育节取代运动会的呼声日益高涨。每逢学校运动会，加油声、呐喊声响彻校园，场面之热闹是任何其他校园活动难以比拟的。校运会能起到展示学校体育成果、提升班级凝聚力的积极作用。然而，这种“少数人干，多数人看”的做法与素质教育要求的全体性，与课程改革倡导的主体性，与大众体育发展的休闲娱乐性相去甚远。不能断然否认校运会的作用，也不能以偏概全地认为校运会就是竞技体育在学校体育中的产物。不过，重尖子、轻群体，重胜负、轻参与，重选拔、轻普及，抓了少数人，丢了大多数，忽视和剥夺广大学生平等参与学校体育活动权利的做法确实需要改进。

体育节的参与对象具有广泛的全民性，师生同乐，甚至可以邀请家长参与，办成亲子体育节，其影响更为深远。体育节的活动内容，既可以是学生喜闻乐见的竞技体育项目，也可以是休闲娱乐健身性更强的大众体育项目，还可以是趣味性和挑战性很强的新兴运动项目，体育节的时间安排，可以是连续的 2 ~ 3 天甚至 1 个星期，也可以是间歇的分散安排。

从课程分类的角度看，体育节与大课间体育活动同属于活动类体育课程，所不同的是，体育节的节日氛围更浓厚一些，通常要安排开幕式、主题活动和闭幕式，而大课间体育活动则是一种制度化的常规活动。如果说大课间体育活动致力于营造一种校园体育文化，那么体育节则有助于升华这种校园体育文化。

六、蓬勃发展的大课间体育活动

社会发展的每一阶段都会出现与之相适应的课程理论。从我国现阶段的历史现状和实际情况看，在学校体育课程改革中兴起的大课间体育活动，不仅是学校因陋就简、因地制宜、因材施教的阵地，还是增强学生体质、对学生进行身心教育的良好手段，同时也丰富了学校体育课程理论。可以说，大课间体育活动是中国特色的学校体育的时代产物。

针对学生身体状况下滑的现象，国家及各级教育行政部门早就指出，缺少体育锻炼是这一问题的主要原因。为了全面实施素质教育，落实“健康第一”的指导思想，教育部推出了一系列学校体育改革措施，其中两大改革举措影响尤大：一是组织专家精心研制和不断完善《体育与健康课程标准》；二是把课间操改为大课间体育活动。这两大改革举措正在全国范围内有步骤地进行实验并逐步推开，由此在不同程度上引发了我国学校体育的整体改革，力度之大前所未有。

（一）大课间体育活动的特点

大课间体育活动是近年来学校体育出现的一个新名词，它既不是过去我们理解的课外体育活动，也不是过去我们所认为的课间操，它是在课间操基础上发展起来的一种新的课余体育锻炼组织形式，有些地方称之为“间操课”。与课间操相比，大课间体育活动时间长，一般是利用上午或下午的一次课间休息时间，并做适当的延长，一般为 30 分钟左右，活动内容多，组织形式活，练习强度适宜，它不仅可以对学生紧张的学习起到调剂作用，而且对促进学生身心健康有明显的实效；它既是校园体育文化建设的重要内容之一，又是折射学校管理的一面镜子。

（二）大课间体育活动的实施模式

大课间体育活动的开展目前普遍处于初步探索阶段，尚未形成一定的模式。总体来说，大课间体育活动的基本模式是：部颁广播操+校本特色活动。

模式一：列队入场→集中做部颁广播操→学校特色操→分班级自主活动→有序离场。

模式二：列队入场→分班级自主活动→集中做部颁广播操→学校特色操→有序离场。

模式三：列队入场→集中做部颁广播操→学校特色操→分年级竞赛游戏→放松操→有序离场。

模式四：列队入场→在老师的指导下做热身活动→集中做部颁广播操→学校特色操→班级自主活动→有序离场。

不过，无论怎样安排大课间体育活动的内容，都应该根据学校、学生、教师的实际情况具体操作，否则就只是盲目赶潮流，敷衍趋势。

(三) 大课间体育活动存在的问题

在广义的体育课程体系中，大课间体育活动不失为一种解决学生锻炼时间和空间、促进学生素质全面发展的好手段。不过，作为一种新生事物，“大课间体育活动”在实际开展中也存在一些问题。例如，认识偏差，观念陈旧，活动流于形式。有些学校虽然把课间操的时间延长到 30 分钟，有些学校甚至长达 40 分钟，形式上成为大课间体育活动，但学校领导、教师观念陈旧，活动质量低、效果差；有些学校的大课间体育活动由各班班干部来组织，活动流于形式，起不到调智、健身、益心的作用；场地、器材运用不合理，利用不充分，缺乏广泛性和实践性，无法激发学生参与活动的兴趣。由于活动没有班主任和科任教师的参与，致使学生活动场地、器材运用不合理，达不到人人参与。

大课间体育活动既然是在传统的课间操基础上发展起来的一种新的课外活动组织形式，就要尽量避免课间操的弊端。课间操之所以不能够对学生的体质有较大帮助，就是因为其活动内容单一，活动场所固定，引不起学生的积极性，做操就是走形式，学生根本不能全心地投入广播体操的每个动作中，如果广播体操的动作不能做到位，那么，它对学生身体健康的提高以及学生身体素质，包括柔韧、协调等作用就不大。大课间体育活动既然是一种新的组织形式，就应该在活动内容上尽量减少操的内容，更多地以游戏，如具有竞技性的篮球、足球等项目为主，让学生尽情玩，而不是老师充分利用大课间时间继续体育课内容的延伸，教做各种操。但目前，大课间体育活动的基本内容之一就是做操，而且是大课间体育活动必要的一个环节。总结当前大课间体育活动的组织顺序，可以看到一条清晰的安排，即“集结—做操—活动—返回”。在这种程序安排下，大课间体育活动所花费的时间较大，统计结果表明，集结这个环节一般在 5 ~ 7 分钟，做操环节 10 ~ 11 分钟，返回环节 3 ~ 5 分钟，我们可以很容易地算出，如果每次大课间以 30 分钟为标准，那么学生真正的自由活动时间只有 7 ~ 12 分钟，也就是说大课间体育活动并不比传统的课间操 10 分钟内学生所获得的锻炼时间长，这也是大课间体育活动实行的几年来学生体质并没有明显变化的一个间接原因。大课间体育活动之所以近年来被广大教育者认可的一个重要原因是它比传统的课间操在时间上占有优势，而这个优势在课题组调查中并没有显现出来。另一个优势是空间上的，可是集体做操、集体集合、集体返回，空间上的优势也在集体的名义下抹杀了。体育锻炼能否起到提高学生体质健康水平的作用，运动强度是一个重要的影响因素，而这个强度需要有适宜的时间和空间做保证。没有时间做保证，那么锻炼的效果就会很差。

大课间体育活动的主要目的就是每天活动 1 小时，减轻课业压力，玩是主旋律，学只是玩的衍生物，或者说是自然的过程。可是纵观当前各学校，都是以操为主要内容，也就是以学为中心，并没有打破那种旧的观念。这种有组织的操，有利于学校的管理，减少一些不必要的意外事故，这样做，实际上违背了大课间体育活动以“学生为本，健康第一”的理念。

第三节 课外体育活动实施的构建模式

一、构建课外体育活动实施模式的理论基础

（一）构建课外体育活动实施模式的理念

理念是行动的先导，有什么样的理念就会有相应的行动方式。构建课外体育活动实施模式首先要转变行政理念。

1．树立“健康第一”的理念

“健康第一”既是精神的需要，也是深化体育课程改革的需要，更是切实提高学生体质健康水平的现实需要。

2．树立公共服务的理念

构建课外体育活动实施模式的理念是把课外体育活动作为公共体育服务体系去构建，实施过程中突破原有课外体育活动的封闭性，注重学生在学校外、假期中的体育参与，致力于构建为广大学生提供基本的公共体育服务体系，以提供公共体育服务为宗旨，为学生身心全面发展服务。

（二）构建课外体育活动实施模式的理论基础

课外体育活动离不开体育教育实践活动，它是与社会发展背景，尤其是教育背景密切相关的。

1．素质教育理论基础

所谓素质教育是根据我国目前现行的社会经济发展的需要，以全面提高学生的基本素质为目的的一种教育。素质教育作为一种教育观念，是为了使教育适应社会、改造社会而提出的新的教育思想，它包括基础教育、文化素养教育、心理发展水平教育和终身教育。素质教育要面向全体学生，以期提高全体国民素质；应促进学生的全面发展；要尊重学生的主体地位，让学生主动发展；要坚持因材施教的原则；要重视学生能力的培养和对未来社会的适应。在大课间体育活动中，教师和学生共同参与完成。学生是有主观能动性的个体并蕴藏着巨大潜能，在活动中能够很好发现问题、解决问题，在此过程中学习自我评价，从中学会学习、学会生存、学会创造以及如何做一个思想品德、知识技能、身心健康全面发展的人。而教师承担的职责则是指导学生如何做一个有理想、有道德、有文化等能适

应社会的人。由此可见，教学生做人和学生学会做人必须同时调动两方的积极性，靠双方密切的协作和配合才能完成。

2．以人为本理论基础

众所周知，教育的目的就是要培养完全的人、不断超越的人及有创造力的人。而体育作为教育的一个重要组成部分，在人的不断发展和追求过程中是不可或缺的，尤其是在培养人的完美性格和完美人生方面起着举足轻重的作用。大课间体育活动作为体育教学的延伸，除了对学生认知发展有积极的促进作用外，对激发学生的体育兴趣、提高社会适应能力、增强心理健康有着其他课程所不能替代的作用。从人本主义教育的观点看，教育的根本目标是使学生成为独立、自主、有效的学习者。正如人本主义心理学家康布斯所言：“成功的教学不是在于教师教给学生多少知识，而是在于教师能否启迪学生使知识个人化，从而获得意义。”我们的教育目标必须从传统的“知识教学”转为“方法教学”，重在使学生“学会如何学习”，着力培养学生的能力与素质。学生必须参与教学过程才能展开真正的学习。学生只有参与了教学过程，才有可能对教材做出有意义的发现，才能产生学习动机。而大课间体育活动恰恰满足了教育方面的要求。在这个活动中，学生是主体，坚持以人为本，通过自己的亲身体验，在融洽的活动氛围中自由地表现自我、认识自我，进而改变自我、实现自我。此时的大课间体育活动已不是一种按预设方案进行的活动，而是一种让学生在良好的人际关系中体验的动态过程，它通过学生自己发现问题和解决问题来达到对经验意义的理解，从而有效影响其行为。

二、值得大力推广的大课间体育活动

大课间体育活动改变了过去一成不变、单调枯燥的课间操形式，在时间上，由原来的 15 分钟延长到 25 ~ 30 分钟；在功能上，由调节心智功能拓展为健身和育人功能；在内容上，加入了学校的自编操、武术操及各种小型多样的体育活动与体育游戏；在参与形式上，由原来的“教者发令，学者强应”改变为全体师生共同参与。大课间体育活动具有较强的综合效益，既有利于发展学生的体能素质，又有利于学生运动兴趣的激发和运动技能的提高，有利于促进学生终身体育习惯的养成，还有利于学生良好心理品质及社会交往能力的培养。不仅如此，在师生共同参与的形式下，不仅有助于师生之间的沟通与交往，有助于新型师生关系的建立，而且有助于提高教师的健康水平，从而提高教师的工作和生活质量。

自教育部 1999 年推广大课间体育活动以来，大课间体育活动的积极作用日渐得到了认同，广大城乡学校开展了积极的尝试，积累了许多有益的经验。例如，在活动内容上，要以校本活动为主，形成各校自身的特色，把民间和民族传统的体育项目纳入大课间体育活动的内容中，如武术操、秧歌操、健身操、竹竿舞、滚铁环、打陀螺、玲珑球、跳龙舞，街舞、滑旱冰等纳入大课间体育活动中；在运动负荷上，应以适宜的温和型的中小负荷为主，这既有利于提高学生体能水平，又不影响学生下一节文化课的学习，大力推广大课间体育活动。

三、课外体育活动的实施模式分析

模式是把解决某类问题的方法总结归纳到理论高度，形成方法体系。本书研究在对过去我国课外体育活动实施模式优缺点总结的基础上，构建起一种比较符合当前学生和社会发展的课外体育活动实施模式，并把这种模式进行了一定时期的实践检验，最终能够解决学生课外体育活动走上两个极端的问题。一个极端是“放羊式”课外体育活动，长期无人管理，学生自己活动；另一个极端是“管得太死，几乎都是列队、跑步、个别田径项目，很少设置学生喜爱的球类、健美操等项目，大大扼杀了学生体育锻炼的积极性”。而课外体育活动模式理论构建和实践本身是系统、复杂的，因此，在课外体育活动实施模式研究过程中，离不开实验与实践。

在构建课外体育活动实施模式时，要充分考虑到以上现实，新的课外体育活动模式应该做到校内和校外课外体育活动有机结合，也就是校内课外体育活动模式+校外课外体育活动模式，即大课间体育活动+社会体育的新模式，重点构建社会体育活动模式。

构建新课外体育活动模式时，校内课外体育活动之所以选择大课间模式，而没有选择代表队训练、两操、俱乐部模式，校外课外体育活动选择社区体育而没有选择校际体育活动主要有以下几方面的考虑：

首先，代表队训练模式针对的往往是某些体育成绩特别突出的学生。从这个角度看，代表队训练模式并不具有普遍性。

其次，俱乐部模式在当前的情势下，还不具有普遍性，也不是当前校内课外体育活动的主流。

最后，校际体育活动虽然在学校体育发达的一些国家得到广泛开展，但其开展需要较高的条件，我国当前的教育制度决定了开展校际体育活动的难度，因此，不宜选择校际体育活动作为校外课外体育活动的主要模式。而同样在学校体育发达国家得到广泛开展的社区体育模式则较为适合。因社区体育模式把社区作为家庭、学校、社会体育一体化的桥梁，社区体育的发展为大众体育落实到基层找到了载体，也为丰富和完善学校课余体育创造了条件。日本与欧美纳入社会体系的学校课余体育、社区体育发展模式，为我国学校体育、社区体育的和谐发展，促进体育社会化提供了借鉴。

随着社会的发展，学校与社区的联系越来越紧密，学生的活动范围也已超越学校，学生参加社会实践活动的机会越来越多。因此，学校的课外体育活动也要走出校门，充分利用社区体育设施这一体育资源组织学生锻炼和比赛，观看社区组织和承办的不同项目和水平的体育比赛，让他们在观看比赛的过程中学会如何欣赏比赛，学习比赛规则、场地设施等体育知识；学校和体育教师要与社区体育组织者联系，争取更多机会让学生参与社区组织的体育比赛，参加比赛的服务、裁判等工作，让他们走向社会、适应社会化发展。

第四节　课外体育活动存在的问题及策略

一、课外体育活动存在的主要问题

（一）教育设施与场地的缺乏

运动场地、健身器材、运动设施缺乏等问题是学生课外体育活动难以开展的主要原因。然而当前我国的大部分高等院校的基础体育设施都能达到文件规定的人均值。除此以外，各大院校领导对于课外体育教学活动的重要意义认知不足，认为课外体育活动的活动器材不归属于体育教学的范围内，致使投入到课外活动建设中的经费不足，是直接导致课外体育活动场地和设施缺乏的重要因素。

（二）思想意识与校园体育社团项目的缺乏

提高学生参加课外体育活动的积极性，不仅靠学校提高基层课外体育活动的基础设施和场地，更应从根本提高教师与学生的思想意识。校园的体育活动单一、组织纪律性差是当前我国课外体育活动存在的主要问题，在我国大学校园里开设的社团多以足球、篮球、乒乓球、跆拳道、健美操、瑜伽等公众的组织社团项目，能够满足部分学生的兴趣爱好。

二、体育课外活动的具体实施策略

（一）加强课外体育活动设施的建立

为了促使学生积极地参加到课外体育活动中，学校首先应在场地、体育硬件设施上加大投入力度，在条件允许的情况下，尽量为学生提供充足的课外活动场地、健全的课外体育活动设施，从而加强学生对课外体育活动的积极性，更积极主动地加入到课外体育活动中。

（二）改变学生对于课外体育的思想意识

思想意识的改变是学生自觉参加课外体育活动的基础，学校应加强体育锻炼的价值和意义宣传等工作，大力提倡“将健康放在首位”“终生体育”的体育思想意识，让学生意识到体育锻炼的好处和重要意义。因为学生只有从根本上意识到体育锻炼对自身的益处，才能真正激发学生对于课外体育活动的兴趣爱好，才能真正长时间地坚持体育锻炼，克服自身的惰性，树立正确的体育健身意识，养成良好的体育锻炼习惯，为提升日后的工作生活质量打下夯实的基础。

（三）实施对课外体育活动进行学分制管理

当前，我国各大高校已对体育课程进行学分制管理，在强制学习体育和体育锻炼的过程中，加强对体育的重视，这种管理模式在体育教学中取得较理想的效果。在课外体育活动的教学方面，为加强学生的重视程度和学生参加运动锻炼的积极性，各大高校仍可采用学分管理等方式强制学生参加课外体育锻炼，加强学生在课外体育活动中锻炼的意志。

根据男生、女生对于体育方面的需求存在的差异，进行有针对性的选择，通常情况下，男生对于瑜伽或者是健美操等体育活动感兴趣的比较少，而女生则对于球类运动感兴趣的比较少，男生一般会选择竞技性比较强的体育运动，而女生则会选择比较柔和的体育活动，所以一定要多为学生做好备选项，让学生根据自己的爱好来进行选择。

（四）提升学生对于课外活动的认知

开展课外活动及其依照的指导方针都是具备一定的目的性，也是为了能够进一步提升整体的教学质量，提升学生的生活质量。但是这种情况大多数都是为了只着眼在对于技能的讲解，却忽视了的学生对课外活动的认知，很多学生不愿意主动参加到学校的文艺晚会中，包括课外实习项目，因此，加强对学生开展课外活动方面的认知是非常重要的。

（五）提升学生积极地参与到课外活动的动机

因为学生做事相对来说是有着比较强的目的性的。为了能够更好地加强学生学习的动机，可以进一步帮助学生完成课外活动，帮助学生认识到也能课外活动能够带来的正面影响。帮助学生积极建立健康的活动动机与生活方式，有助于帮助学生发现自己在体育方面的特长，发展体育锻炼的兴趣。只有体育锻炼与学习的动机得到明确，才能真正认识到课外活动存在的价值。

参 考 文 献

[1] 曹电康．信息化时代体育教学思维转变及其改革发展探索[M]．北京：水利水电出版社，2019.

[2] 关北光，毛加宁．体育教学设计[M]．成都：西南交通大学出版社，2016.

[3] [美]威廉·威伦．有效教学决策[M]．李森，译．6版．北京：教育科学出版社，2011.

[4] 张细谦．体育课程与教学论[M]．广州：广东高等教育出版社，2013.

[5] 张新．中学体育教学设计[M]．北京：科学出版社，2012.

[6] 中华人民共和国教育部．义务教育体育与健康课程标准[M]．北京：北京师范大学出版社，2012.

[7] 万伟．课程的力量：学校课程规划、设计与实施[M]．上海：华东师范大学出版社，2017.

[8] 王东亮，赵鸿博．现代大学生体能训练理论与方法指导[M]．北京：中国书籍出版社，2013.

[9] 杨文轩，张细谦．体育与健康课程实施模式探索[M]．北京：高等教育出版社，2015.

[10] 毛振明．中小学体育与健康有效教学模式[M]．北京：北京师范大学出版社，2014.

[11] 李卫东，汪小赞．体育课程教学模式[M]．北京：高等教育出版社，2018.

[12] 刘兵，杨明哲．体育教学理论与实践[M]．北京：中国纺织出版社，2019.

[13] 刘端文．学校体育教学艺术[M]．北京：中国人民大学出版社，2013.

[14] 李铂，李帅星．实用体能训练方法[M]．北京：化学工业出版社，2015.

[15] 董大志，周余，陈维富．现代体育教学管理探索与课程实务研究[M]．北京：中国书籍出版社，2017.

[16] [美]鲍里奇．有效教学法[M]．易东平，译．南京：江苏教育出版社，2002.

[17] 蔡敏．教学设计从原理到操作[M]．沈阳：辽宁师范大学出版社，2006.

[18] 陈晓慧．教学设计[M]．北京：电子工业出版社，2005.

[19] 季浏．初中体育与健康新课程教学法[M]．北京：高等教育出版社，2003.

[20] 李林．体育课程内容资源开发的理论与实践[M]．重庆：西南师范大学出版社，2006.

[21] 李龙．教学过程设计[M]．呼和浩特：内蒙古人民出版社，2000.

[22] 罗希光．体育教材教法[M]．北京：高等教育出版社，2001.

[23] 马国顺．教学设计的智慧[M]．长春：吉林大学出版社，2010.
[24] 毛振明，于素梅．体育教学理论问题与案例[M]．北京：北京师范大学出版社，2009.
[25] 毛振明．简明体育课程教学论[M]．北京：北京师范大学出版社，2009.
[26] 毛振明．体育教学论[M]．北京：高等教育出版社，2005.
[27] 毛振明．体育课程与教材新论[M]．沈阳：辽宁大学出版社，2001.
[28] 彭圣致．动态与趋势：体育产业的发展与经营管理探究[M]．北京：中国经济出版社，2020.
[29] 皮连生．教学设计——心理学的理论与技术[M]．北京：高等教育出版社，2000.
[30] 人民教育出版社课程教材研究所．美国学校体育国家标准研究[M]．北京：人民教育出版社，2007.
[31] 佟晓东，刘铁．体育教学设计与实践[M]．沈阳：东北大学出版社，2009.
[32] 王凤喜，赵春雷．新课程的课堂教学设计[M]．哈尔滨：哈尔滨地图出版社，2006.
[33] 谢利民．教学设计应用指导[M]．上海：华东师范大学出版社，2007.
[34] 杨铁黎，赵立．体育教学设计与教案编写[M]．北京：北京体育大学出版社，2005.
[35] 杨雪芹，刘定一．体育教学设计[M]．桂林：广西师范大学出版社，2006.
[36] 钟启泉．新课程的理念与创新[M]．北京：高等教育出版社，2003.
[37] 周登嵩．学校体育热点 50 问[M]．北京：高等教育出版社，2007.